ERTONG LICHANG DE
DONGFANG BIAODA

儿童立场的东方表达

朱幸嫣 主编

中西書局

本书编委会

主　编　朱幸嫣

编　委　(按姓氏笔画排序)

张超逸　季　琳　金妹芳

周　密　周敏莉　周　艳

戴姝丽

主编的话

确立儿童优先发展战略,是办人民满意的学前教育的基础和前提,也是促进教师专业发展,办好每一所“家门口的好幼儿园”的有力抓手。人的立场决定观念,观念左右态度,态度支配行动。由此可见,转变教师教育观念的根本,在于积极引导教师从成人立场转变到儿童立场,从儿童视角出发,创设教育教学环境,从儿童观点出发,开发和实施课程,这是有效推进儿童优先发展战略的必由之路。

近几年来,东方教育集团在这方面开展了一系列卓有成效的探索和实践,取得了一定的成绩和经验。这本即将由中西书局出版的《儿童立场的东方表达》,从多个侧面反映了集团以及各成员单位多层面、深层次开展实践研究的状貌,也可以说这本书在一定程度上展示了东方教育集团近期教科研工作的关注重点和工作实绩。

该书从主题策划、内容确定、文稿评审、专家指导、编辑校对,到出版发行,前前后后差不多经历了一年多时间。本书由37篇文章组成,书稿的内容由三个部分组成:一是获2021年集团征文一等奖的10篇论文。东方教育集团于2021年11月组织开展“儿童立场下的师幼互动策略探析”征文比赛,共收到105篇文章。集团聘请专家,采用“双向盲评”(即评审专家和文章作者互不知情)的方式,评出各类奖项,其中10篇一等奖论文经专家指导修改后,收录于本书。二是东方教育集团“菁英计划”21位学员通过专项培训撰写的学业论文。“菁英计划”是东方教育集团对教师进行分层培养,助力骨干教师成长的一个专项工程。“菁英计划”班中有两位教师的文章已在征文活动中获得一等奖,因此“菁英计划”实际收录于本书的论文为19篇。三是来自东方教育集团五个工作坊的8篇文章(保健工作坊2篇、多元阅读工作坊1篇、音乐艺术工作坊2篇、科学工作坊1篇、创意美术工作坊2篇)。工作坊由集团内特色鲜明的五个园所领衔,带领各成员单位的优秀教师开展教育教学专项研究,为整个集团教师的个性化成长搭建了多元平台,取得了良好的成绩。2022年6月中旬,在第八届东方教育集团教学展示周中,五个工作坊的汇报展示,得到了有关专家和社会各界人士的一致好评,认为这是集团师资队伍建设的一项颇有实效的创新举措。

需要指出的是,这本论文集的作者都是一线教师。他们研究的也都是自己在实际工作中所遇到的具有典型意义的问题,而解决这些问题的过程,也就是他们自己由成人立场逐渐向儿童立场嬗变的点滴进程。这些论文从不同角度反映了集团内各幼儿园教师探究转变教育观念,促进保教质量提升的方式方法,这些文章都是实践的成果,具有较强的可操作性,因此有一定的推广和借鉴价值。希望本书的出版能引发集团内更多教师关注教育实践研究的动态,积极参与教师观念转变的教学研究,切实端正立场,加快自身专业发展,为儿童发展提供更好的专业支持。

在本书出版之际,我首先要感谢浦东新区教育局托幼处、浦东新区学前教育指导中心领导对集团工作的大力支持,感谢集团各成员单位的积极参与。我还要感谢上海市浦东教育发展研究院吕萍、傅敏敏、杜玥、曹鑫四位教师在论文评审和指导工作中所做的卓越工作,她们以高度负责的态度,以宁缺毋滥为原则,认真开展 2021 年集团征文评审工作,真正做到精益求精,公平公正。同时,她们还对获奖论文提出了进一步的修改意见和建议。殷凤教师对全部书稿的文字和基本观点进行认真校核,查遗补漏,做了许多有益的工作,在此深表谢意。陈家昌教师从头至尾参与本书的策划、文稿修改指导,并审阅了全部书稿,在此一并表示感谢。

这本书的出版,标志着东方教育集团在基于儿童立场的教育理念下,探究有意义的教育方式方面迈出了坚实的一步,取得了阶段性积极成果,值得庆贺。

“东方欲晓,莫道君行早。踏遍青山人未老,风景这边独好。”教师立场的变换和观念的转变是非常复杂的系统工程,不可能一蹴而就,需要持续不断地学习新知识,需要持之以恒地进行教育实践,找到客观存在的问题,以正确的儿童观和教育观去考虑如何解决这些问题,并切实进行“教”与“学”的深入研究,通过案例分析、观点碰撞、交流分享、头脑风暴等各种方式推进处于不同发展层面的教师在原有基础上反思自己的立场、观念和教育教学行为,从而获得进阶发展。在这方面我们的经验还很有限,因此,本书难免有错漏之处,敬请读者批评指正。

最后,希望每位教师每天都能进步一点点。这正是东方教育集团所期冀达成的工作目标。

朱幸嫣

上海市浦东新区东方教育集团理事长

目　录

主编的话 …………………………………………………………… 1

·第一部分　研究报告·

家园联动促进幼儿膳食营养与健康的实践研究
…………………………… 临沂八村幼儿园　姚燕娟　朱伟慧　2

随"机"应"变"
——基于幼儿自主安全入、离园的思考与实践
…………………………………………… 云台幼儿园　陈　昱　8

基于对不同发展阶段男、女教师的集体教学能力的比较，
探讨教师如何"鹰架支持"幼儿 ……………… 东方幼儿园　朱文婷　15

小被被的故事
——有效的师幼互动帮助托班幼儿逐步摆脱依恋物
……………………………………… 东方尚博幼儿园　汪　婷　24

家庭中开展幼儿自我保护教育文献综述 …… 东方德尚幼儿园　张燕芬　29

·第二部分　课例分析·

"儿童工作坊"项目化学习的师幼互动策略
——以大班"森林博物馆"项目为例 ……… 红苹果幼儿园　郁佳妮　36

"我觉得你特别牛！"
——绘本《勇敢的克兰西》课例分析 ………… 福山幼儿园　李静雯　42

基于儿童立场的项目化学习让师幼互动有深度
——以大班"特讲堂"项目为例 …………… 芦潮港幼儿园　唐金丹　52

基于儿童立场的大班科探集体活动新探
——以"吹不进瓶的纸球"活动为例 ……… 好时光幼儿园　夏晓凤　59

浅谈大班音乐俱乐部活动中师幼互动的有效实现
……………………………………… 东方江韵幼儿园　潘敏贤　67

第一部分　研究报告

家园联动促进幼儿膳食营养与健康的实践研究

临沂八村幼儿园 姚燕娟 朱伟慧

近年来,互联网技术已与各行各业深度融合,各领域教育教学工作也开始由线下向线上拓展,探索有效的实施途径。在此大背景下,为使幼儿园保育保健工作能够持续支持家长的科学养育和幼儿的健康发展,东方教育集团保健工作坊顺应时代需要,积极探索线上保研活动模式,依托《上海市幼儿园办园质量评价指南(试行)》卫生保健工作要求,对"三大员"(保育员、炊事员、卫生员)开展专项研讨活动,提升"三大员"规范操作能力。

与此同时,随着近年来"儿童立场"及"儿童发展优先"理念的提出,保健工作坊也在实践探索中进一步确立了"儿童本位"的核心价值导向。在疫情居家期间,我园保健教师充分利用自身优势,从维护幼儿健康、满足幼儿成长需求的角度,为家长和幼儿提供食物营养的相关指导,形成从理论到实践的科学共识。同时也就幼儿膳食平衡、营养状况改善以及健康素质提升等方面积极开展相关研究与实践活动。

一、问卷调研,聚焦需求

幼儿时期是个体成长发育的重要阶段,这个阶段的个体生长发育状况对青春期和成人期的体格有一定的影响。从膳食健康方面来看,婴幼儿时期结束后,膳食模式发生转变,学龄前儿童摄入食物的种类、结构及特点开始向成人靠近。对此,我园保健组教师敏锐捕捉幼儿发展的关键期,以互联网为途径,以家园联动为手段,以营养膳食构建为突破口,着力培养幼儿良好的饮食行为和生活习惯。

研究启动前,我园保健组围绕幼儿居家膳食营养与健康的关键要素讨论编制了家长调查问卷,旨在全面了解幼儿居家现状以及家长在幼儿饮食、运动、习惯养成等方面的需求与疑惑,帮助我们更准确地把握"儿童立场"的关键站位。根据对调研结果的分析,保健组结合幼儿特点及家长育儿需求制订了更具针对性的线上教育指导计划,保障幼儿在居家期间也能获得学校对其饮食行为和生活习惯的教育和指导,形成基于“儿童本位”的家园合作模式。

1. 问卷概况

研究对本园的587名家长进行了问卷调查，随后对回收的问卷进行图表分析，发现以下题目值得进一步关注与研究：

你的幼儿在进餐中是否挑食、偏食？（ ） [单选题]

选 项	小计(人)	比 例
A. 从不挑食，不偏食	92	15.67%
B. 偶尔会挑食、偏食	411	70.02%
C. 经常挑食、偏食	73	12.44%
D. 挑食偏食严重	11	1.87%
本题有效填写人	587	

对幼儿挑食、偏食题目的回答中，幼儿偶尔挑食的为411名（70.0%），从不挑食的幼儿92名（15.7%），经常挑食的幼儿73名（12.4%），严重挑食的幼儿11名（1.9%）。

疫情期间幼儿每天运动的时长为（ ） [单选题]

选 项	小计(人)	比 例
A. 30分钟左右	175	29.81%
B. 1小时左右	233	39.69%
C. 2小时左右	139	23.68%
D. 3小时及以上	40	6.81%
本题有效填写人	587	

对居家期间每天运动时长的回答中，少数幼儿（6.8%）每日运动超3小时，运动30分钟、2小时左右幼儿数量接近，而运动1小时左右的幼儿最多(39.7%)。

另外有124位家长补充回答了自家幼儿居家期间饮食和生活习惯上的具体问题，其中提到最多的是幼儿饮食与运动问题，有82人提到饮食习惯发生了不良变化，28人提到幼儿运动量减少或不爱运动，另外3人提到心情、情绪不好。

2. 调研综述

通过分析调研问卷的结果发现，家长对幼儿每日膳食营养的需求和结构的认识水平整体较高，但居家期间部分幼儿的饮食习惯和生活习惯不良，如挑食、运动时长不足和睡眠问题。

居家期间，家长采购食材有所不便，家里食材种类和数量较为有限。这就使幼儿容易因吃腻同种食物而挑食，或者出现幼儿本身不爱吃的食材而挑食，甚至少数幼儿因没有爱吃的食物、菜式种类较少但却不得不吃而产生对进餐的抗拒心理。

幼儿运动不足或许是因为家中空间有限，幼儿的运动机会和适宜的运动较少所导致的。幼儿以往的生活节奏被打乱则是导致幼儿晚睡且作息不规律的重要原因。此外，运动和睡眠之间相互影响，即运动时间不足可能会让幼儿的活力得不到充分地释放，延迟幼儿困意的产生；晚睡、作息不规律会加重幼儿白天的疲劳感，降低运动的欲望和兴趣。

因此，保健组开展了“宝贝厨房”膳食营养工作，与营养员探讨食材种类及营养价值，开发出适合幼儿饮食的创新菜。家教组通过线上推文的形式向家长科普与幼儿饮食及运动等相关的幼儿健康知识与建议。并对体格、情绪问题较为突出的幼儿进行持续关注，跟踪解决家长的困惑。

二、践行探索，儿童本位

1. 夯实理论，修炼自我

(1) 开展专业学习，提升理论素养

保健组教师和全体营养员围绕幼儿膳食营养相关问题，各自利用网络、书本等多种途径查阅并学习相关知识，如学龄前儿童的膳食营养需求、各类食材的营养价值、幼儿季节性饮食特点和菜式创新等。并利用线上平台集体学习与交流，集思广益，巩固和补充理论知识，将理论与菜式研发相结合，让保健员、营养员的知识专业化、多元化，在进一步提升业务知识水平的同时强化学习和创新的意识。

(2) 链接调研情报，指引行动方向

基于积累的理论知识，研究小组持续从调研呈现的结果出发，引领小组成员展开细化分析与解读，以问题为导向，以需求为指引，在思想认知与实际操作之间构建紧密的联结。

在膳食营养理论知识板块，保健组通过推文的方式向家长介绍了幼儿膳食指南。幼儿膳食指南包含了“中国学龄前儿童平衡膳食宝塔”，宝塔图清晰直观地呈现出不同年龄的幼儿对各类食物的需求量，并向家长分享与之相关的四个主题理论知识，帮助家长了解幼儿科学饮食的要点和方法，以便在家中调整幼儿饮食模式，改善幼儿挑食、偏食的现象。

除了膳食营养知识外，保健组还十分关注幼儿运动的情况。从日常运动、玩耍游戏、体育活动三个方面向家长推荐适合学龄前儿童的运动类型,鼓励家长利用居家的特点,引导幼儿进行家务劳动、跳舞、跳绳等,培养幼儿长期运动的习惯。

2. 转化行动,积极实践

保健教师、营养员、家教负责人通过有关幼儿营养膳食知识、生长发育需求以及运动习惯养成等方面的问卷设计和调查,收集了家长日常观察到的幼儿出现的问题,进行理论学习和研讨,在强化业务知识后进行积极的实践。从整体架构出发,合理设计每一期宣教方案,从解读幼儿需求入手,基于实际,助力每一位幼儿的健康成长。

我园也高度重视幼儿居家期间的心理健康。在初期的问卷调查中,了解到已有个别幼儿在情绪及心理上产生不良变化,家教组迅速制作以"居家防疫,传递'心'能量"为主题的《幼儿心理健康疏导指南》并向全体家长与幼儿进行线上分享。

据调查,居家期间幼儿活动量整体下降,而家长是帮助幼儿建立运动意识并且促进幼儿在家中运动的关键因素,此次居家正逢春季幼儿黄金生长期,保健组、家教组从幼儿运动的时长需要以及运动对幼儿身心发展的益处等方面向家长进行线上科普,从幼儿的视角进行思考,即推荐给幼儿的专项运动应是居家易实践的,也要具备趣味性和放松心情的作用,才能让幼儿愿意运动、爱上运动。因此保健组在推文中以文字介绍配动画视频的方式向家长和幼儿推荐了"跳房子"运动。

同时,保健组从营养膳食和知识科普等方面对"助长"进行讨论,得出在四五月份,食物多样性以及补钙是幼儿助长的重要因素,保健组根据此要求进行菜式创新,围绕幼儿的膳食特点,即色彩搭配和口味需要,同时兼顾部分幼儿的挑食、偏食现象。

在"宝贝厨房"膳食营养工作开展过程中,我园也积极与家长进行联动,邀请家长及幼儿参与到对幼儿挑食问题以及饮食结构特点等问题的讨论和新菜式创作中。在"宝贝厨房"以"餐餐有谷物,燕麦来当家"为主题的膳食营养实践中,家长和幼儿携手制作出好看又营养的黑白燕麦小饼和五彩动物杂粮小煎饼。

3. 制订策略,推动发展

(1) 利用现有材料,注意营养均衡

保健组十分重视家长及幼儿的居家状况,要确保促进幼儿膳食营养与健康工作的持续推动,就需要保证工作策略的可行性,对此我们持续关注膳食营养工作的食材条件。在营养员与家长陆续收到政府发放的蔬果生鲜礼包后,共同分析总结可利用率较高的食材种类,就近取材,遵循灵活和创新的工作精神推动"宝贝厨房"膳食营养工作的进行。

(2) 关注环境影响,促进幼儿身心健康

除了根据前期调研问卷的分析结果决定膳食营养板块的内容外,保健组持续关注幼儿的身心健康问题,如幼儿产生不良情绪、运动量减少致使肥胖风险增加,以及零食摄入增加导致饮食结构不合理等情况。根据幼儿情况变化不断丰富和调整原有策略,保证促进幼儿膳食营养与健康工作有针对性地推进。

(3) 多元形式整合,激发家庭主体作用

促进幼儿膳食营养与健康的教育工作由园方主导、保健牵头,引导家长及幼儿共同参与,建立起家园联动的良好共育模式。

园方在此次家园合作促进幼儿膳食营养与健康的教育工作中充分发挥主导作用,保健组积极开展专业学习,明确与家长进行联动教育的重要性,从以上两方面着手,采取微信推文、线上沟通等方式,产生了积极的效果。其中微信推文帮助家长丰富育儿知识,线上单独交流则进一步方便保健教师跟踪幼儿健康情况,了解家长更多的疑惑和需求,有针对性、高效地给家长提出营养与健康方面的建议。搭建起家长和幼儿园之间信息沟通的桥梁,尽可能发挥出家园联动模式的效用。

居家期间,幼儿很大一部分时间是在家中度过,家庭教育对幼儿的重要性十分突出,家长要承担起比以往更多的育儿任务,因此需要教师们从多方面激发家长在教育上的主体作用。保健组引导家长主动参与到"宝贝厨房"膳食营养工作中,鼓励家长在家中带领幼儿认识食材并一起完成食物的烹饪。此外,幼儿具有很强的模仿能力,但判断和辨识能力不足,非常容易受到家长言行的影响,因此,良好的家园联动模式能够提高幼儿膳食营养与健康工作的效果,有助于全面改善幼儿的身心健康状况。

三、成效初现,发挥实效

1. 幼儿方面的成效

在开展"宝贝厨房"膳食营养工作过程中,保健组邀请幼儿与家长参与到创意菜肴的制作中,在制作菜肴的过程中也培养了幼儿的动手能力和责任意识。"宝贝厨房"膳食营养工作的营养员和家长们推出了紫菜小饭团、南瓜蒸排骨、南瓜烤蛋、彩虹烩饭、蚝油牛肉等新菜式,这些菜色彩多样且口感丰富,幼儿品尝新菜的兴趣很高,食欲较好,幼儿整体的挑食、偏食情况随之减少。

2. 家长方面的收获

家长通过园方发布的关于促进幼儿膳食营养与健康的推文和线上解答,增加了相关育儿知识与技能,"宝贝厨房"膳食营养工作也向家长提供了与幼儿互动的机会。家长在指导幼儿制作美食的过程中感悟到要鼓励幼儿参与到烹饪活动中,提升幼儿与家长间的亲密度。与此同时,家长通过参与“宝贝厨房”创新菜活动,发现为幼儿创设宽松、积极的进餐氛围对幼儿进餐习惯的培养极其重要,可潜移默化地帮助幼儿建立起良好的进餐习惯。

3. 教师(保健、营养员)方面的收获

教师的收获主要体现在两个方面:一是加强了保健教师、营养员对儿童立场的认知,能够更好地理解儿童发展需要;二是提升了保健教师和营养员在家园合作教育中的指导能力。

4. 幼儿园方面的发展

此次膳食营养工作有效丰富了幼儿园课程,幼儿园在线下停课的特殊时期主动了解家长育儿过程中的问题和困惑,充分利用线上软件和平台实施“停课不停学”的课程模式。膳食营养工作着眼于幼儿饮食健康及综合素质的培养,家长在幼儿园教师的鼓励下积极引导幼儿参与烹饪过程,带领幼儿认识并处理食材,制作简单易上手的食物。同时,此次活动也有助于发挥幼儿学习的主体性,帮助幼儿建立个人生活自理能力的意识,助推培养“生活小能手”课程目标的落实。

随“机”应“变”
——基于幼儿自主安全入、离园的思考与实践

云台幼儿园 陈 昱

陈鹤琴先生说:“生活即教育。”生活中的每个改变都是儿童学习和成长的机会。疫情防控带来了出入园方式的变化和挑战,我们在思考:如何能够随机应变,在支持幼儿的自主入园、离园的同时,基于幼儿发展的视角,变挑战为教育契机,支持幼儿可持续发展。

一、环境改造,流程可视,支持幼儿自主能力的发展

短短百米入园之路,对于成人而言,带着幼儿完成体温测量、洗手、晨检、刷卡等入园环节轻而易举。可如果换成幼儿一个人,这短短的百米之路,却面临重重挑战:入园各个环节的流程,幼儿与同伴之间的秩序,幼儿进入班级的安全路径的选择,等等。

3—6 岁的幼儿以具体形象思维为主,基于幼儿的年龄特点,我们尝试在入园路上及周围环境中加入幼儿容易辨识的标识指引,如在行进路线上设置单行线、前进线、转弯箭头等路线指引,在不同的区域设置不同功能区,贴上距离间隔标识,引导幼儿顺利通过入园体温测量、洗手、晨检、刷卡等流程,安全地从大门口通过长长的走廊到达各教室。

幼儿园大门外设置了家长与幼儿分离的缓冲区域,用于缓解幼儿的分离焦虑情绪,帮助幼儿与家长道别;入园口用卡通一米线和卡通云朵标识一米间隔距离,站在小云朵、一米线上就可保持入园安全距离,让幼儿一进入该区域就有安全距离的概念;测温区域搭设小帐篷,内设红外线感应测温,幼儿自主测温,在测量点上设置小脚丫,方便幼儿准确测量,快速通过;行进过程中幼儿沿着指示路线有序行走;洗手区域用有颜色的小栅栏建立蛇形通道,幼儿沿通道减速慢行可缓解洗手台只容 6 个人同时洗手的硬件压力;晨检区域设置卡通老虎小脚印引导幼儿有序排队,逐一晨检,避免漏检;刷卡区域设置在两边,自由刷卡。幼儿入园晨检后可看到大厅地面上清晰张

贴着的进班路线，根据幼儿园楼梯数量与分布、幼儿的年龄特点及各班级所在楼层，我们规划了四条入班路线。红、蓝、黄分别代表三个位于楼梯附近的班级，绿色代表一楼转弯处的班级。同时为各班级幼儿制作相应的红、黄、蓝、绿四种颜色班级贴纸或卡通贴纸，确保班级贴和入班路线指示贴颜色相对应。路线标识、间隔标识、年龄段路线标识和幼儿胸贴等环境创设有力地保障了各个年龄段幼儿有序自行入园。

在实施过程中，我们尽量放手让幼儿自己的事情自己做，即使做得不够好，也首先表示鼓励并给予指导和帮助。幼儿园实行幼儿自主入园，能起到发展幼儿自我服务能力的作用，能够锻炼幼儿的独立性和自主性，树立自尊和自信。

实施幼儿自主入园后，幼儿对自我的认知和自信心也有了明显的提升。走过幼儿园门口缓冲区，过体温自测区，来到洗手区独自洗手，再进行晨检及刷卡进入，对幼儿来说，一个人独立、顺利、安全地完成上述步骤、走进教室是一种不小的挑战，有时候还要带着小植物、小手工等物品，对幼儿来说就更加不易了。但是这样的尝试是值得的，我们从幼儿顺利完成后开心的表情、欢快的动作、自信的言语上可以看出幼儿能够在一次次挑战中进行自我评价，不断地重新认识自己，从而增加了自信心。同时，教师和家长及时鼓励幼儿，表扬幼儿独立自主入园，也能让幼儿更加信心满满。

我们发现幼儿的安全意识也有了明显的变化。从缓冲区走到测温点，并排同行的伙伴会根据地上的一米线标识自觉地拉开距离依次排队，站在设定的小脚印上自行测温，顺利通过测温点。测温点到洗手点的蛇形通道距离有点长，幼儿会放慢脚步，顺便跟家长打招呼说再见。进入大厅后便是长长的迷宫走廊，靠近第三个楼梯的班级幼儿会沿着红色箭头一路向前，没有出现滞留、追逐打闹等不安全行为，继续按照脚印的指引上楼向右走，然后向左走，有走得不对的，幼儿互相之间会提醒走错了。有时幼儿会携带一些自己的东西，例如植物角的花草、替换的衣服等，年龄大一点的幼儿有时还自己带被子入园，他们带着自己的物品，小心翼翼地沿着指示的路线行走。

另外,幼儿的规则意识也有了明显增强。幼儿园增加了保持安全距离排队等候、测量体温、自行洗手、刷卡进入、逐个班级离园等要求,因此对入园的通道进行区域划分,在各区域张贴图文标识对幼儿进行规则提醒,据观察,幼儿都能看懂标识规则。自主入园的前期各班教师也会通过散步环节带领自己班级的幼儿走一走入园的路,讲一讲规则,为幼儿树立规则意识。同时,幼儿园也将幼儿自主入园规则通过视频的方式发送给家长,让家长也参与规则讲解,帮助幼儿理解规则,为独自入园做好准备。幼儿对自主入园的规则从陌生到熟悉,从被动到主动,是一个从他律到自律的过程,也是规则意识慢慢转变成习惯行为的过程。

3—6 岁是儿童心理特性的成型期,也是最敏感的时期,“自主”带给儿童的不仅仅是自豪,更让儿童在此过程中形成安全意识、自我保护意识和自主意识,为以后的成长奠定基础。

二、时间之变,秩序分流,促进幼儿时间管理意识的发展

幼儿园规定,上午 7：45—8：30、中午 11：45—12：00、下午 16：00—16：30 这三个时间段允许幼儿出入园所,其他时间段均不能随便进出,期间的生活、学习等一律在幼儿园进行。为了避免校门口扎堆、聚集,保障家长有序接送幼儿入园及离园,我们对不同年龄的幼儿入园、离园进行了分流错时安排。

	入园时间	离园时间	弹性离园(午间)
大　班	7：45—8：00	16：20—16：30	11：45—12：00
中　班	8：00—8：15	16：10—16：20	11：45—12：00
小　班	8：15—8：30	16：00—16：10	11：45—12：00

根据幼儿的年龄特点及幼儿园的一日作息时间,我们安排大班的幼儿入园时间最早,小班幼儿年龄相对小,安排在最后入园。幼儿离园时间安排则反之,小班最先,中班居中,大班最后。

我们也根据个体需求设置了弹性离园时间,为中午 11：45—12：00。带早班的教师在管理好幼儿午餐后,在自己用餐前将需要回家的幼儿带到幼儿园大门口,交给在门口等待接回幼儿的家长,确保点对点,做到安全无误。

时间管理作为一种重要的自我管理能力,对幼儿的生活、学习具有重要的意义。来园离园时间调整这一小小的举措,能帮助幼儿养成有时间观念的好习惯。这在大班的幼儿中尤为明显,以往起床、穿衣、刷牙、叠被子都要在家长的声声催促下进行,

现在则会自主地起床,迅速整理好,反过来催促家长。幼儿哪怕一次动作慢了或者迟到了,家长、教师也会注意交流方式和语气,用柔和的语气鼓励、帮助幼儿及时调整。准时来园的小任务完成时,教师和家长会给予及时的表扬和鼓励,以增强幼儿的自信心,促进幼儿自主、自助式时间管理意识与能力的发展。

三、人员之变,安全护航,增进幼儿文明礼仪意识的培养

《幼儿园教育指导纲要》中明确指出:“幼儿园必须把保护幼儿的生命和促进幼儿的健康放在工作的首位。”也就是说,儿童的安全是一切发展的核心,只有在儿童生命安全有保障的基础上才能较好地发展其他方面的能力。

本园有 15 个班级,建筑结构比较复杂,三层结构,从里到外有 3 部楼梯,走廊交错,如迷宫一般。为了保障幼儿能够按照路线图顺利进入班级,我们教职员工全员出动,制订了《教职员工护校站位表》(云海部),对全体教职工进行了合理分工,在幼儿入园路线上设立安全岗,张贴安全岗标识,定点定位,明确各点位的职责与分工。

附:

2022 年 3 月教职员工护校站位表(云海部)

教职工站岗(7∶45—8∶30)

立岗位置	人员安排	
大门口	陈昱、阮晓树(7∶45—8∶30)	
	7∶45—8∶00(保育员)	8∶00—8∶30(空班教师)
测温处 (小七班)	朱蕴琳 2—2	柏春青、陈方周
蛇形通道入口处 (小八班)	丁春琴 2—1	张颖、彭佳乐
洗手晨检处 (小九班 小十班)	陈剑枫 3—6、陈琴 3—2	刘弘楠、孙小菁、戴甜甜、姜颖
蛇形通道出口处 (小十一班)	李青 3—1	严丽锋、陈梦璐
大厅(幼儿通签到处) (中七班)	李琴琴 1—1	金唯超、陈炜

（续表）

立岗位置	人员安排	
1号楼梯一楼 （中八班）	李跃娟 1—2	乔馨琪、陈旖旎
2号楼梯一楼 （中九班）	何倩 1—3	王燕、陈玲
3号楼梯一楼 （中十班）	钱雪芹 1—4	王佳晨、陈颖
1号楼梯二楼 （中十一班）	许文倩 2—3	李瑶、毛雅雅
2号楼梯二楼 （大七班）	李丽 2—4	吴倩倩、陈梅君
3号楼梯二楼 （大八班）	胡燕 2—5	徐敏、乔一宁
1号楼梯三楼 （大九班）	王洁 3—3	黄伟琴、裴英英
2号楼梯三楼 （大十班）	王美平 3—4	夏蕊、杨霓
3号楼梯三楼 （大十一班）	汤燕华 3—5	冯婉君、张正尧

在上述的分工表里也蕴含着安全理念和人文关怀。

我们以不影响各岗位工作为前提，全员上岗，安排保育员站岗时间为 7：45—8：00；以尽量不影响各岗位工作时限为基准，空班教师站岗时间为 8：00—8：30。如遇当天班级内只有一名教师，则要求保育员代岗。原则上，所有教职员工在 7：45—8：30 之间不调休。

要求在幼儿园大门口每门站 4 名保安，保安加行政负责大门口的安全及秩序的维护。从测温点至蛇形通道洗手处，从教学楼门口到楼梯拐角，从走道长廊到楼梯，各点位都有清晰的安全岗标识。在这些岗位上的教师，不仅要关注安全，还肩负着安全提醒的任务，如提醒 8：05 后来园的大班幼儿直接到操场，如遇当天室内运动，则提醒幼儿进入室内活动区域；对幼儿自主入园各环节临时出现的问题，站岗教师要进行随机调整,与此同时还需关注、安抚情绪异常的幼儿,为幼儿提供相关帮助,保证每位幼儿安全顺利地到达班级。

幼儿自主入园模式实施以来,基于安全要求,我们从环境创设到安全岗点位设置等多方面采取措施,保障幼儿的安全,让自主入园的幼儿在情绪情感上得到抚慰,还促进了幼儿文明礼仪的培养。安全岗上的教师职工耐心引导个别不主动或者逃避问候的幼儿,每名教职员工都为幼儿做出表率,主动热情地打招呼,并及时肯定和表扬幼儿,这使幼儿不但自己学会了礼貌问候,还懂得了如何礼貌地提醒他人。俗话说“习惯成自然”,当这些文明行为不断重复,就会像每天早上起来要刷牙洗脸一样,成为幼儿自然而然的语言和行为,不再需要刻意去遵守。在这种环境下,幼儿切实体验到相互尊重的感觉,并为自己主动问好的行为感到自豪,进而促进幼儿自身以及同伴在文明礼仪方面得到更好的发展。

四、家园互动,多态演练,凸显家园联动特殊价值

1. 家园互动,解家长之忧

家园合作需要幼儿教师和家长的共同努力,幼儿入园后,家园合作机制要求教师保持与家长的联系,争取家长对幼儿园工作的支持,与家长及时沟通,建立彼此信任的关系。

在彼此信任的前提下,我们细化了自主入园的准备工作,首先是调整接送时间,通过家委会先行与家长代表沟通幼儿自主入园的计划,向家长介绍幼儿园所做的准备工作,听取家长的想法和顾虑,再结合工作实际共同商议、确定方案。同时也将沟通过程和结果告知其他家长,增加全体家长对幼儿园工作的认同感,为幼儿自主入园和离园的开展争取到家长支持。幼儿园还多次开展了自主入园演练活动,由教师扮演幼儿体验整个入园进班环节,并根据演练体验进一步做出调整。同时录制了短视频,清晰讲解入园的各个环节,通过班级群、公众号发送给家长,对全体家长进行幼儿自主入园和离园可视化视频宣传和指导,打消家长心中的顾虑,让家长提前帮助幼儿进行自主入园和离园的准备。

2. 多态演练,护幼儿自主成长

我园在幼儿自主入园和离园常态化工作中,对所有教职员工开展多途径、分批次、全覆盖培训,并进行应急处置演练,确保所有关键岗位人员掌握应急处置工作流程,把控关键环节。通过对各个环节的演练,让教职工清晰地了解幼儿入园、离园各环节,提高了教职工应急处理能力,使幼儿园的防控工作更加规范化、透明化、细致

化,为幼儿自行入园及离园提供了保障。幼儿也是幼儿园自主入园和排队离园演练的参与者,我园在演练过程中将幼儿也纳入其中,让幼儿参与演练活动,做到人人知晓,心中有数,以更好地应对紧急情况的发生。

自主入园、离园措施的出发点是为了保障幼儿的安全与健康,但是在实践过程中,我们不仅收获了幼儿自主入园、离园顺利实施的方法和策略,同时体会到了幼儿自主入园、离园这个方式对幼儿成长的积极影响。意大利教育家蒙台梭利曾说:"教育首先要引导幼儿沿着独立的道路前进"。不要担心幼儿不会做,做不到。我们一定要放手让幼儿自己去学习,去尝试。幼儿自主入园、离园也让教师清楚地认识到,不必绞尽脑汁寻找成功的教育策略,创造条件支持幼儿自主发展就是最有效的教育策略。

基于对不同发展阶段男、女教师的集体教学能力的比较，探讨教师如何"鹰架支持"幼儿

东方幼儿园 朱文婷

一、研究背景

教育部最新颁布的《幼儿园保育教育质量评估指南》及上海市教育委员会教研室制定的《上海市幼儿园办园质量评价指南》中强调，幼儿的发展是教育的核心。笔者在学习教育理念、实践指南的过程中也常常思考："儿童立场的教育支持"应该怎么做？怎样的教育支持才算是适宜的？考虑到教师对于幼儿的教育支持涵盖一日生活中的方方面面，内容较广，因此，此研究中笔者只选择集体教学活动为切入点，将研究对象定位于不同发展阶段的男、女教师，比较他们在集体教学能力方面的发展差异，希望能进一步梳理归纳幼儿所需要的"鹰架支持"的具体内容，提升教师"鹰架支持"幼儿的能力，助力幼儿发展。

二、核心概念

教师发展阶段：本研究对于教师发展阶段的划分，采用休伯曼"生命周期阶段理论"。结合本园青年教师比例较高的特点，将教师的专业发展阶段划分如下：1—3 年为新手期教师，他们有较高的职业热情，处于求知探索、自我发现的阶段；4—6 年为发展期教师，他们适应了自己的工作，发展了自己的教学风格，职业认同更高，处于自我发展意识更强烈的阶段；7 年及以上为成熟期教师，处于更深入地思考自我职业规划的阶段。

集体教学能力：教师开展集体教学活动的能力。本研究中集体教学能力包括课堂教学能力和教学课程设计能力两方面。

"鹰架支持"：苏联心理学家维高斯基的"社会建构理论"，也称"支架式理论"。他指出幼儿要达到"最近发展区"需要成人的协助或互动等社会支持。本研究中，"鹰架支持"是指集体教学活动中，教师在与幼儿建立信任关系的前提下，给予幼儿足够的、适宜的学习支持，以最终实现幼儿能力的发展。

三、研究路径

教育的核心是幼儿能力的发展，报告从研究幼儿在集体活动中实际的课堂表现出发，评价教师集体教学能力，比较分析他们在不同发展阶段的能力差异，探析造成差异的原因，梳理和归纳集体活动中幼儿需要的“鹰架支持”的具体内容，反观教师应当怎样提升能力从而更好地助力幼儿发展，下图就是本研究的具体实施路径。

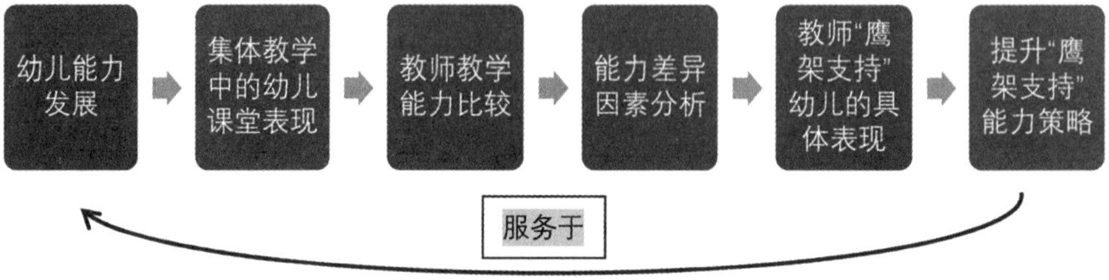

四、研究方法

1. 研究对象

以 18 位幼儿园教师作为研究对象，其中新手期、发展期、成熟期的男、女教师各 3 人。

2. 研究内容

从教师的集体教学活动为切入点，研究男、女教师在课堂教学以及课程设计两方面的能力差异。

3. 研究步骤

1）素材选择

根据研究目的，选择一定数量的教师集体教学活动视频资料，根据教师性别、发展时期两个维度进行分组，每组 3 个集体教学活动，由 5 位评分者对 18 个集体教学活动进行评分。

2）分类细化评分指标，做评分者一致性检验

以上海市教委教研室办园评价指南的试点观察表为基础，结合笔者所在的幼儿园前期开展的相关课程研究的成果，设计和确定了“教师课堂教学、课程设计能力评分表”，供评分者在观摩视频后，基于班级幼儿的课堂行为表现，为执教者评分。评分表由 8 个具体指标构成，部分指标考察教师的课程设计能力，部分指标考察教师的课堂教学能力，具体见下表：

教师专业—课堂教学、课程设计能力评分表

序号	评分指标	考察能力
1	目标清晰、准确,突出重点	课程设计能力
2	合理处理知识技能与过程方法、情感态度的关系	课程设计能力
3	有意义,有价值,符合年龄特点	课程设计能力
4	环节设计循序渐进,由易到难,突出重点	课程设计能力
5	体验、理解的基础上迁移、运用经验	课堂教学能力
6	拥有丰富机会,创造性地解决问题	课堂教学能力
7	大量的生生互动、师幼互动的过程,参与其中	课堂教学能力
8	有良好的倾听习惯,有个性化的大胆表达习惯	课堂教学能力

表中指标1—4指向基于幼儿的课堂表现给予教师课程设计能力的评分,指标5—8指向基于幼儿的集体活动现场表现给予教师课堂教学能力的评分,每项分值在1分—5分之间,越贴近指标描述得分越高,得分越高代表教师的集体教学能力越强。

5名评分者首先对一个另外的随机集体教学视频进行了评分,经过两次评分者一致性检测,k值分别为0.564和0.833,其中对于指标5和指标6的理解,评分者之间有比较大的差异。通过两次集体观摩视频和讨论,并进一步培训,最终评分者对这两条指标达成了比较一致的评分准则,随后进行第3次评分者一致性检测,肯德尔和谐系数检验结果如下图:

肯德尔和谐系数检验统计

N	5
Kendall W[a]	.909
卡方	27.258
Df	6
渐近显著性	.000
a. Kendall 协同系数	

如检测结果,肯德尔和谐系数W值为0.909,显示关联程度较好,因此可认为这5位评分者的评价标准一致性较高。

3) 教学活动评分,数据整理分析

此次集体教学活动评分共发放72份评分表,每个集体教学活动由4位评分者对其进行打分,有效回收评分表72份。

五、数据统计结果

回收评分表后,笔者统计了不同发展阶段的男、女教师总分以及在各个指标上的得分，为之后的分析做准备。

1. 男、女教师集体教学活动总分比较

如下图所示，由处于不同发展阶段的男、女教师集体教学活动的总分统计可见，新手期女教师的集体教学活动得分持平甚至高于发展期女教师，新手期男教师的集体教学活动得分普遍低于发展期男教师。

而在相同的教师专业发展阶段，新手期的男、女教师集体教学得分差距不明显，但在发展期，男教师得分明显高于女教师，差距逐渐拉大。

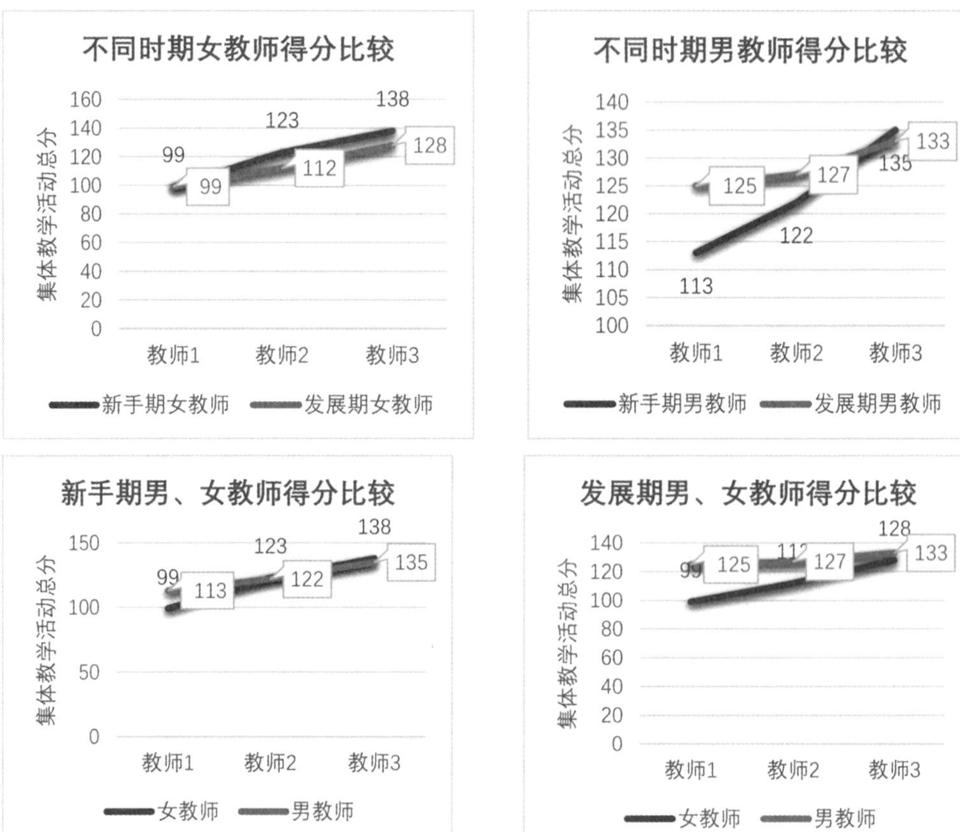

不同发展阶段男、女教师教学能力得分

2. 男、女教师个别指标比较

笔者汇总了不同发展时期男、女教师各指标总分，其中指标3、指标6、指标7这三个具体能力，各发展期的男教师得分均高于女教师，新手期男、女教师在其他项目得分上基本接近，发展期男教师的各项得分均高于女教师，个别项目持平。

发展期男教师与新手期男教师相比，各项指标得分均比前一时期得分高，但发展期女教师在指标1、指标2、指标4、指标5、指标6的得分相较于新手期女教师均呈现出下降趋势。

具体各指标计分见下图：

新手期男女教师集体教学活动各项评分项目总分比较图

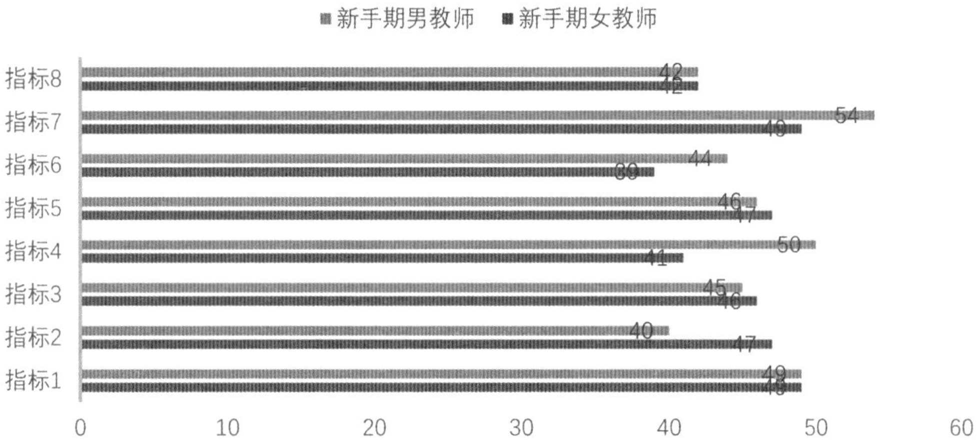

发展期男女教师集体教学活动各项评分项目总分比较图

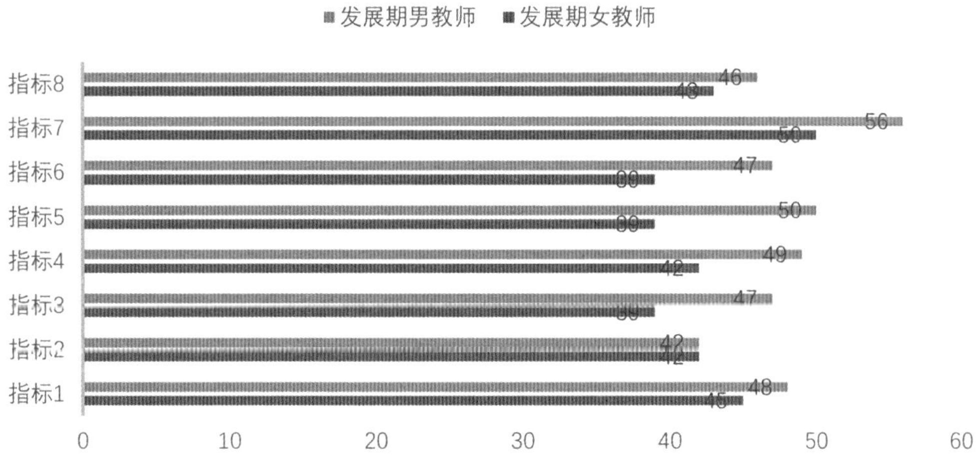

男、女教师各指标得分情况

六、结论及原因分析

通过和执教者的交谈，笔者发现不同阶段的男、女教师的集体教学能力发展趋势是不同的，它体现在发展速度以及具体某项教学能力上，发展期的男、女教师集体教学能力差距最大，幼儿在男教师的教学活动中能获得更多的学习支持。

1. 发展期男、女教师集体教学能力差距最大

笔者发现，男、女教师集体教学能力方面的发展速度存在差异。男教师从新手期到发展期呈现出较快速的能力增长，且增长幅度大于女教师，女教师从新手期到发展期呈现出个别能力指标提升，而总体集体教学能力停滞不前甚至倒退的趋势。

笔者比较和分析各项指标具体分值后，发现新手期男、女教师各项集体教学能力差异并不明显，无论在激发幼儿学习兴趣，还是在引导幼儿自主学习方面，女教师并没有和男教师形成明显差距。可是经过几年磨炼，发展期女教师和同期男教师集体教学能力差距逐渐明显。评分者表示，男教师更善于利用资源和环境支持幼儿的主动学习，更能设计带有游戏情境的、有挑战性的集体教学活动，对于活动过程中目标的把握、新旧经验的运用、实际课堂中知识技能与情感态度关系的处理等方面的能力逐步超越女教师。结合和执教男、女教师的交流，分析得出原因如下：

首先，男教师更愿意争取公开展示教育教学活动的机会，在磨炼中践行教育理念。

其次，在集体教学方面，社会对于男教师的期望高于女教师。在女性教师占大多数的幼教体系中，大家都期待看到男性在教育教学中的独特闪光点，这样的期待对于男教师而言是压力，也是推动其快速发展的动力。

再次，男、女教师专业发展环境存在差异，特别是发展期男、女教师。男教师专业成长路径相对单一，他们的职业规划和愿景基本是希望能够在教育教学方面有自己的风格和一技之长，他们有充足的精力和热情与幼儿相处，利用一切机会反复揣摩活动设计、观察幼儿课堂学习行为，不断调整课程设计。而发展期的女教师较男教师有更多样的职业规划和愿景，有些偏向管理，有些偏向科研，以至于会疏忽教育教学能力的提升。发展期女性则重视家庭生活，女性特质决定发展期的女性结婚生子的概率更高，妻子、母亲等身份的加入分摊了钻研专业的精力。

2. 幼儿在男教师的集体活动中获得更多的学习支持

如数据所示，集体教学能力具体指标 4(活动有趣，有意义，符合年龄特点)、指标 6(选用合适方法与资源，提供丰富机会，体现自主学习)、指标 7(调动幼儿积极性)，这三项具体内容，不管哪个阶段的教师，同教龄的男教师始终占有优势。

笔者通过进一步分析教学视频中男、女教师的活动领域、互动方式、学习机会的提供等方面，发现男教师和女教师在集体教学活动领域方面的选择都呈现出多元化。

但是在互动方式中,男教师更多地提出开放性的问题,也更能包容、等待幼儿的回应。因此在对应指标上的得分始终高于女教师,分析原因如下:

首先,教师性格特质拉近和幼儿的距离感,更利于营造集体活动现场的信任关系。男性看待问题更大气、更自由,无条框束缚,而选择幼儿教师作为职业的男性又不乏细腻、温柔和自信,因此在集体教学活动中和幼儿互动时,更倾向于扮演玩伴这样的支持者角色,以伙伴身份激发幼儿参与兴趣,和幼儿的距离更近,特别是在借班上课的情况下优势更为明显。

其次,深植于心的“游戏理念”影响男教师的教育方式。在和执教教师交流过程中,新手期、发展期男教师提及设计集体活动时使用“好玩”“有趣”“开心”等词的频率远远高于同期女教师,这个现象说明,男教师设计集体教学活动的出发点并不单一,他们非常看重活动的趣味性和幼儿的游戏体验,在执教过程中他们也在享受这个游戏的过程。基于这样的观念,他们在环节设计、课堂提问、互动组织时都会倾向于更宽松、更自主的方式,而教师在教学现场对于幼儿活动的评价也更多元,给予他们更多的耐心和包容。

七、教师“鹰架支持”幼儿

基于前面对不同发展阶段男、女教师集体教学能力发展的比较研究,我们发现集体活动的教学能力其实就是执教者如何“鹰架支持”幼儿的课堂学习,与我们常说的集体教学能力相比,它更强调什么?幼儿是否需要?怎样的支持才是适宜的?如何帮助教师提升“鹰架支持”力?笔者将就这些问题进行探讨。

1. 集体教学活动中幼儿需要的“鹰架支持”

笔者认为,“鹰架支持”理论更强调三个关键词:信任的、足够的、渐逝的。这是在通常意义上的教师集体教学能力中所忽视的。

正如之前的比较研究所发现的,因为男教师的某些特质,幼儿更容易在集体教学中与他们产生信任的互动关系,这直接影响幼儿在活动中的行为表现。处于发展期和成熟期的男、女教师在集体教学活动中能给予幼儿更多的学习支持。那何为足够呢?分析视频中的幼儿表现,结合教师当时的教育行为,笔者认为,如果执教者能够关注幼儿在集体活动中以下几部分需求,往往幼儿在活动中的学习表现更自主。

第一,充足的资源准备。不同领域的集体活动都需要围绕教学目标做准备,资源准备包括熟知的教学环境、教具、学具,还应该包括容易被忽视的幼儿的已有经验,对幼儿的个体差异情况的了解等。第二,充分的过程体验。它是指在了解幼儿的基础上,活动环节设计要能激发幼儿兴趣,支撑他们持续不断地参与到活动中来。第三,丰富的选择。集体活动中幼儿的发展水平会有差异,因此考虑幼儿整体的能力水平提升以及关注个别幼儿的个体需要同等重要。活动应该使不同发展水平的幼儿都得到不同程度的支持,随着活动推进,教师应该调整过渡到根据幼儿不同课堂行为提供差异化支持,到活动最后则适度放手,以满足不同幼儿的发展需要。可见,在集体教学活动中,随着活动深入,教师的"鹰架支持"是随着幼儿经验的迁移和解决问题能力的提升渐逝的。第四,多元的表达。鼓励幼儿在集体活动中的多元表达,除了语言的互动,教师也应该留意与幼儿在表情、动作、学习时的状态等方面的师幼互动,鼓励幼儿充分表达。第五,对于幼儿回应的理解和支持。在比较男、女教师时,我们发现男教师等待幼儿回应时的时间容忍度更高,当幼儿出现疑虑、语言表达不准确、不会表达时,男教师往往会在等待较久之后再请下一个幼儿互动,在之后的互动机会中也不会刻意回避之前未能回应的幼儿。不难发现,在集体教学中教师如果能够注意这五个方面,其实就是对于幼儿比较有力的"鹰架支持",它建立在师生的信任关系之上,并在师生有效的互动中不断巩固这份信任,最终促进幼儿更深入地学习和发展。

2. 教师的"鹰架支持"力培养

基于不同阶段男、女教师在集体教学能力的发展差异的分析,我们可以发现教师的教育行为和幼儿的课堂表现是息息相关、相辅相成的。那么怎样培养不同发展时期教师的"鹰架支持"能力,以促进集体活动更高质量地开展并服务于幼儿呢?结合前文中所做的形成教师教学能力差异的原因分析,笔者提出自己的几点建议。

新手期:培养观察分析习惯。我们发现新手期的男、女教师在集体教学能力方面差异并不明显,随着入职时间增加,差距逐渐明显。幼儿园应该重视培养新手期教师正确的教育观,帮助其正确理解"基于儿童立场"的含义和具体表现;借助师徒带教、教研组讨论等手段,指导教师在一日环节中学习如何观察幼儿行为,养成提问习惯;新手期教师应该学习如何分析幼儿的发展水平,尝试走近幼儿。经过园方的培养和教师个人的努力,通过几年的时间,教师应该会对与幼儿的关系有更深刻的理解,从而能够更好地完成集体活动的设计和实施。

发展期:加强对观察、分析、支持三者关系的理解。发展期的男、女教师有一定的工作经验,对于幼儿的发展有更深入的理解,能够根据对幼儿表现的观察和分析,在集体教学活动中提供适宜的支持。在这个阶段应该提供给教师更多集体教学的公开展示机会,增加对于教师日常集体活动的指导,让教师在实践中理解观察、分析与支持三者的关系对于幼儿发展的作用,在一次次集体教学中,完善加强"鹰架支持"

能力。

幼儿园应形成较为稳定的教学评价团队，多元化反馈集体教学活动的质量，形成执教者的反思、幼儿的课堂反馈、第三者的评价、教学活动调整的循环过程，让教师能够在这个发展阶段从“知道支持幼儿”迈向“做到支持幼儿”。

3. 集体教学中弱化性别差异，聚焦幼师特质

虽然研究的起步是在比较男、女教师不同发展时期教学能力差异，很多影响来源于性别的差异，但是我们不难发现，比起性别的差异，我们更加应该关注的是那些优秀、成熟的执教者的幼师特质，而不应采用基于性别差异的评价方式。

我们发现，优秀的集体教学活动带给幼儿的发展潜力是无可限量的，而这些集体活动的执教者、设计者的特质包括尊重幼儿、相信幼儿、肯定幼儿，他们往往用更低位的姿态对待学前教育，他们本身可能和幼儿一样，保有好奇心、童趣，同时还具有优秀的学习能力。笔者相信，这些特质是在教师与幼儿的不断互动中，在幼儿园所营造的校园文化熏陶下得以产生、强化的，这便是教师“鹰架支持”幼儿能力提升的本质。

小被被的故事

——有效的师幼互动帮助托班幼儿逐步摆脱依恋物

东方尚博幼儿园 汪 婷

随着“二孩政策”和“三孩政策”的实施，托班开始重回大众视线，幼儿由家庭走向幼儿园，是其成长过程中的一个重要的转折点。每年的9月，幼儿园都会迎来一批新入园的幼儿。幼儿们第一次离开家庭，离开百般呵护自己的亲人，进入一个完全陌生的环境，面对不熟悉的人和事物，开始新的生活和游戏，幼儿们会感到失去了情感的依托，有不安全感。他们有的一脚踏进幼儿园大门就大哭大闹，有的在教室里拽着家长的衣角不肯松手，有的则从早到晚持续哭喊着找妈妈，有的还会伺机逃跑。任何焦虑、不安、恐惧等不良因素都会使幼儿不愿去幼儿园，给教师的工作带来不便和困扰，也影响其家长的工作、生活，更影响了幼儿的身心健康发展，松松和小被被的故事就是一个非常典型的案例。

一、无法离身的小被被

松松是个虎头虎脑、非常有礼貌的、热情的小男孩，由于感冒，他在开学时比别的幼儿晚一周来园，在班里大部分幼儿情绪稳定后的一天，松松终于背着小书包来到了幼儿园。来园的第一天，松松就热情地和教师打招呼：“老师，早上好！”“松松，早上好，我们一起把小书包挂在书包架上吧！”我领着松松前往书包架。“老师，我……我的书包里，还有一条小被被呢！”“小被被是松松的好朋友吗？”“小被被就是小被被呀，我的小被被，我要一起拿进教室。”由于是来园的第一天，我尊重松松的意愿，让他把小被被带进教室里。当我看到松松从书包里拿出一条超大毛毯时，我有些犹豫了，我没想到松松的“小被被”，真的就是一条小被子。

点心时间到了，我对松松说：“松松，我们要小便、洗手、喝牛奶了，小被被要放在一边哦。”松松一脸不舍地说：“老师，我要一直带着小被被，在家里我是一直拿着的。”我看松松真的拿着小被被前往厕所，我赶紧抱住他说：“松松，厕所里有许多小细菌哦，幼儿园没办法给小被被洗澡，如果细菌沾在小被被上，今天就没有办法再拿着小被被咯。老师拿着小被被在门口等你,你小完便洗完手出来,老师就给你怎么样?”松松在厕所门口思考再三,决定相信我,将小被被放到我手里:“那我出来你就要给我哦!你保证哦!”说完松松放下小被被走进了厕所。我刚转身就听见厕所传来松松的哭声:“老师,我要小被被,我要我的被被……”无奈,我只能走进厕所耐心地安抚松松:“松松,你抓紧把自己的事情做完,我就把小被被拿给你哦,厕所都是水,不能把小被被弄湿哦!”说着我帮助松松提了裤子,并且和他一起将小手洗净。

二、短暂脱手的小被被

在松松入幼儿园之前,我从松松妈妈那里了解到松松有一个从出生起就不离手的小被被,松松妈妈询问我是否可以在开学初将小被子带入幼儿园帮助松松适应幼儿园的生活。刚入幼儿园这个陌生的环境,幼儿的情绪情感得不到满足,环境的影响、社会交往能力弱等因素都会造成入园焦虑,为了缓解自己的入园焦虑,幼儿们的心理上会自发地寻找依恋物,从而形成依恋行为。

托班的幼儿想象力丰富,他们常常把动物、玩具等也当成人,甚至觉得没有生命的物体也会说、会动、会想,是他们的同类。他们会和布娃娃说话,跟小椅子说再见,这是幼儿思维“拟人性”特点体现,也是心理学家让·皮亚杰所提的一种泛灵心理,即幼儿期的幼儿,特别是小年龄的幼儿把所有的事物都视为有生命和意识的一种心理倾向。正如松松,他觉得“小被被”就是他最好的朋友,是和爸爸妈妈一样从小陪着自己长大的伙伴。在刚进入托班的陌生环境时,面对陌生的同伴、陌生的教师,熟悉的爸爸妈妈都不能入园来陪伴自己,唯有“小被被”是可以一起带到幼儿园的,因此当他得知在幼儿园不能长时间拥有“小被被”的时候,他的情绪是比较崩溃的,故而从一入园就无法放下手中的依恋物。松松作为泛灵论的一个典型的案例,我就开始思考,如何利用泛灵论让松松更快更好地适应幼儿园。

为此,我从爱护小被被的角度出发来引导松松,比如有时候会模仿小被被,告诉松松:“如果带我去厕所会让我身上沾满细菌,导致我生病。”又或者在午餐的时候告诉松松:“我听到小被被和我说每天松松让他身上沾上菜的味道,一点儿也不香了。”通过这样不断的重复,让松松从一日生活中各方面都能够感受到小被被被拿来拿去随身携带是很不方便的一件事,小被被也非常不愿意,而松松为了能让自己的小被被和自己一样喜欢来幼儿园,也慢慢地愿意在进入厕所的时候可以暂时放下小被被,吃饭的时候不再是抱着小被被,而是把小被被藏在屁股底下。不过我发现虽然松松在进入盥洗室的时候可以做到不带小被被,但是在一日活动中松松基本上是小被被不离手,不但给教师正常开展活动带来一定的影响,其他幼儿也非常容易被小被被吸引注意力。

三、放在固定地点的小被被

开学一段时间后,我发现松松特别喜欢搭积木,在搭积木的时候,他偶尔会把小被被遗忘在固定的地方。于是有一天我趁松松不注意,就把小被被悄悄地转移到钢琴上,直到午饭时间,松松突然想起了小被被,哭着对我说:“老师,我的小被被不见了。”我赶忙安抚他:“小被被没有不见了,它只是在钢琴上睡觉呢。”有了第一次的尝试,我开始时常关注松松对“小被被”的依赖程度,我发现只要有较为丰富的活动,或是在注意力较为集中的集体活动中,松松都能较为短暂地开始克制自己不去寻找小被被。于是我在开展活动时分散松松的注意力,同时我开始在平时尝试引导松松将小被被放在一个固定的地方。每天我都告诉松松:“你没有小被被也一样很开心很勇敢呀!没有哭,我们以后来幼儿园要给小被被找一个家,你愿意给小被被在班级里找个固定的家吗?”松松想了想:“那我就让小被被在钢琴上睡觉吧,但是中午的时候我要小被被陪我一起睡觉哦。”就这样,每天通过“将小被被放在固定的地方”作为一句暗号。一开始松松只能坚持很短的时间,往往这边在开展集体活动,松松突然想起来就要小被被,渐渐地我开始通过给小奖励来鼓励松松拉长离开小被被的时间,集体活动和外出运动的时候,我都会提醒松松要把小被被送回家,放在固定的地方,我发现松松离开小被被的时间可以坚持得越来越长,有时候实在忍不住了我也会告诉松松:“我们可以先去闻一闻小被被的味道,我们再坚持坚持。”就这样松松逐步逐步可以离开小被被,而我也将“固定的地方”变成了午睡时的小床。

四、彻底放手的小被被

许多两三岁的幼儿跟绘本故事《阿文的小毯子》中的阿文一样,会有个特别喜爱的物件,通常是毛绒或布艺玩具、小毛毯、小手绢、小背包等,我们称之为“安慰物”。这些安慰物已经不仅仅是物品了,幼儿甚至会跟这个安慰物煞有介事地聊天,仿佛那是他的一个亲密伙伴。幼儿的安慰物一般都有个共同的特点:柔软、温暖。这种柔软、温暖的物品能带给幼儿安全感,给他心理上的支持与安慰。安慰物是帮助幼儿走向独立的过渡物,它甚至可以部分地替代妈妈的“功能”。当妈妈不在身边的时候,若有个安慰物在手,幼儿的内心会安定许多。尤其进入陌生环境,与陌生人相处时,这个安慰物对幼儿来说更是至关重要。

因此当我发现松松对自己的小被被极其依赖时，我并没有强制他不带或不让他抱在身上，而是通过观察一步步发现松松对于小被被的“底线”。当我发现松松被丰富多彩的活动吸引的时候，如做游戏、玩拼图、滑滑梯等，他就会暂时忘记小被被的存在。于是我利用“每个幼儿都有固定的小椅子”这个说法去告诉松松我们也可以在班级里为小被被找个固定的地方，将它进行安置，这样小被被也就成为班级的一分子，帮助松松加强归属感。松松妈妈对松松在幼儿园依恋小被被的情况非常关注，因此我也在这段时间里频繁地向松松妈妈反馈松松的情况，我参考《阿文的小毯子》这一故事，在松松依赖小被被情况良好的状态下，开始对小被被适当进行裁剪，慢慢地，小被被变成桌布大小，渐渐地又变成毛巾大小，直到学期末，小被被已经可以藏在书包里不拿出来了。

五、总结思考

在一定程度上，“恋物”行为在新入园幼儿开学初可以帮助幼儿建立安全感，缓解入园焦虑，但严重的“恋物”行为不仅影响了幼儿的学习和生活，还容易形成“恋物癖”，养成犹豫退缩、敏感脆弱的人格特征，对幼儿以后的学习、工作、生活带来负面影响。于是我就通过自己平时在带班过程中对松松的恋物行为观察开始进行实践探索，得出了一些有效的矫正策略。

1. 借助绘本，尊重幼儿发展

根据我园多元阅读特色，我将绘本故事《阿文的小毯子》推荐给松松妈妈，绘本中的主人公和松松一样，也有一条心爱的小毯子，我根据绘本故事给我的灵感，经常将松松在幼儿园的表现及时反馈给妈妈。在一次次有效的短时间与小被被分离后，我都会和松松妈妈配合一起表扬鼓励松松，并且松松妈妈非常支持我在幼儿园对松松的教育工作，在我们共同的努力下，松松的小被被也和阿文的小毯子一样一点点地变小，慢慢地，松松不再带着被子大小的小被被，而是小毛巾大小的小被被。

2. 创设温馨环境，给予幼儿安全感

新生初到幼儿园会对幼儿园产生陌生、焦虑的感觉，我们通过创设各种温馨、有趣、童真的环境，来给松松一定的安全感。利用多种多样的活动帮助松松转移注意力，引导鼓励松松多和喜欢的同伴开始游戏，并且尝试让松松在幼儿园中选择一个自己最喜欢的玩具，通过“以物代物”“注意转移”等方式让松松在幼儿园这个集体环境中感到安全、舒适，并适应幼儿园的集体生活。

3. 发挥同伴效应，启发幼儿模仿改善

2—3岁的幼儿特别喜欢模仿，同伴的行为往往对他们有着很大的影响力。因此在进入集体环境后，我利用榜样法，鼓励松松多观察自己身边的同伴，说说自己和同伴之间有什么不一样。一开始松松注意力在小被被身上，而随着来园时间渐长，松松也发现了不同，原来别的小朋友来幼儿园是没有小被被的，原来大家在外出运动的时候都不会去找小被被，而我也通过《阿文的小毯子》这个故事，告诉小朋友，松松也可以和阿文一样慢慢地不带小被被，这远比直接让松松不带小被被有效得多。

入行至今，我开始深刻地明白所谓的“师幼互动”，不单单是在集体活动中与幼儿的互动，有效的师幼互动更应该是贯穿在一日生活中的点点滴滴，互动的主体是幼儿，教师要把幼儿当成自己的朋友，了解他们心中真正需要的是什么，并从他们的需求出发去满足他们。好比松松的小被被，其实是我们教学生涯中非常常见的一个案例，如果单单地告诉他“不行，不可以”，那么很有可能幼儿的生理需求和心理需求没法得到满足。通过了解松松的兴趣、需求，把握托班的年龄特点，针对松松的实际情况，我通过循序渐进的一系列措施，帮助松松最后放下依恋物，顺利地开展幼儿园的一日生活，促进他朝着富有个性的方向发展。

家庭中开展幼儿自我保护教育文献综述

东方德尚幼儿园　张燕芬

一、序言

国内关于幼儿自我保护的研究主要侧重幼儿园安全教育的研究和相关法律法规的制定和颁布，在开展幼儿自我保护教育时以学校为主，更多是对教育者、教育内容、教育方法和教育目的进行研究。而国外关于幼儿园安全教育研究同样重视法律法规等纲领性文件的制定和颁布，对幼儿自我保护的研究更偏向于能力的研究。

从目前家庭中幼儿的安全教育来看，家长们还是依赖于幼儿园的安全教育，家庭中的长辈过于呵护幼儿，而年轻的家长对于幼儿们的安全教育又处于忽视或轻视的状态。

鉴于此类情况，我园将在开展幼儿园幼儿自我保护活动的基础上，进行“基于生活场景的幼儿自我保护家庭教育的实践研究”。

二、文献综述

（一）概念界定

1. 生活场景

生活广义上指人的各种活动，包括日常生活行为、学习、工作、休闲、社交、娱乐等。

场景指戏剧、电影中的场面。泛指情景。本课题的生活场景主要针对幼儿在家庭中的生活（包括吃、穿、住、行）等活动中容易引发各类危险情况的情景。

2. 家庭教育

家庭教育是指在家庭中由家长（以父母为主）对其子女实施的教育，即家长有意识地通过自己的言传身教和家庭生活实践，对子女施以一定教育影响的社会活动。

3. 幼儿自我保护

幼儿自我保护指幼儿在家庭生活活动(吃、穿、住、行)中对危险情境或意外伤害的判断及对其原因、后果的认知,掌握自我保护的知识和技能,产生自我保护的行为习惯,建立自我保护的安全意识。

(二) 国内外研究现状分析

1. 国内外关于幼儿自我保护教育的研究

(1) 国内关于幼儿自我保护教育的研究

国内关于幼儿安全教育的纲领性文件主要强调幼儿安全教育的重要性,如《中小学幼儿园安全管理办法》《3—6岁儿童学习与发展指南》等。可见,幼儿安全教育已逐渐受到政府相关部门的重视。

国内学校开展幼儿自我保护的研究,在安全教育管理上重视安全制度建立,如《教师安全工作职责》《保育员安全工作职责》《幼儿接送制度》《门卫管理制度》等,加强和注重幼儿园教职工的安全意识和常规训练,通过检查抓好重要环节落实制度。

(2) 国外关于幼儿自我保护教育的研究

国外在幼儿安全教育方面同样出台了许多纲领性的文件,如日本有《教育基本法》,俄罗斯教育部设有《生命安全基础》课程,美国政府规定每一个学校要制订安全计划,且此计划要依据教育对象的年龄、学校所在地点等主客观条件来制订,加拿大政府重视学生安全意识以及自救能力的培养和教育,德国重视交通安全教育……

国外关于幼儿自我保护能力内容的研究未做具体分析,主要体现在幼儿安全教育之中。如英格兰建立儿童安全教育联盟(CSEC),致力于儿童安全教育,在英格兰,三岁大的幼儿可以被有效地教导进行自我保护,家长和家庭参与教育很重要,反复接触可以帮助儿童保持知识的增长。加拿大从上至下,无论是社会、幼儿园,还是家庭,都极其重视对幼儿安全意识的教育和自我保护能力的培养。日本是一个岛国,位于地震频发地带,因此日本对安全教育以及加强幼儿自我保护能力方面较为重视,也发展得较为完善。

由此可见,国外关于幼儿园安全教育研究同样重视法律法规等纲领性文件的颁布。同时,通过对上述国外研究内容的分析可以发现,国外研究者对幼儿自我保护的研究更偏向于能力的研究。

2. 国内外关于家庭中开展幼儿自我保护教育的相关研究

(1) 国内关于家庭中开展幼儿自我保护教育鲜见系统研究

关于家庭中开展幼儿自我保护教育的研究,主要落脚点在教育内容上,如公共交通、消防、防失踪、防性侵等。狄晓先用文献研究法和问卷调查法对六所幼儿园的部分家长进行了了解，分析了家长在预防儿童性侵犯教育中存在的主要问题。其他学者主要运用思辨的方法进行经验总结，以对此方面进行研究，如宋庆云在防失踪教育方面提出让幼儿牢记父母的姓名、电话、家庭住址，教育幼儿注意警惕陌生人，机智处理走失时的危险，利用无线信号设备武装儿童，父母应做好预防幼儿走失的工作，帮助幼儿建立交通安全意识，指导幼儿安全过马路，注意幼儿骑车安全，教育幼儿养成良好的安全习惯和正确使用安全座椅等。

关于家庭中开展幼儿自我保护教育存在的问题的研究，杨新亚教授认为家长过度保护、过度散养的两种极端态度和教育措施贫乏是造成幼儿伤害事故发生的原因。晏晓颖认为与儿童家长意外伤害知识和急救知识欠缺、对意外伤害的发生存在侥幸心理和不良行为有关。倪慧渊、何敬瑜教授运用问卷调查法和描述性统计调查方法，针对在园幼儿家庭伤害事故发生率进行分析，发现安全行为引导意识强的家庭，幼儿伤害事故的发生率低。来鑫教授从幼儿家庭安全教育隐患、幼儿家庭意外伤害事故、家长对幼儿安全教育的认识等方面进行研究，发现家庭中安全隐患与幼儿伤害事故呈正相关。黄志芳教授提出幼儿居家安全教育存在形式单一、方法枯燥等问题，同时指出当前小班家长实施安全教育时，虽然保护意识强，但教育观念淡薄，存在监护与教育分离、安全教育知识技能匮乏、过度保护等问题。

关于家庭中开展幼儿自我保护教育对策的研究，从幼儿园角度出发，王彦丽教授提出，园、家、社网络下的安全教育途径需从组织上、行为上、资源上入手。钱丽丽教授提出，幼儿园要从提高新生家长安全意识方面下工夫，确保幼儿入园；从增强家长安全认知方面下工夫，共同承担监护人责任；从增强家长责任意识方面下工夫，做好突发事故预防工作；通过多样教育形式调动家长参与园所安全工作的积极性。通过以上四方面改善家庭安全教育。柳承英教授提出，幼儿园应该为家长创造实践机会提升家长安全教育技能，通过邀请家长观摩班级半日活动、亲子安全隐患大排查、亲子设计安全标识、亲子安全演练等方式进行。从家长的角度出发，卞余龙教授提出，家长应运用多种方法对幼儿进行安全自我保护教育，如情绪渲染法、故事引导法、游戏法等。李群指出幼儿家长要不断丰富安全知识，坚持正面引导和多种形式相结合的教育策略。倪慧渊、何敬瑜教授指出第一要转变家长安全教育观念，提高家长安全教育意识，第二要采取切实措施、帮助家长提高安全教育技能。来鑫教授提出家庭安全教育可通过榜样示范法和“危险后果”教育正面引导，为幼儿营造安全的心理氛围才能达到良好的教育效果。

国内关于家庭中开展幼儿自我保护教育的研究多是由学校指导家长开展幼儿自我保护教育的研究，主要围绕家庭中开展幼儿安全教育存在的问题、教育的内容、教育的策略等方面进行研究。

(2) 国外关于家庭中开展幼儿自我保护教育的研究

国外关于家庭中开展幼儿自我保护教育的研究主要渗透在家庭安全教育中，主要为以下两方面：

第一，家庭安全设施。家庭安全设施是保证幼儿家中安全的重要前提，也是降低幼儿家庭内烫伤、跌倒、烧伤等安全隐患的重要保证。

第二，父母的影响。父母的安全知识、安全行为对幼儿安全教育都有不同程度的影响。

三、实践意义

（一）该研究符合国家、社会、家庭和儿童成长的需要

人生百年，立于幼学。学前教育作为基础教育的重要组成部分，作为学校教育的基础，对于人和社会的发展都有着至关重要的作用。党的十九大报告将“幼有所育”放在七大民生项目之首，把学前教育放在了优先发展的战略地位。随着社会主要矛盾的转变，我国学前教育的主要矛盾已经转化为人们对于教育普及的需求同优质普惠性资源之间的矛盾，人们的愿景出现了由“有园上”到“上好园”的转变。国家、社会、家庭无不关怀着下一代的健康成长。

3—6 岁是人生发展的初级阶段，掌握安全技能，形成安全意识，提升幼儿自我保护能力，对幼儿的健康成长有着举足轻重的作用。家庭教育是根，学校教育是干，只有建立稳定的家庭教育根基，才能保障学校教育的枝繁叶茂。家庭教育主要提供情感支持和人格、习惯培养，体现终身性和示范性。因此，只有家校安全教育形成合力，才能为幼儿牢牢扣上“安全阀”，萌发幼儿对生命健康的重视，培养幼儿自我服务的生活习惯，提升幼儿预见危险、自我保护的能力。这既是对幼儿个体独立性的尊重，也是对幼儿身心健康成长的关怀，更是为幼儿未来的生命质量奠定基础。因此，基于生活场景的幼儿自我保护家庭教育的实践研究，符合国家、社会、家庭和儿童成长的需要。

（二）该研究符合国家法律法规、市教委精神和幼儿年龄特点的需要

《中华人民共和国未成年人保护法》指出：教育行政等部门和学校、幼儿园、托儿所应当根据需要，制定应对各种灾害、传染性疾病、食物中毒、意外伤害等突发事件的

预案,配备相应设施并进行必要的演练,增强未成年人的自我保护意识和能力。《幼儿园教育指导纲要(试行)》指出:幼儿园必须把保护幼儿的生命和促进幼儿的健康放在工作首位。《3—6岁儿童学习与发展指南》指出:幼儿要具备基本的安全知识和自我保护能力。

而3—6岁幼儿的思维与认知特点偏向直观化和形象化,以无意注意为主。基于生活场景的幼儿自我保护家庭教育的实践研究,就是在遵循国家法律法规和上海市教育委员会精神的基础上,回归幼儿的年龄特点,在自然的家庭生活场景中,家长有意识地通过自己的言传身教和家庭生活实践,对子女施以一定教育影响的教育活动,体现生活化、渗透性特点。因此,基于生活场景的幼儿自我保护家庭教育的实践研究,该研究符合国家法律法规、上海市教育委员会精神和幼儿年龄特点的需要。

(三)该研究符合幼儿园安全教育理论开发的需要

纵观国内外幼儿安全教育研究现状,有关幼儿自我保护能力的研究有一定的理论基础,但基于生活场景的幼儿自我保护家庭教育的实践研究堪称凤毛麟角。在家庭生活情境中开展幼儿自我保护教育,能为幼儿创设固定的安全教育物质环境和精神环境,有助于幼儿养成自我保护习惯,牢固建立自我保护意识。本项课题的研究者力求在实践中总结家庭生活场景中开展幼儿自我保护教育的内容、方法、途径等系统性经验,致力于为幼儿教育工作者提供可借鉴、可复制、可推广的安全教育经验。

因此,基于生活场景的幼儿自我保护家庭教育的实践研究,符合幼儿园安全教育理论开发的需要。

四、研究改进建议

综上所述,国内外对于幼儿自我保护的研究主要以学校为切入点,重点在政策制定、内容、方法、途径和实施等方面的研究。在家庭教育中,侧重父母教育观念和安全物质环境创设上。但在家庭中,特别是家庭生活场景中开展幼儿自我保护教育的内容、方法、途径等系统研究有限。

(一)家庭中开展幼儿自我保护教育的文献资料研究

主要收集与学习目前家庭中开展幼儿自我保护教育的相关理论及实践研究成果,为本课题研究积累相关的科学文献研究基础及证据,以提高本课题的科学性、学术性及针对性。

(二)家庭生活场景中开展幼儿自我保护教育现状的调查研究

围绕幼儿在家庭生活场景(吃、穿、住、行)中家长开展自我保护教育的认知、态度和实践等情况进行调查,分析与总结存在的问题,分析研究具体原因,确定研究方向。

(三)关于家庭生活场景中开展幼儿自我保护教育的实施策略研究

1. 通过家长活动提升家长关于生活场景中幼儿自我保护教育的意识

通过家长沙龙、家长讲座等活动让家长了解日常生活中幼儿自我保护教育的现状、方式、方法等内容,加强家长在家庭生活中对幼儿自我保护教育的意识。

2. 通过各类活动增强幼儿关于生活场景中自我保护的知识

通过教学活动、谈话活动、演习活动等方式增加幼儿关于自我保护的知识,并基本能实际进行操作、运用。

3. 通过一日生活观察幼儿在生活情境中的自我保护

通过观察量表,阶段性地观察幼儿在生活情境中的自我保护能力表现,从而分析和总结幼儿自我保护能力发展状况。

因此,此项研究具有一定的实践意义和理论价值。

第二部分　课例分析

“儿童工作坊”项目化学习的师幼互动策略

——以大班“森林博物馆”项目为例

红苹果幼儿园　郁佳妮

近年来,国内不少幼儿园作为培养幼儿基础素养的实验基地,采用了项目化学习的教育方式,但是以“儿童工作坊”形式开展项目化学习的尚不多见。儿童工作坊的项目化学习强调幼儿与真实世界的联系,采用体验学习、游戏学习、探究学习、实验学习、设计学习、问题解决学习等方式进行个人的、小组的、集体的等多种形式相互融合的互动活动,达到“学习无处不在”的效果,实现真正意义上的“深度学习”。

相比以教师为主导,幼儿“静听”的教育模式,项目化学习下的“儿童工作坊”更符合当下以儿童为本的教育理念,凸显“师幼学习共同体”的概念,也更能促进幼儿主体性的发挥。对幼儿而言,项目化学习下的“儿童工作坊”是一场未知的探索之旅,幼儿在这场旅行中是否有收获,取决于过程中教师的师幼互动是否有效。因此,教师应通过适宜的师幼互动方式,引导幼儿自主探索、主动学习。以下,结合我园大班“森林博物馆”儿童工作坊项目化学习的开展,阐述儿童视角下的项目化学习中的师幼互动策略。

一、关注兴趣需求,聆听“童”言

幼儿对外界事物有无限的兴趣且高度敏感,他们乐意提出问题,教师可通过提问,激发幼儿的好奇心和兴趣,引导幼儿积极主动地去探索,使幼儿产生对学习的热情,最终拥有学习的内在驱动力。项目化学习下的儿童工作坊就是以“真实”的问题为驱动进行持续探究。那么,这些驱动性问题由何而来?教师需要走近幼儿,倾听幼儿,顺应幼儿的兴趣和需求,引导他们进行观察与讨论,将问题转化为儿童工作坊的探究项目。

在大班的“森林博物馆”项目形成之初,教师发现幼儿常常三五成群地蹲在自然角观察植物。“多肉的叶子为什么不是扁扁的?”“为什么有的植物需要晒太阳?有的不喜欢阳光?”“为什么水浇得太多,有的植物不能存活?”“为什么要在花盆底下挖个洞?""什么东西能替代花盆?"……随着观察的深入,幼儿的问题层出不穷,这些具体的问题都有可能成为儿童工作坊项目化学习的开端。然而,幼儿提出的问题多而杂,教师又该如何准确地捕捉幼儿的兴趣和需要,有针对性地选择能够驱动幼儿持续探索的问题?

基于幼儿的兴趣点,教师鼓励幼儿将自己的问题记录下来,并将这些问题进行分类整理,有的指向"植物的形态特征",有的关于"植物的栽培",还有的聚焦"不同植物的生长习性"和"森林环保"。于是,一场指向"植物"的项目化学习应运而生。经过师幼共同讨论,确定了"森林博物馆"这一探究项目。然而,要让幼儿"想明白"问题的缘由并没有那么简单。基于大班幼儿遇到不同意见能够进行思考和判断、遇到问题或疑惑会主动寻求答案的年龄特点,教师鼓励幼儿自发组队,选取感兴趣的问题进行小组讨论。每个幼儿的生活经历都可能成为"儿童工作坊"项目化学习的一部分。在关于"植物的栽培"的小组讨论中,"为什么浇水后花盆不会淹水"和"花盆为什么漏水"这一组问题是幼儿们每天在自然角中为植物浇水后都会遇到的。有幼儿说:"我奶奶种花的时候,我看到花盆底下有个小洞。""是不是每个花盆都有洞呢?"教师在小组内的追问引发幼儿不断地抛出新问题:"为什么漏水却没有漏泥?""没有洞的花盆能种花吗?"关于"花盆"的话题吸引了这一组幼儿的兴趣,经过一段时间的讨论,"花盆小组"由此诞生。这样一个既具有真实性、开放性,又具有探究价值的话题,成为了驱动该小组研究的题目。

在师幼共同挖掘内容的过程中,幼儿的需求也在不断地变化,教师尽可能地倾听,从而了解幼儿感兴趣的话题,并用真实的问题推动幼儿的讨论,筛选出项目的切入点,启发幼儿沿着需求和兴趣不断思考。

二、激活探索兴趣,尽显"童"味

国外有研究者认为,在"儿童工作坊"项目化学习过程中,幼儿具有更强的学习动机。动机可以调动幼儿更多的积极性,助推幼儿获取更多的经验和学习动力。只有当幼儿从内心深处自发地对某项活动产生探索的兴趣时,他们才会真正地去发现、认识和探索。为了激发幼儿的探索欲,教师需要灵活调动资源并运用多元化的方式,持续激活幼儿自主探索的兴趣。

1. 引入"三问"激活科学思维

"授人以鱼不如授人以渔",在儿童工作坊活动中,幼儿感兴趣的项目通常具有很大的随意性,要让幼儿逐步形成"无意—有意—有目的"的学习过程,教师应重视有利于幼儿终身发展的良好学习习惯的培养。在顺应幼儿好奇、好问特性的基础上，不断利用“What(问题是什么)”“Why(产生的原因)”“How(如何解决)”来激发幼儿分析、解决问题的意识，形成科学思维的框架。

在“森林博物馆”儿童工作坊项目化学习中，幼儿尝试用不同的材料代替“花盆”来种植植物。在用酸奶盒替代花盆的过程中，幼儿遇到了“花盆漏泥”的新问题。面对问题，教师引导幼儿思考“花盆漏泥的问题出在哪里?”“为什么会漏泥?”，让幼儿们将问题聚焦在花盆底部。在教师的启发下，幼儿们观察普通的花盆与自制花盆之间的区别，建立了解决问题的思维。幼儿在仔细查看对比两种花盆后，他们欣喜地发现了花盆底部的网格层。通过观察对比，幼儿调动已有的经验，进而继续大胆讨论：“网格有洞洞还是会露出一些细沙土。”“能不能用爸爸喝咖啡的过滤纸代替网格呢?”出现的每一个小问题都是对于幼儿认知的挑战。虽然用过滤纸替代网格层的尝试最终以在花盆中软化腐烂而宣告失败，但幼儿获得的不单单只是眼前的成败，这种解决问题的思维模式将会令他们受益终身。通过“提出问题—寻找答案—重组经验—建构知识”的科学探索，幼儿不断试验和优化解决方案，形成相关的经验。

2. 善用“争论”，助推经验重构

“儿童工作坊”的项目并不是在教师的预设下形成的，而是随着活动的进展，在教师和幼儿的讨论中，经过灵活调整和不断完善逐渐生成的。在每一次的小组分享交流中，幼儿自由表达自己的观点，并认真倾听他人的观点，再次理解问题、重构认知，从而学会独立思考。当然，有分享就有争论，有争论便有创新，有创新便有动力。教师要善于利用分享中的“争论”，不断助推幼儿主动思考。

在一次“森林博物馆”儿童工作坊项目化学习的分享交流中，“环保森林”小组的幼儿们对“大树能不能砍”这一话题进行了激烈的争论。在项目化学习中，我们经常需要用这样的“争论”来推进下一步研究。“大树能不能砍”让幼儿形成了认知冲突，他们谁也说服不了谁。无法解决时，教师引导幼儿先查阅图书、搜集资料，一周后再进行分享交流，再次进行讨论时，教师组织持有不同观点的幼儿分别作为正反方进行了一场辩论赛。(如图1所示)

反方：大树当然不能砍，大树是小鸟的家，还有很多动物都是靠着树木生活，没有树这些动物就失去了家园。

正方：我们用的很多东西都是用大树的木头做的，桌子、椅子、纸……我们教室里就有很多家具都是用木头做的，不砍树这些东西怎么能制作出来?这样的话，我们的教室里就会空空的。

反方：有些东西是可以用塑料制作的，这样就不用砍树了。新闻报道里说，北京的沙尘暴很厉害，就是因为把森林里的大树都砍了，所以我们要多种树，少砍树。

正方：那要种多少树才能阻挡沙尘暴？

图 1 幼儿辩论“大树能不能砍”

幼儿就对立的观点进行辩论，自由地表达自己真实的看法，也不断地催生出新的想法，这让幼儿的学习变得富有挑战。在浓厚的探讨氛围的助推下，“环保小组”又产生了新的研究方向。（如图 2 所示）

图 2 幼儿对砍伐森林的新探索

3 以“成果”呈现探究历程

在“儿童工作坊”项目化学习中，幼儿探索和学习的过程最终以项目成果的方式呈现，能够清晰地反映幼儿探究的轨迹。为鼓励幼儿展示自己的成果，分享好方法，并与同伴产生积极的互动，教师可以灵活运用大班幼儿的书写方式，展现幼儿在项目探究中的想象力和创造力。在“森林博物馆”儿童工作坊的项目展示中，教师鼓励“植物的形态特征”小组成员将他们对“树叶形状大调查”的成果用制作植物标本的方式记录下来（如图 3）；鼓励“环保森林小组”向其他同伴展示他们自发设计的“护绿标志”(如图 4);鼓励“植物栽培”小组将他们种植多肉植物的过程绘制出来(如图 5),供其他同伴参考;结合对“自制浇花器”的探究,“花盆小组”将探究的过程以图画故事的形式生动地展示出来……这些既是对研究成果的总结,又是引导幼儿对探究过程进行再思考,使幼儿获得了十分有益的实践经验。

图 3

图 4

图 5

三、秉承支持态度,守护童心

在实施“儿童工作坊”项目化学习的过程中,教师的态度是决定活动效果的重要因素。在项目研究中,幼儿应占主导地位,教师追随幼儿的思路,用各种“支持”代替“说教”,以支持的态度充当幼儿活动背后的扶持者。

空间支持意味着教师必须让幼儿拥有自主实施的空间。儿童工作坊的活动的生成以及幼儿获得的所有信息不是教师灌输的,而是幼儿经过一番体验和探索自主获取的。要激发幼儿探索的欲望,我们首先要为幼儿创设一个宽松和谐、无拘无束的环境。只有给予幼儿足够的探索空间,始终以尊重幼儿的态度,欣赏和信任他们,幼儿才会乐此不疲地去探索。从“森林博物馆”儿童工作坊项目化学习确立开始,教师就放手了,这不仅仅是基于行动层面的不随便干预,更是教师从心理上真正地放手。无论是幼儿发现了问题,还是面对幼儿在操作过程中制造的“混乱”场面,教师都要保持“放手”。

关于“自制浇花器”的制作,“花盆”小组成员准备了材料、工具、制作方法,开始尝试。活动刚开始,大家一拥而上,有的想从泥土里挖洞接上吸管浇水,有的直接把戳了小洞的可乐瓶插进土壤里想要变喷泉……很快,桌面和地板就都是泥土和水,一片狼藉,各种工具、材料散布各处,但空气中飘荡着幼儿们的欢笑声。教师并未上前干预,而是耐心等待。此时,瑶瑶发现了问题:"水瓶里的水喷得到处都是,可是没有对着花盆,这样可不行!""地上那么湿,会摔跤的。"琪琪马上回应道。洋洋出了个主意:"我们把吸管和可乐瓶的小洞接起来吧,这样水就不会乱喷了。""还要把地上给擦干净。"瑶瑶补充道。随即幼儿们分工合作,有的继续改进"浇花器"的设计,有的找来抹布擦了起来。

面对初期的"混乱"状况,教师允许幼儿自由自在地探索,并没有加以干涉,而是顺其自然,让幼儿的成长变得"自主化"。在这个过程中,教师始终将幼儿视为有思想、有智慧的独立的人,给予幼儿充分的自主探究的空间,不做过多的干预,让幼儿不受约束地尝试,才让这样偶发的事件,发挥其所蕴含的教育价值。这样的过程也更能让幼儿有真实的体验,获得直接的经验。

幼儿在"儿童工作坊"项目化学习之旅中的体验并不是一帆风顺的,有时幼儿的学习热情和态度会因项目"失败"而受到影响。这时,教师一句肯定的话、一个激励的眼神、一个鼓励的动作,都能激励幼儿"反复"尝试,引导幼儿大胆探索。

"老师,我们的试验又失败了……"嘉嘉拿着这一次他们尝试用咖啡过滤纸制作的花盆底来到了教师面前,"我不想再试了,没有一次能成功,一点意思也没有。"嘉嘉嘟着嘴,一脸不高兴,小组里的其他幼儿也跟着垂头丧气。

"可是,老师觉得你们这一组是所有小组里最棒的,特别是你,每一次你都能给小组出最多的主意。你瞧,这是你们的记录纸,记录着你们现在的成果。我想只要你们不放弃,很快就会想到更棒的方法。"在分享交流时,教师特意介绍了这一组的探索过程,同时赞赏了他们遇到困难不放弃的精神,在分享交流后,小组的"士气"大增。

当幼儿遇到瓶颈时,教师的赞许能够帮助幼儿克服困难和障碍,极大地激发幼儿探索的热情和积极性。同时,我们也要引导幼儿思考"失败"背后的原因,从中寻找解决问题的方法,形成良好的学习习惯和能力。

在"儿童工作坊"项目化学习中,发现问题、研究问题、展示成果等所有的过程都应以幼儿为主体,我们应该始终站在幼儿的视角,倾听幼儿的问题,看清幼儿的需求,支持幼儿的探究行为,促使其以自主的方式进行学习。

“我觉得你特别牛！”

——绘本《勇敢的克兰西》课例分析

福山幼儿园　李静雯

第一次拿到《勇敢的克兰西》，吸引我的是那抹清新的绿色及封面上逗趣童真的黑牛形象。随手一翻，我竟然被克兰西经历的波折所深深吸引，迫不及待地想要更细致深入地读一读：克兰西因何被定义为勇敢？他又有何特别之处呢？

一、初读绘本知大意

属于白腰牛种群的克兰西生下来腰上却没有白条，因此其他牛都觉得他很奇怪，他想尽办法“抛弃”这种独一无二，均以失败告终。没有白腰的克兰西在某天夜里却突然发现了自己“天赋异禀”——全身漆黑的他成功溜进了隔壁红背牛独占的丰美牧场！于是每晚他在那里放开了肚皮，把丰茂的牧草吃了个够，结果当然是越长越壮，还成了白腰牛群的大英雄……绘本《勇敢的克兰西》向我们展现了一个生动有趣又充满魅力的故事，故事情节的变化和转折，给了我们无限的想象空间。而与众不同的克兰西最终让两个牛群享受到了相同的权利，更向读者们展现了一个令人意想不到结局。可以说，克兰西大大激发了教师充分演绎这个绘本故事的兴趣。

二、浅析教育价值

1. 稚拙的笔触,简单的色彩,勾勒出丰满热情的主角形象

作者以生生不息的草绿色为主背景,烘托整个故事积极向上的基调和饱满充盈的角色性格,也让幼儿们能够轻松捕捉到克兰西独一无二的外形特点,并以简单的色块、疏朗稚拙的笔触,恰到好处地勾勒出栩栩如生的动物情态与故事意趣。

独一无二的外形

泾渭分明的种群

2. 出乎意料的情节发展,扩展出猜想与预测的空间

白腰牛、红背牛、全黑牛、全红牛,牛群因外形的不同而导致生活环境的不同是整个故事的关键线索。幼儿在阅读时,天生的同情心会让他们产生强烈的角色代入感,草地上弱肉强食的生存规则在被聪明勇敢的克兰西一举打破之时,也是幼儿收获解锁完整故事情节的乐趣之时。

轻而易举的潜伏

志同道合的感情

3. 从改变自己外形到改变他人想法,体现从自卑到勇敢的心理变化过程

克兰西的勇敢不仅表现在他不断寻找突破口,让自己的内在和外在都变得强大,更在于当他面对两大族群的巨大冲突时敢于说出自己的心里话。幼儿在环环相扣的

情节中感受着由克兰西主导的改变所串联起的故事主线，从而体会到真正的勇敢是一个人生活中必备的品质，我们不仅要有敢于突破的行为，还要有强大的内心力量！

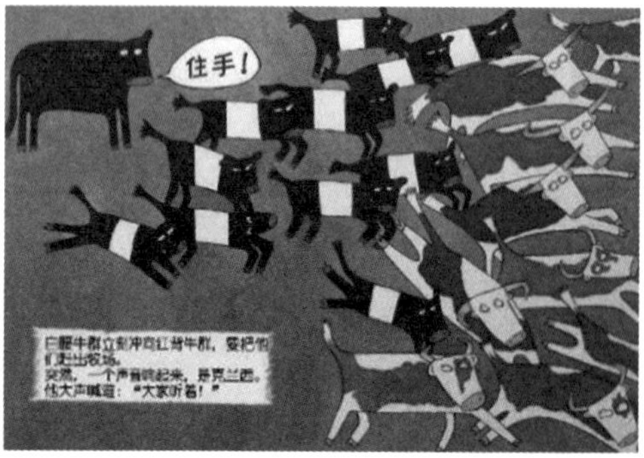

挺身而出的勇气

意想不到的结局

三、剖析活动过程

1. 自主阅读

当绘本《勇敢的克兰西》被投放到图书角后，幼儿们特别感兴趣，纷纷翻看，即使不能完全通顺地阅读绘本中的文字，但光是观看图画就能够让他们产生轻松愉悦的阅读体验，并引出了一连串有趣的猜想……

小吉："舒新，克兰西和其他牛牛为什么会长得不一样？"

小新："肯定是基因突变啊！不过他用了好多方法想要变成白腰牛，真搞笑！"

小吉："他竟然变成黑牛去偷吃草，你看到了吗？"

多多："我也看到了，他好聪明啊！但是他为什么会那么想要成为冠军呢？"

小新："哎，你们看，黑牛和红牛一起在夜里吃草，应该是相爱了吧！"

霖霖："两只奇怪的牛相遇了，因为它们都很奇怪，所以能成为朋友。"

多多："牛牛们最后一起吃草了，是不是代表以后都不用参加摔跤比赛了？"

霖霖："我觉得应该不会再打架了。啊，你们看！克兰佳怎么长得颜色乱七八糟的？"

教师解析：猜想讨论，引发持续的探索兴趣

幼儿们天马行空的个人猜想和饶有兴趣的小组讨论，正是他们对这个故事充满好奇的反映，也恰恰是在整合绘本内容的关键信息。但由于中班幼儿在自主阅读时，观察能力存在局限性，所以对情节转变的关键画面较难理解，容易忽视画面细节，对于文字表达部分也会有不明确、不理解的现象。可见，即使幼儿能够运用一定的已有经验来浏览绘本，但要做到真正理解故事情节的脉络是存在挑战的，对故事中所隐含着的关于“勇敢”的意义,就更难领悟了。

2. 师幼共读

当教师及时捕捉到幼儿的自主阅读出现一定的瓶颈后,师生共同阅读的时机就出现了。教师在共读过程中帮助幼儿重新建立对画面的聚焦,完善前后页的逻辑联系,突破幼儿的信息盲区以便理解绘本故事情节,并以分组讨论重点问题的形式体会师幼共读的乐趣。

问题一:克兰西想不想让自己变成白腰牛?(改变外形)

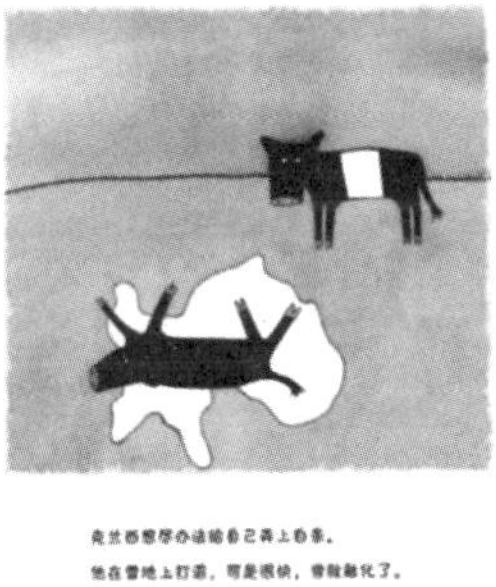

方法 1

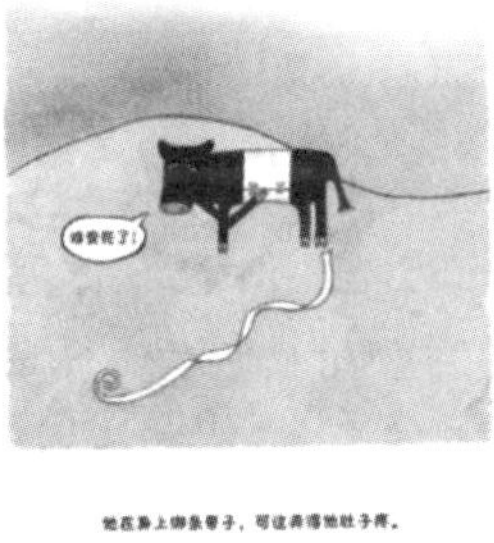

方法 2

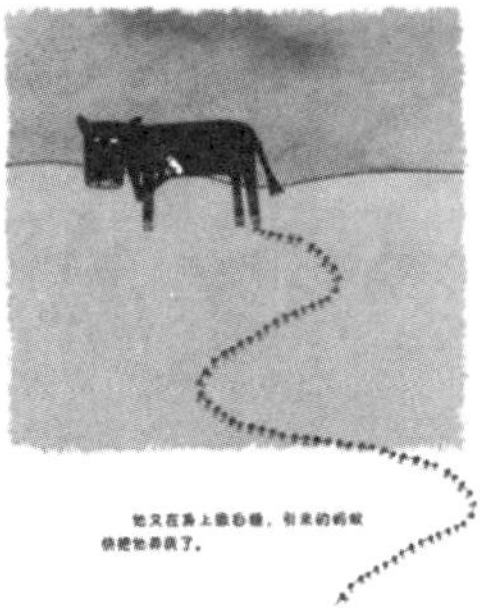

方法 3

方法 4

教师:克兰西的生活是什么样的?

多多:他总是孤零零地在河对面,没有朋友。

小吉:其他牛牛看他的眼神都不太友好,有的斜着眼睛看,有的低着头。我感觉大家都不太喜欢克兰西。

教师:我也和你们有一样的感受。你们看,这只白腰牛正在说“他竟然没有白条”!

多多:要是克兰西有白条就不会被大家讨厌了……

教师:有了白条,他就能看上去和大家一样了。他想让自己成为真正的白腰牛吗?

小新:想啊! 他太想了! 我看到他用了很多办法呢!

多多:对啊,他太搞笑了,在雪地里打滚,可是雪会融化的呀!

教师:哦,看来这办法行不通呢! 还有别的吗?

霖霖:它绑条白带子在身上干什么呀? 这会很痛的吧! 还有,他在身上撒白糖,难道他不知道蚂蚁来了会让他很痒吗?

教师:也许克兰西就是太想让自己变得和别的牛牛一样,所以尝试了很多方法。

小新:老师,克兰西还在自己身上刷油漆,画了一道白条儿。

教师：那这个办法成功了吗？

小吉：没有，不可能成功的。你看，克兰西的肚子这里在下雨！只要雨水一来，白色就会被雨水冲刷掉的，然后流走了！

教师：太可惜了，好不容易想出四种变成白腰牛的方法，都失败了。

教师解析：聚焦观察，分享细微的画面元素

在小组阅读的过程中，教师始终关注着幼儿的观察发现，时不时以追问形式引导幼儿聚焦重点画面，或以共读者的身份读出某些文字内容，以帮助幼儿分解阅读区域。这样一来，幼儿就能够成功代入克兰西这个角色并感受他当时的心情，在看似自由欢乐的表达中快速响应画面传递的信息。最终，教师发现幼儿对画面细节的观察能力已逐渐萌芽。

问题二：克兰西是怎么让自己变强壮的？（改变体形）

破解循环奥秘

借助优势吃草

教师：草地上还生活着什么牛牛？

多多：红背牛！他们看上去要比白腰牛壮很多！

教师：右边的图代表什么意思？

小吉：咦，这个箭头我好像在垃圾桶上看到过……

多多：对的，可回收垃圾！它的意思是可以不断地循环利用。

教师：这里想要表达的是什么事情在一直循环呢？

小吉：红背牛吃的草新鲜有营养所以它们总能赢得摔跤比赛，只有赢的牛才能吃好的草；白腰牛吃不到好的草所以长得不太壮，它们永远赢不了比赛，也吃不到好草。

教师：对白腰牛来说，这样的循环太不公平了。事情会有转机吗？

意外收获同类

勇夺翻身机会

多多：有啊！你们看，黑夜来临了，克兰西溜进红背牛的草地吃草了！

教师：他会被发现吗？

小新：他浑身黑黝黝的，没有被发现！

教师：但是画面上怎么出现了克兰西和一头红牛在吃草呢？

小吉：他们两个都和其他牛不一样。

多多：一开始他们还不是朋友，所以屁股对着屁股；后来它们成为一起吃草的朋友了，所以他们头靠着头，连月亮也变圆了！

教师：这可是个重大突破啊！没有白腰反而让克兰西成功地和夜色融为一体，还遇到了能一起吃草的伙伴！

小新：哇，你们看，克兰西压在红背牛的身上，他赢了！

教师：为什么他能赢？

多多：他吃到了营养丰富的草变壮了！

教师解析：符号辅助，辨识关键的逻辑信号

在深入阅读的过程中，幼儿对画面局部的观察变得更加仔细和谨慎了。教师通过提问继续支持幼儿聚焦观察点，鼓励幼儿自主读图并根据画面上的符号信息展开推理。幼儿们已注意到白腰牛种群遭遇强者红背牛种群时无法抗衡的处境，他们设身处地体会到画面传递的无可奈何的情绪，继而从“循环”符号中领悟到克兰西和他的同伴们处于弱势时的心情与表现。但是当机会来临时，气氛立刻变得欢快，幼儿们的讨论明显雀跃起来——他们的心情早已和“克兰西们”融为一体，“症结”突然被打开，剩下的，就交给克兰西吧！

问题三：克兰西到底勇敢在哪里？（改变想法）

勇者挺身而出

大胆提出建议

教师：输了比赛的红背牛眼看就要被赶走了。

霖霖：但是最后他们没有走，他们听到克兰西在说话。

小新：对的，他们的身体虽然都在逃跑，但他们的眼睛是转过来看着克兰西的！

教师：哦？克兰西说了什么让它们都停了下来？

多多、霖霖：“住手！”

小吉：而且克兰西的声音肯定很大，你们看，“住手”两个字比其他字都要大！

小新：我和克兰西一样，我希望他们能在一起吃草。

霖霖：我也觉得很好，虽然他们的外形不一样，但他们都是牛啊！是牛就应该在一起吃草！

教师：那么好的建议，之前为什么就没有人说呢？

多多：因为之前没有一头牛像克兰西那么勇敢！那么多牛都快打起来了，克兰西却敢大声说出来。

小新：而且他说的话，从来没有别的牛敢说。克兰西，你特别勇敢，特别牛！

多多：老师，我还发现克兰西身边还有海尔佳。

教师：海尔佳为什么会出现在克兰西身边？

霖霖：海尔佳在支持克兰西啊，你看，他们是肩并肩的。有的时候一个人不敢做一件事，但有一个好朋友陪着的话就敢了。

教师：原来如此，海尔佳的陪伴，为酷酷的克兰西增加了一份勇敢。

多多、小吉：对！他们都很牛！特别特别牛！

教师解析:大胆阐述,挖掘隐藏的核心价值

如果说幼儿在回答问题一、问题二时,是能够依据其本身所具备的认知能力、逻辑思考能力来推理,来发现画面信息的,那么问题三的解决,绝对需要师幼深度共读才能解读,从而明白该绘本传递的核心意义。此时的幼儿,对绘本的故事大意已经基本了解,所以教师利用了各种开放性的提问去支持幼儿聚焦大画面,有效排除文字干扰,思考主角行为背后的原因。教师把幼儿们引领到“牛群对话的现场”情景中,却又将预测和推理的主动权交还给幼儿们,让他们完全自主地去发现、去探讨何为“勇敢”,在这样的信息传递和概括的过程中,幼儿们的思辨能力和表述能力也都有了不同程度的提高。“牛”这个字,在整个活动过程中,已经不再是一个单纯的名词,也不再依附于故事本身的定义,而是在幼儿的头脑中变为一个形容词:从一头令他们无比同情的牛,逐步转变为一个让他们心服口服的“牛”。

3. 动态悦读

活动一:“见招拆招”的表演

再现情景,借助身体复刻故事

克兰西在成为冠军前,充分运用了自身优势——和黑夜融为一体的皮毛外表,成功地吃到了对面牧场里极富营养的草儿,但还有一个过程不能忽视,那就是他持之以恒地刻苦训练。幼儿们翻看到这一页时,总是蠢蠢欲动想要动起来,模仿牛牛们练习摔跤的架势。于是教师顺势而为,为幼儿们提供了一个既安全又开放的模拟场景,并提供装扮材料便于幼儿代入角色,让他们模仿克兰西的各种动作,最终让他们体验到了克兰西努力想要获得摔跤比赛冠军的心情。这里的动态悦读,是指幼儿放开手脚后身体的活动。

活动二:"自圆其说"的畅想

倾听接纳,支持所有的表达欲望

随着绘本最后一页的出现,惊喜就在眼前:一起经历了大风大浪的克兰西和海尔佳过上了幸福的日子,并且生下了色彩斑斓的克兰佳宝宝!"为什么它们的宝宝叫'克兰佳'?""克兰佳和爸爸妈妈长得也不一样,他会遇到什么困难吗?""克兰西是不是当了牛群里的老大?"种种因故事而展开的讨论之声在自由活动时蔓延开,尤其是当有一天多多小朋友问了一句"这个世界上真的有白腰牛吗?"之后,他的好朋友霖霖回家后和爸爸妈妈一起在网上查找了资料,并且真的找到了一张和绘本中的白腰牛很相似的真实图片。这里的动态悦读,是指幼儿们根据绘本的整体意境而展开丰富的联想,是想象思维的展现。

四、寻找解读视角

1. 推进式的阶梯阅读加速幼儿的学习能力

一个好的故事是会给幼儿带来他们未曾经历过的非常体验的,这是不是意味着,当教师发现一本不错的绘本之后,就要急于撰写教案,把它变成一个集体教学活动呢?其实幼儿们在无压力、无目标的状态下,都是喜欢阅读、愿意阅读的,因为他们最期待的,从来都是故事中各种未知的情节,而并非必须要明白一个道理,学习很多知识。所以从自主阅读到师幼共读,再到动态悦读,这种分阶段的、慢慢推进幼儿深入阅读的方式,其实很好地避免了将绘本阅读变成单纯地看图讲述。从时间上来说,它拉长了幼儿们有效学习的周期;从效果上来说,它整合了幼儿对绘本中出现的符号与语言、情节与情境、表象与内涵的综合信息,支撑着幼儿们在阅读行为中观察能力、倾听能力、表达能力的发展。

2. 关键性画面的解读体现教师的专业能力

《勇敢的克兰西》这一绘本中,没有任何精美华丽的文字,却因为作者对一些关键画面的处理,让幼儿们能够"跳一跳",把自己看懂的内容用最简单稚趣的语言表达出来。看似简单的"看图说话",不但没有违背当下所提倡的阅读教学方法,反而因为教师已经提前梳理了故事的关键情节、提炼出了核心提问,才更显得恰到好处。其实作者隐藏的线索可以分为三个阶段的"改变":克兰西一开始一心只想改变自己的外形,忽然某天"抄近路"有机会改变自己的体形,最后"勇"字当头的他甚至改变了所有人的想法!教师抓住了幼儿对故事情节走向的兴趣点,不断激发着幼儿出于对画面细节的强烈兴趣而呼之欲出的讲述动机,幼儿的愿望因为被及时捕捉到而始终被置于教师目标之前,这样的阅读过程才显示了教师"吹尽狂沙始到金"的专业能力。

经历了对绘本《勇敢的克兰西》的品鉴和阅读,教师和幼儿们一起豁然开朗:在我们的生活中,差异无时无刻不存在。也许我们都会有"怎样看待自己和别人的不同"的疑惑,但最终我们都会坦然——"你不必和别人相同,你就是最好的自己"。

愿我们的幼儿,都拥有独一无二的未来。

基于儿童立场的项目化学习让师幼互动有深度

——以大班“特讲堂”项目为例

芦潮港幼儿园　唐金丹

伴随当前学前教育改革进程，儿童立场成为幼教者普遍公认和遵循的法则。《上海市学前教育纲要》强调：“儿童的发展是在适宜的环境中，以主动、积极、内涵丰富的活动为基础，教师必须根据儿童的兴趣和发展特点实施教育。”同样，关于“儿童立场”，对教师的调查问卷显示，大部分的教师都能理解“儿童立场”的内涵，并说上一两句，如尊重儿童的话语权、尊重儿童的需求、理解儿童、站在儿童的视角、了解儿童的最近发展区，等等，但在实践过程中，由于教师专业水平不一，往往困难重重。如何真正实现“儿童立场”？这里就跟随我一起，回顾一次跟幼儿们在上海师范大学附属浦东临港小学参加的“飞天梦”的传承——特斯拉谱写临港新能源公益之旅（以下简称“特讲堂”）。

一、项目背景：儿童立场与“特讲堂”

为了让幼儿近距离接触特斯拉轿车的同时也能激发幼儿深度学习的兴趣，“特讲堂”项目初步成立，为了让项目更顺利地开展，并激发幼儿主动探究、主动参与的兴趣，我做了以下的问题思考：

1. 在项目开展过程中如何让幼儿成为项目的主人？
2. 如何促进幼儿的深度思考？

制订项目活动目标：

1. 在体验“特讲堂”整个项目活动的过程中，提升幼儿对特斯拉轿车的认知。
2. 在与同伴、教师的交流互动中，养成积极思考问题并解决问题的习惯。

二、项目准备：提问与互动，让项目更聚焦

美国教育家杜威反对基于书本的死记硬背式的被动学习，倡导“在做中学”，鼓励幼儿在实践活动中获取直接经验，求得所需的学问和成长的机会。对于幼儿而言，

项目学习是一场未知的探索之旅。幼儿在这场旅行中能否有所收获,取决于过程中教师的支持以及互动是否有效。为此,我在“特讲堂”项目准备前期就与幼儿进行互动,基于儿童立场让幼儿了解项目主题,通过提问帮助幼儿回忆生活中关于特斯拉轿车的认知经验,在此基础上激发幼儿的进一步思考。

1. 通过提问观察幼儿——看到真实的幼儿

特斯拉轿车引进我国已经有一段时间了,在幼儿身边出现的频率也越来越高,那幼儿对特斯拉的了解到底有多少呢?在自由活动时间,教师跟幼儿们围坐在一起进行讨论。

对话再现

主要问题	幼儿回答
教师:你们知道特斯拉吗?	幼儿A:知道,那个车很贵的。 幼儿B:在我们家的小区里看见过。 幼儿C:我在马路上看到过。 幼儿A:我们家买的就是特斯拉。 幼儿D:我知道它的标志是一个T。(边说边用手指比划着)
教师:那你们知道特斯拉有什么特别之处呢?	幼儿E:我听我爸爸说特斯拉可以自动驾驶。(其他幼儿表示很惊讶) 幼儿F:我上次看到里面有一个很大的iPad,我们家的车没有的。 幼儿G:特斯拉是用电的,可以一直开,都不用加油的。 幼儿A:不是的,特斯拉不加油,但需要充电,电用完了就要充电了。(个别幼儿微微地点着头)

在轻松的师幼互动中,以问题的方式导入,很快就引发了幼儿之间的讨论,在讨论中进一步思考。在互动中可以发现,幼儿对于特斯拉有一定的了解,有的接触过,有的是道听途说,但回答的信息是凌乱的,有的是错误的,没有系统的认知。教师能充分感受到他们的兴趣,那如何利用此次项目活动让他们更有目的性地去了解特斯拉呢?

2. 利用任务理解幼儿——尊重幼儿的特点

《幼儿园教育指导纲要(试行)》中明确指出:“幼儿园教育是基础教育的重要组成部分,是我国学校教育和终身教育的奠基阶段。城乡各类幼儿园都应从实际出发,因地制宜地实施素质教育,为幼儿一生的发展打好基础。”著名教育学家陈鹤琴先生说过:“凡是儿童自己能做的,应该让他们自己去做!儿童习惯养得不好,终身受其累。”由此可见,幼儿完成任务的意识和能力的培养,对其一生的发展都有着重大意义。根据大班幼儿的年龄特点，教师引导幼儿运用图文相结合的形式将自己所要了解的关于特斯拉的内容画下来，并与同伴相互交流、分享所画内容，最后经过修改和调整，完成属于他们自己的个性化任务卡。

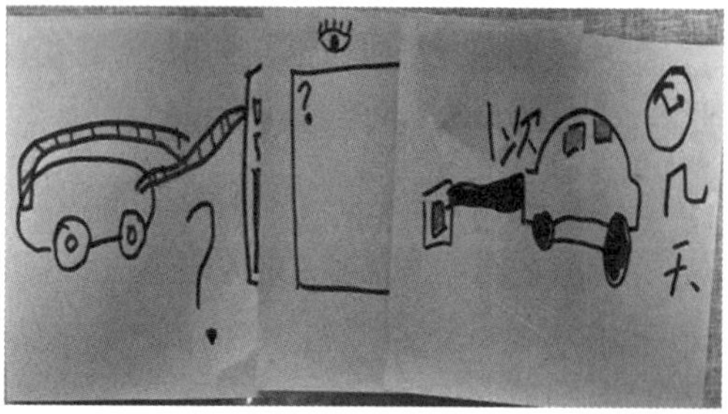

3. 多种方式支持幼儿——推动幼儿的发展

陈鹤琴先生指出："一切直接经验都是儿童亲身力行得来的，教育者无论如何不能代替儿童做事，也无论如何不能完全用抽象的概念来施教。"幼儿拿着自己设计的任务卡都显得格外兴奋，但当幼儿踏入临港小学后，面对陌生的环境和一群不熟悉的哥哥姐姐，他们显得有些拘谨。于是在互动体验开始之前，教师用激励的语言，鼓励幼儿大胆去观察、发现、比较，希望每一个幼儿都能完成任务卡，并告诉他们教师会一直陪伴着他们，而且会通过拍照记录他们的行动，以便于他们回幼儿园跟其他小朋友分享。正是在这样的激励下，幼儿们很快调整状态，融入项目的各个环节中。

三、项目落实：体验与互动，让项目更深入

《幼儿园教育指导纲要（试行）》中明确指出，教师应"关注幼儿在活动中的表现和反应，敏感地觉察他们的需要，及时以适当的方式应答，形成合作探究式的师生互动"。"特讲堂"项目主要从三个方面展开，给幼儿带来的又是怎样的体验呢？

"特讲堂"项目体验环节

	舞蹈+灯光秀	特体验	小课堂
主要内容	Model X 炫酷的开场舞蹈+灯光秀，独特的舞蹈、闪烁的灯光配合着动感的音乐以及 Model X 的鹰翼门的自动开启和上下摆动	与 Model X、Model 3 和 Model Y 的近距离接触，与特斯拉对话	在观摩视频、现场互动中了解新能源技术、未来环境以及移民火星等未来技术

（续表）

	舞蹈+灯光秀	特体验	小课堂
分析	与众不同的舞蹈秀、车灯灯光秀以及犹如猎鹰战士的鹰翼门，在幼儿的认知水平上进行了经验的拓展，幼儿们纷纷表示：“太酷了！”“原来特斯拉的车灯还可以这么炫酷啊！”幼儿们欣喜若狂。	由于幼儿有了前期制作任务卡的经验，会根据任务内容去寻找特斯拉的充电口，会坐在特斯拉的主驾驶研究方向盘，会坐在副驾驶研究显示器，会跑去问工作人员特斯拉的创始人是谁……还意外发现了电动的座椅、折叠的反光镜，通过近距离的观察和比较，亲身体验特斯拉汽车的现代化构造与科技功能。	此环节主要围绕新能源、未来、移民火星三方面内容，以讲座的形式展开，从现场幼儿们的表现来看，大班幼儿在理解问题的基础上再回答问题的反应速度比较慢，所以此环节更加符合小学生的年龄特点。 此外，三大块内容有些脱离幼儿生活，超越幼儿的认知水平，提问的内容和方式导致大班幼儿参与率不高，深度也不够。
照　片			

从体验环节来看，项目主要以欣赏、触摸、聆听三种不同的形式展开。其中欣赏、触摸的主体视角是全体幼儿，但在第三个环节中，视角从大班幼儿向小学生转变，大班幼儿的参与率很低，体验感不足，因此在活动后的渗透又该如何调整以实现儿童立场，这引发了教师的思考。

四、项目后续：拓展与互动，让项目更多元

与上海师范大学附属浦东临港小学的互动告一段落，但项目还在继续，从“特讲堂”的内容和形式上来看，没有完全实现儿童立场，从幼儿的表现来看，他们的体验不够充分，没有为他们提供表达意见的平台，所以教师对项目后续环节做了调整，在任务卡分享交流中增加了提问互动环节。《幼儿园教育指导纲要（试行）》中指出：“活动中教师的提问应该是开放性的，要为幼儿创设广阔的自主探索和想象的空间，以激发幼儿讲述的积极性,拓展幼儿的思维。"在师幼互动中,教师要把握教育的契机,用精心设计的问题激发幼儿探索的欲望,引领幼儿深入地探究和思考。这就要求教师提出的问题是开放性的,且具有启发性。所以我在设计问题时综合考虑了以下几个方面:一是提问要有利于幼儿新旧经验的迁移与重组;二是提问要满足不同层次幼儿的探索需求;三是提问后为幼儿留出适当的思考时间。接下来,我将谈话互动环节中的问题以布鲁姆分类法进行分类,布鲁姆分类法可以帮助教师明白,如何向幼儿提出深思熟虑的问题,以促进幼儿的深度学习。

运用提问拓展幼儿的思维和学习

布鲁姆分类法	谈话互动环节的若干问题	幼儿能够
记忆	· 昨天我们参加了什么活动? · 昨天我们看到了三辆车,你知道它们的名字吗?	· 识别 · 回忆
理解	· 为什么特斯拉上面的牌照是绿色的?	· 描述 · 解释
应用	· 你在完成任务卡时碰到困难了吗? 你是怎么解决的?	· 建立联系
分析	· 你觉得特斯拉跟你家的车有什么不一样的地方呢?	· 比较
评价	· 你喜欢特斯拉吗? 说说你的理由。 · 你看了未来特斯拉的发展,你有什么感受?	· 表达观点 · 做出判断
创造	· 如果让你设计未来的车,你会怎么设计? 它有什么特别?	· 设计

尽管幼儿不一定按照认知级别(从低级到高级)有序地发展,但教师在设计问题时可以运用布鲁姆分类法增加提问的技巧,以促进幼儿思维的发展。如"你在完成任务卡时碰到困难了吗? 你是怎么解决的?"这一问题的设计,主要是在活动中发现诺诺对于"谁设计了特斯拉"这一问题特别感兴趣,在设计任务卡时她就画了一辆汽车、一把工具和一个人物轮廓。在她解读任务卡时,我们明白了,因为她的爸爸是一名汽车工程师,所以她也想知道是谁设计了特斯拉。但"舞蹈+灯光秀"和"特体验"两个环节根本无法帮她完成任务,于是诺诺找到了旁边的工作人员进行询问,最终完成了她的任务卡。在这个过程中,诺诺将自己的生活经验与此次的任务建立联系,最终想出了解决问题的方法。在后面的互动中,其他幼儿表示在"特讲堂"的视频讲解中也提到了马斯克,也能帮助诺诺完成任务。这也让幼儿知道解决问题的方法并不是唯一的。项目"特讲堂"给幼儿提供了一种开放式的学习机会,通过不同的渠道获得学习内容,幼儿在与教师的启发式互动中,激发了学习动机,提高了学习能力,养成

积极思考问题并解决问题的习惯。

五、项目总结：多元师幼互动，实现儿童立场

1. 有效提问让师幼互动更紧密

在设计提问时，教师首先要明确活动的目标和过程，使提问服务于目标，有明确的引导性。例如在项目准备时，教师只提出了“你们知道特斯拉吗？”和“那你们知道特斯拉有什么特别之处呢？”两个问题，第一个问题在引出主题的同时唤起了幼儿的兴趣，随后第二个问题则在引发幼儿们回忆和思考的同时，也拉近了与同伴和教师的关系，在互动讨论中发现大家的兴趣关注点是一样的，使互动变得更加热烈。

2. 支持性语言让师幼互动更有效

每一次师幼互动行为都附带着情感倾向，或浓厚或淡泊，这些情感倾向通过语言、语调、音量、表情等，在双方之间架起了一座看不见的互动桥梁。在“项目准备”的环节中教师提出了两个问题，大家都纷纷发表自己的想法，只有在边上的安安有些不知所措，他没有做出任何的回答，只是认真地听着。于是教师摸了摸他的头，说：“安安对特斯拉不了解没关系，可以听听大家的想法。”在接下来的设计任务卡的环节中，安安只是模仿别人画了一些简单的图示，但在介绍时语言不连贯，显得不自信。于是教师建议他画两个空白框，可以等观察后再来补充完整。在后面的任务卡分享环节中，安安在原本空白的框内画着上翻的车门，就像长了一对翅膀，在和同伴介绍时也变得自信了。

3. 适时回应让师幼互动更自如

在活动现场，教师对于幼儿抛来的“球”，都能给予多维度的回应，体现了教师对幼儿前期经验的了解。在项目后续的互动讨论中，教师提问：“如果让你设计未来的车，你会怎么设计？它有什么特别？”一名幼儿回答说：“飞车，它的轮胎可以在陆地上行驶，但是它有翅膀，还可以飞起来。它的动力就像火箭一样，可以慢速行驶，也可以快速飞行。”于是教师回应：“你设计的飞车肯定能开得很快。”此时有幼儿提议：“但是我觉得它的翅膀要收起来，不然堵车时会挡到别人，要么底下装上喷射器。”当幼儿的互动不再局限于与教师之间，而是能关注到其他幼儿的回答，并在此基础上加以评价时，教师的回应就能更好地推动活动的开展。于是教师回应说：“如果把你们的想法加在一起，这辆车就更加完美了。”教师的回应既肯定了幼儿的想法，同时引导他们相互合作。这样的适时回应让幼儿之间的互动更和谐，也让师幼互动更自如。

教育应当解蔽，应当如马斯洛所说的“再圣化”，回到教育应有的立场上去——

真正站在儿童立场上。所以，我们要把儿童当主体，从儿童的角度出发，把儿童当作评判教育的根本的、唯一的尺度和原则，真正想儿童之所想，为儿童之所为。“特讲堂”项目学习有助于提高幼儿多方面的能力，符合未来人才的培养需要。“特讲堂”活动中有效的师幼互动不仅能让教师和幼儿建立亲密的关系，还能促进教育教学质量的稳步提升。作为教师，要不断反思自己的教育行为，努力将正确的教育理念转化为相应的教育策略。“特讲堂”项目学习促进了幼儿思维能力的发展，同时促进了幼儿在情感和行为表现方面的进步。

基于儿童立场的大班科探集体活动新探
——以“吹不进瓶的纸球”活动为例

好时光幼儿园 夏晓凤

《3—6 岁儿童学习与发展指南》(以下简称《指南》)中提出的“直接感知、实际操作、亲身体验”,体现了《幼儿园教育指导纲要(试行)》(以下简称《纲要》)中幼儿园课程改革发展的新理念,逐渐从封闭走向开放,从预设走向生成,从关注课程的结果走向关注课程进行的过程。然而,我们发现很多教师随着年龄增长,逐渐“遗忘”童年,再加上成人与儿童在解决问题时本身有不同思路,因而我们的教师虽然在思想上接受了“坚守儿童立场”,可一旦投入具体工作,依然习惯用成人的标准来制约儿童。特别是在设计与实施教学活动时,缺乏“对象意识”,较少优先考虑幼儿的兴趣需求,更不习惯思考当前幼儿的发展水平,往往是凭借经验来确定“教什么”和“怎么教”,导致很多活动缺乏针对性与有效性。

近年,浦东新区教研室开展了“基于儿童立场的教育支持”主题研讨,旨在鼓励教师在对目标、内容、教学与评价作整体性思考的同时,强化“儿童意识”,尊重每一个幼儿,接纳幼儿的差异,助推更多“有意义的教育”发生,培养具有学前教育核心竞争力的创新型教师。我们幼儿园也借助这股“东风”,以《纲要》和《指南》中科学教育活动内容,即“以幼儿为主体,让幼儿在动手、动脑的探究活动中进一步形成积极的科学态度,提升科学探究能力,获得丰富的科学知识,积累多方面的科学经验的精神”为指导,对本园的特色活动——科探集体活动的设计和实施进行优化并开展新的探索。

一、目标制订:从教师主导到幼儿主体

在整个教学过程中,教学目标的制订是非常关键的一环。因为教学目标在教学活动中处于核心位置,它决定着教学行为,不仅是教学的出发点,也是教学的归属,同时还是教学评价的依据。

在制订具体的科学探索活动目标时,我们通常会考虑即时性的科学知识技能的

获取以及长期性的学习品质、情感态度或习惯能力的培养。当然,在对《纲要》和《指南》的学习和解读中,我们明确了在目标中要充分体现“以幼儿发展为本”。比如在“吹不进瓶里的纸球”这一研究活动中,我们设计的目标是:(1)让幼儿尝试在瓶口吹纸球,感知空气流动与纸球不能进瓶的关系。(2)让幼儿在使用不同材料尝试的过程中,体验自主探索的乐趣。这样的设计既考虑了幼儿的年龄特点和科探活动的要求,也满足了幼儿的发展需求。

【我们的反馈】

在活动结束时,我们询问了每一个参与活动的幼儿:为什么向瓶口吹气?放在瓶口的纸球没有进瓶里,反而出来了呢?这时有 80% 的幼儿能说出:“因为瓶子里充满空气,再对着瓶口吹气,空气会满出来,纸球就被推出来了。”另外 20% 的幼儿即使说不完整,也能说出“空气”两个字。这时,我们教师满意地在评价表的目标达成度一栏打上了“√”。

20 分钟以后,当我们教师再次来到班级,询问同一批幼儿同一个问题时,我们发现得到的答案五花八门,有的说“因为纸球太大,瓶口太小了”,有的说“因为我吹得太用力了,纸球飞走了”,有的说“因为吹的力气小了,纸球滚不进去”,有的说“自己站太远了”,等等。当然也有个别幼儿还是能准确说出答案的。

【我们的困惑】

为什么前后不超过 20 分钟,幼儿们就“忘记了”呢?

到底问题出在哪里?这样还能算目标达成吗?

【我们的做法】

带着疑惑和问题,我们再次观摩了教学视频,一对一地观察了每个幼儿,最后发现幼儿们的回答都是在实验操作中自己亲身体验得出的结果,而正确的实验现象是教师或者同伴“教”的,是被动接受后的短时记忆,所以会出现记得快,但也忘得快的现象。

【我们的思考】

从与幼儿交谈获得的反馈中可以发现,幼儿对新奇的材料、亲身体验的方法、感受到的情感等感触较为深刻,但是这些感触都带有浓烈的个人色彩,有可能是正面的、正确的,也有可能是负面的、错误的,我们之前片面地认为前者是幼儿需要的,是我们实施教育的目的,所以目标中体现出来的也以前者为多,而后者往往会被忽略。但是,我们知道在生活中,无论是哪一种都不可能单独存在,我们要做的,而且必须做的就是引导幼儿去体验、去接受、去学习、去改变、去修正。另外,从现实来看,受限于天赋、兴趣、能力等,有些幼儿也许怎么做、怎么学都不明白科学现象,不理解科学原理,比如在“吹不进瓶的纸球”中,感知空气流动的现象问题,以具体形象思维为主的幼儿,对于看不见、摸不到的空气,如何去发现、去感知呢?所以,在幼儿园阶段不明白、不理解这些不是很正常吗?到小学、中学甚至长大成年后,依然有学习的机会。

带着这样的认知,我们觉得对于这种物理现象的感知和探索不应成为目标中“主角”,应该充分考虑幼儿个体特点和需要,基于儿童立场制订目标,以此打破因教师主导而预设的固有经验和思想,使目标既能兼顾全体,又能接纳差异,让每一个幼儿都能达成目标。在对目标达成度进行评价时,也能真正实现从重学习结果到重学习过程的转变。

【我们的调整】

结合《指南》中关于大班幼儿在科学领域的学习目标,在充分考虑儿童立场,体现兼顾全体、尊重个体、接纳差异,凸显项目的可操作性,对目标作如下调整:(1)根据实验的需要,自主选择材料,尝试用不同方法感知空气流动与纸球不能进瓶的关系。(2)大胆阐述自己的方法,并在与他人的互动中,体验坚持和妥协、认同和反对、成功和失败的不同感受。

二、材料提供:从减法到加法

在幼儿园的科学探究活动中,材料对于幼儿的操作探索越来越重要,满足好奇心并产生探索的欲望是需要以环境和材料为依托的。根据皮亚杰的观点,只有主动地接触材料,才能调动幼儿的积极性,从而体验发现的乐趣,激发探究的欲望,使幼儿的探索活动更加深入,获取丰富的科学知识和经验。

1. 精而细,确保活动不出“差错”

幼儿的科学探究活动就像科学家做实验,都需要对材料进行科学的操作。最常用的便是控制变量法,即分清“变量”与“常量”。我们在提供材料时,会为了追求实验的科学性、准确性,结合幼儿年龄特点和操作水平,并根据幼儿的需要和活动的进展对材料进行精简,尽可能地排除“变量”,以确保操作过程中不发生“意外”,让幼儿获得成功的喜悦。

【我们的做法】

根据活动的内容和目标选择适宜的材料,挑选材料时,一般会考虑材料的安全性和是否符合幼儿的年龄特点。以大班科探集体活动“吹不进瓶里的纸球”为例,其所需的材料非常简单,我们选择几种口径、形状不同的瓶子,不同重量的纸球,不同粗细的吸管,进行尝试和比对,最后从安全的角度、实验结果的需要、操作探究的方便等方面考虑,选择了一种瓶口较大、容量在250毫升左右的方形塑料瓶,一个手工纸揉成的纸球和一根奶茶吸管,以此避免了由于瓶口过小而不容易对准空隙处吹气,圆形瓶子容易滚动而不容易找准位置,纸球过重而不容易被空气送出,吸管过细而不容易输送气流等问题,以保证幼儿在实验过程中成功的几率。

【我们的观察】

情况1:一次成功,感觉非常简单,兴奋地大叫"老师我成功了,纸球滚出来了",得到教师表扬和肯定后,再次尝试失败后放弃继续操作。

情况2:有时成功,有时失败,反复几次后,拿着材料四处溜达。

情况3:总是失败,最后干脆拿起瓶子玩起了对着瓶口吹气的游戏。

情况4:看着任务提示,不停调整材料和距离,坚持做实验。

【我们的发现】

经过活动前周密细致的材料准备,虽然尽可能考虑了不同材料的优缺点,最大程度地提升了探究过程的科学性、准确性、方便性,但同时也剥夺了幼儿对材料的判断、选择和探究的权利,使其在游戏中,无法一直保持探究兴趣。在设计活动时,我们总是自以为是地觉得这是我们的事情,幼儿只要在活动过程中积极参与、主动探索、努力发现就可以了。然而,我们忽略了幼儿的发展是有个体差异的,在同一时间里,幼儿对同样的材料的兴趣点和认知点是不同的,其理解能力和操作水平也各不相同,发展速度和达到某一目标的时间和方法更不完全相同。因此,幼儿在做同一个实验时,由于自身的发展水平以及对任务的不同理解,对材料的需求也会不一样。我们应该给予幼儿更大的空间、更多的时间,让幼儿从"零"开始参与到活动之中,师幼一起设计、一起讨论、一起收集、一起准备所需要的材料,这样不仅能使幼儿在对丰富的材料的体验中更好地获得科学经验,还有助于激发每个幼儿内在的发展动力,促进良好的学习习惯的养成。

2. 丰而足,将选择的权利还给幼儿

《纲要》中指出:"提供丰富的可操作的材料,为每个幼儿都能运用多种感官、多种方式进行探索提供活动的条件。"当然,其中的"丰富"和"充足"并不等同于"种类多、数量大",而是在选择时更应该注重材料对实验的作用以及是否能满足幼儿发展的需要。

【我们的改进】

事先组织幼儿观看实验动画,了解实验所需要的基本材料——瓶、球和辅助吹气的管。发放调查表(表上有三种不同大小的塑料瓶、三种不同材质的小球和三种不同规格的吸管),以此让幼儿凭借自己的经验,选择出符合自己想法或者需要的材料,并尝试独立准备。幼儿拿来自己收集的材料后,我们对五花八门的材料进行了分类,有按大小分的,有按材质分的,有按种类分的。在分类过程中,幼儿自然地、自发地删减掉了一些大家都认为不合适的材料。有的幼儿做出妥协,同意去掉自己收集来的材料,而有的幼儿则坚持要摆放自己的材料,并且表示可以单独作为一类。幼儿们在讨论、建议、妥协、坚持的过程中,完成了活动前材料的准备,为正式开展活动拉开了序幕。

【我们的感悟】

幼儿科学探究活动中的材料准备,在考虑科学性、层次性、有效性、多元性的同时,需要我们在基于儿童立场的观察、交流中,了解其真正的需求和所要达到的目的,而不是一味地为了追求活动的效果,打着为了幼儿探究、操作的便捷,代替幼儿做"减法",从而忽略了准备材料的过程也是探究和体验的过程。总之,在以儿童立场为主的探究活动中,需要精心选择并充分运用探究材料,但教师不需要"孤军奋战",可以让幼儿共同参与,让幼儿真正成为材料的"主人",而不再仅仅是被教师"安排"。

三、环节设计:从完成任务到破解谜团

随着教育事业不断发展,越来越多先进的理论被运用到教学中,如"儿童本位论""儿童立场论",它们都主张教育目的应该根据儿童的本性需求来确定,各项教学活动需要着眼于儿童身心成长和发展要求自然开展。出于这种教学理念,在引导幼儿开展各项活动过程中,教师要将幼儿视为课堂主体,看到他们的兴趣爱好和知识能力水平,结合实际教学内容,制订切实可行的教学环节来激发他们的潜能,促使其获得发展。当幼儿能够顺应成长规律,开展学习活动,进行实验探究,吸收学习内容,便可以更好地掌握科学知识,提高对科学活动的兴趣和认同感。

【我们的经验】

在实施的过程中,我们会比较关注活动环节是否是层层递进的;关键提问是否有开放性、启发性;任务要求是否具体明确,便于幼儿理解;幼儿动手探究过程是否有体现预见性、生成性;师生互动是否具有较高有效性;最后活动是否完成目标……

比如在大班科探集体活动"吹不进瓶里的纸球"中,开始时教师让幼儿玩一玩生活中常见的瓶子和纸球,虽然只是"玩一玩",也可以抓住幼儿的兴趣,直接调动起幼儿参与的积极性。有的幼儿会拿着瓶子当望远镜看纸球;有的幼儿将纸球向瓶口投

掷;有的幼儿用瓶子敲打纸球,像打乒乓一样;有的幼儿将纸球放进瓶子里,摇一摇、滚一滚;有的幼儿拿瓶子当话筒,对着瓶口唱歌,随后放在耳朵边上听一听……幼儿不同的玩法充分反映出了他们丰富的生活经验,以及善于运用多种感官进行探究的特点。

操作环节都是由教师直接发起的,以任务要求的方式,让幼儿去尝试、去探究现象和原理。比如第一次操作,教师的引导是这样的:有一种新的玩法,看看我是怎么玩的?(边观看动画边讲解实验步骤。)如果对着瓶口吹气会发生什么?(幼儿猜测:放在瓶口的纸球是吹进去了,还是吹出来了?)提醒实验时要将瓶子平放在桌上,将纸球轻轻地放在瓶口,最后对着瓶口吹气。如果说开始时的"玩一玩"是无目的的,旨在熟悉材料,那么以提出任务要求的方式引入,让幼儿的操作从无意转为有意,则带有很强的目的性和操作性。而教师的结论——如果对着瓶口的空隙吹,纸球会跑出来;相反对着纸球吹,可能会让纸球跑进去,也恰恰说明了这一点。

第二次操作的任务要求是找到使纸球更容易地从瓶口跑出来的方法。(取出辅助吹气的材料——纸筒芯、杯底有孔的一次性杯子和奶茶吸管。)玩的方法和之前一样,试一试哪一种材料更容易让纸球跑出来。采用这种引导方式看似幼儿选择的机会多了,操作实验更自主了,但是依然不难看出是在教师带较强目的性的控制下进行的。而且我们总是有个误区,觉得探究的科学现象越多越深,就是层层递进,比如就本次的实验内容而言,用嘴吹、用吸管吹、用纸筒芯吹、用纸杯吹,从方法的本质上来看,其实是一个维度的,幼儿一直在做着重复的动作,观察着重复的现象,所以幼儿在整个活动中,实验兴趣和探究欲望是呈直线下降的,而不是逐渐向上。

最后的分享环节,师生对不同操作产生的不同效果进行讨论,认清了科学现象,教师还通过动画"科学小博士"的口吻,说明了瓶子充满着空气,当有外面的空气注入时,瓶子里原来的空气会往外流动,将瓶口的纸球推出来的科学原理。

由此可见,预设的科学探究活动,每一个环节都是在教师的主导和控制下开展的,幼儿接受着教师给予的信息,按教师发布的任务进行实验,观察着教师预设的科学现象。虽然在这个过程中,幼儿的动手能力、思维能力、表达能力得到发展,同时也能自然而然地学到一些科学探究的基本知识和技能,但是常言道"学起于思,思起于疑,疑解于问",我们忽略了探究学习的主体是幼儿。

【我们的策略】

我们充分考虑幼儿的学习特点,以现在熟悉的剧本杀为蓝本,将"破案"的游戏情境贯穿整个活动,先向幼儿讲述游戏背景:关押在悬崖边上的"瓶子监狱"里的小球犯人逃跑了，周边的监控拍下来了整个逃跑的过程。由于是晚上，所以视频中犯人只有模糊的影子，逃跑的具体细节看不太清晰。（视频上有黑色的影子、瓶子监狱、离开瓶口的小球、吸管；有露出一半特征的纸杯、纸筒芯；有一些简单象征符号，比如风吹过的线条等；当然还有一些干扰信息，比如绳子、小鸟、飞机等。）现在请幼儿扮演侦探，努力地观察、寻找线索，找到有力的证据，抓住出逃的犯人。当然，我们既不能放走一个坏人，也不能冤枉一个好人，所以，当不确定找到的线索或者证据的真假时，可以到法官（教师）这里来验证。

之后的时间和空间都是开放的，没有教师的组织，也没有任务的发布，幼儿们根据录像中的内容，自己挑选着瓶子和小球，有直接对着录像比对的，有放在类似悬崖的桌子上比对的，有直接把各种小球放到瓶子里比对的。当觉得大小、形状、摆放位置都一样时，幼儿会到法官处请求验证，如果正确，法官会给侦探一个徽章，并将线索贴在布告栏里，向所有的侦探进行发布。在整个寻找的过程中，幼儿自发地交流着、比对着、实验着、验证着……从中体验着坚持和妥协、认同和反对、成功和失败的不同感受，但是无论是哪一种，幼儿们都能坦然地接受，并始终保持着兴奋的、愉悦的、主动的情绪。最后，当大家齐心协力找齐线索，还原了真相后，开心和自豪达到了顶点。

【我们的收获】

首次尝试的成功也让我们意识到教无定法，贵在得法。以实验为基础的探究活动，能够帮助幼儿更高效地掌握相关知识。这种知识不是依靠教师口头教导而来，而是建立在幼儿自主探究的基础上，能提升幼儿对知识的把握。在丰富多彩的实验活动中，教师要善于放手，为幼儿提供充足的自主学习、自主交流的时间，还要着眼于幼儿的发展规律，让科学探究活动成为一种动态的生成过程，幼儿的探究兴趣不仅在操作的过程中被激发，活动本身的趣味性更容易引发幼儿的共鸣，两者结合的探究活动能把幼儿引向更高的发展方向。

《纲要》中指出，学习的过程应该是幼儿主动探索的过程。教师要让幼儿亲自动手、动脑去发现问题、解决问题。教师要鼓励幼儿大胆猜测，再由他们亲自动手参与探索活动，最终解决问题。幼儿在过程中不仅学会发现问题，还学会解决问题，构建多领域的知识经验，身体心理均获得了极大满足。其实幼儿探究什么、学习什么并不重要，重要的是引导幼儿在实际生活中发现问题、提出问题、研究问题和解决问题，这样周而复始的循环过程，才是一个主动建构科学思维的过程，会让幼儿形成受益终身的探究学习方法和能力。

正如教育家陈鹤琴所说："应该让幼儿有动手操作的机会。在这一过程中，培养他的动手能力,实现他的某些创造性设想,发挥他的创造才能。”而幼儿园开展科学探究活动最重要的意义是让幼儿动手体验和创造的过程,让幼儿作为一个探究者,作为一个“摘桃子”的人,去动手做、用眼看、用耳听、用口议、动脑思、用心记,强调幼儿的主动性。强化科学思维构建,呈现天马行空的想象空间,那么最后幼儿得到的将不仅仅是“桃子”,更重要的是获取“桃子”的方法和成功的体验,并在活动过程中潜移默化地积累经验。

浅谈大班音乐俱乐部活动中师幼互动的有效实现

东方江韵幼儿园　潘敏贤

音乐俱乐部活动作为本园音乐选择性课程中的重要组成部分,由教师基于儿童立场发起的活动和幼儿自主发起的活动两种形式相结合,有主题、有计划、有目的地开展音乐活动,过程中关注教师与幼儿的有效互动,探索以高质量的师幼互动促进幼儿的全面发展以及教师的专业成长。

一、营造轻松环境,优化师幼之间的互动

良好的"师幼互动"的产生需要一个轻松、自在、愉悦的环境,只有在宽松的氛围中,教师和幼儿的心情是愉快的,心理状态是放松的,才能在俱乐部活动中进行积极的互动。如果活动的氛围是紧张的,教师和幼儿在这种消极的环境中,没有办法自如地表达和表现,也就没有产生良好互动的基础了。所以,俱乐部活动从主题的确定到环节的设置,基调永远是轻松、愉悦、自在的,并且需要贴近幼儿的生活,符合幼儿的审美兴趣。

1. 尊重幼儿的感受,共同确定俱乐部的活动主题

兴趣是最好的教师,幼儿学习的原动力大多来自其对事物的好奇,兴趣会支持幼儿产生自主学习的内驱力。同时,教师在选择主题之前需要综合考量幼儿已有的经验,贴近幼儿的生活。所以,教师在确定俱乐部的活动主题时,需要尊重幼儿的感受,抓住幼儿的兴趣点,结合既有的音乐素材,设计一系列的活动内容。

新学期伊始,恰逢北京冬奥会赛事进行中,班级里很多幼儿关注着这场冬奥会。平常幼儿也会聚在一起讨论,康康就说道:"今年冬奥会的开幕式那天正好是'立春'节气。"立马就有幼儿附和道:"我知道!我知道!妈妈和我说过,是春天开始的意思。"从幼儿的聊天中,我发现"春天"的主题跟四季更迭相关,跟幼儿生活也比较贴近,在后续的交流中,大部分幼儿对于这样一个简单的主题都有话可说、有感而发,所以我们一致决定将"春之序曲"作为音乐俱乐部的主题。

教师通过对主题的正确把握来引起幼儿学习音乐的兴趣以及参与俱乐部活动的积极性，过程中体现的是一种师幼之间隐形的互动。

2. 结合幼儿的实际情况，设计俱乐部的活动方案

在确定主题之后，教师更多是以“合作伙伴”的身份，帮助幼儿设计俱乐部的活动方案。教师借助以往师幼互动中获得的经验，明确班级幼儿的能力水平和音乐素养的发展情况，将活动内容落脚于适合幼儿的“最近发展区”，顺应幼儿的节奏，满足幼儿的成长需要。

大班幼儿参与的俱乐部，主要以小组的形式呈现，让幼儿能够自由、自主地讨论。在小组讨论的时候，他们有充分的表达表现的机会，也有充分的协作商量的机会，这种形式很锻炼幼儿的社会交往能力以及解决问题的能力。除此之外，大班的幼儿在进行音乐活动时，活动内容可以与其他领域的内容有机整合。所以教师在音乐俱乐部方案的开头设计了“计划和调查”的环节，每个小组需要计划本组的“寻春”目的地，并成立调查小队，去寻找和收集“春之声”。

音乐俱乐部作为一种结构比较分散的音乐活动，除了幼儿和教师之间会产生互动，幼儿与幼儿之间的互动也是音乐俱乐部活动中的重要组成部分，并且幼幼的互动会在小组活动中获得比较好的磨合，在克服最初的适应期之后，更多的是会形成良好的合作、交流、分工的氛围。

二、倾听幼儿的声音，走进师幼互动的世界

通过查阅相关资料可知，幼儿在师幼互动的过程中比较少主动发起互动行为。一方面是因为幼儿教师作为互动中的另一主体，其行为、态度以及与幼儿之间的距离会影响幼儿的选择；另一个原因是幼儿内心会基于以前的互动经验，考虑自己当下的行为。所以，当幼儿主动发起对教师的互动“请求”时，教师需要及时回应，以良好的交流互动来促进师幼关系的和谐发展。

1. 关注幼儿的需要，及时做出回应

大班幼儿的表达能力已经发展到了一定的水平，他们可以清楚地向教师表达自己的想法。而在音乐俱乐部宽松的氛围下，相较于节奏紧凑的集体教学活动，幼儿更愿意主动向教师表达自己对活动的看法。

在幼儿分组调查了“春之声”的内容，形成最初的“春之印象”之后，幼儿很愿意将自己的调查结果以绘画、音频的形式分享给其他小组的小伙伴，大家会一直讨论着自己找到的声音。这时，就有幼儿提出：“这个小鸟的叫声、风的声音怎么才能用起

来呢?”小宸表示,可以在需要出现的时候,进行录音的播放。但是马上就有别的幼儿说了自己的困惑:“要是这个歌曲时间很长,那不是要一直开一直关,来不及的吧?”谈论到这里,我明白了幼儿们争论的焦点在于如何把这些“春之声”运用到音乐俱乐部接下来的活动中。于是我组织了一次集体谈话活动,幼儿和我围坐在一起,你一言我一语地交谈。有幼儿想到了好办法:“我们可以自己演奏呀!”这个想法一经提出就引起了其他幼儿的强烈反响,他们表示这真是一个好主意,并且都跃跃欲试,想要去试试能不能模仿成功。

我们可以看到,教师在俱乐部活动中一直是一个“倾听者”的身份,对于幼儿的一些想法,应该做到及时回应和适时引导,充分尊重幼儿的意愿,给予幼儿表达想法的权利。

1. 关注幼儿之间的矛盾,适时进行引导

大班音乐俱乐部活动中,幼儿要和同伴一起完成相关的音乐小任务,这就需要同一小组的幼儿互相合作。但是分小组活动的形式,对于幼儿来说还是有一定挑战的。幼儿要与小组内的其他伙伴一起商量,并且还要统一大家的意见,为了共同的目标而互相帮助。所以,当幼儿在小组活动中碰到矛盾和问题时,教师要关注到幼儿之间的矛盾,通过适时的介入和引导,在和幼儿的互动中帮助其提高合作能力。

第一个小组在商量发出“春之声”的替代办法的时候,乔治说:“要发出这个风的声音,可以用嘴巴呼气的方法。”小橘子说:“那小鸟叫也可以用我们的嘴巴来发出。”其他幼儿有不同的意见:“那这样不是要忙死了,要是表演很久,那会没有力气的。”“而且呼气的声音也太轻了吧!”小橘子又说道:“那我们可以选一个短一点的音乐呀!”幼儿对于这些拟声物的选择产生了分歧,在我发现幼儿没有办法调和小组内的矛盾之后,我就上前询问了:“嘴巴的本领是很大,但是为了我们小组的演出效果,你们想一想平常我们伴奏的时候用了什么呢?”小橘子在活动室中进行了材料的寻找和制造声音的尝试,很快就找到了一种可以模拟小鸟叫声的小乐器——三角铁。她高兴地演示给同组的幼儿听,得到了大家的一致认可。

教师利用语言进行个别指导,对幼儿之间产生的矛盾进行协调,而教师与幼儿之间的良好互动不仅启发幼儿拓展了在音乐活动中的思路,也为幼儿提供了如何与其他人互动的示范。

音乐俱乐部的活动形式决定了师幼互动频率的提高,教师的适时引导是优化互动过程的重点。

各组幼儿都选择好自己要用的配器之后,便开始了小组合奏的尝试。不一会儿活动室里传来了各种各样的声音，一开始大家都还很开心、很新奇，可是演奏的时间一长，就有幼儿不愿意继续合奏了，大宸就说："所有声音一起出来，太吵了，而且有的快有的慢，我耳朵受不了了。"这一组的组长正好是会演奏钢琴的月月，她站出来说："我们再试一下，有可能会好一点。"大宸还是不愿意参加："这样没意思!"月月想了一会儿说："我们画个图谱吧！照着谱子就可以了，和我弹钢琴一样。"说完就找我拿了纸和记号笔。在设计图谱的时候，我会到各个小组去旁听，对于一些明显的问题，直接与小组成员沟通解决，使俱乐部活动进入了新的阶段。

可以看到，教师在俱乐部活动中要"以小见大"，从幼儿的行为表现中看见幼儿的学习，在不断提高师幼互动质量的基础上，提供学习"支架"推动幼儿能力水平的进一步提升。

三、支持幼儿大胆表现，在互动中促成长

师幼互动是幼儿和教师之间产生的不同形式、不同内容、不同程度的人际交流过程。在"以幼儿为本"的教育理念的引领下，教师从幼儿的视角出发，基于幼儿的体验，让幼儿成为音乐教育活动的本体。在音乐俱乐部的环境中，师幼互动的频率会有所提高，这主要由教师在活动中承担的角色决定，教师需要支持幼儿在俱乐部中大胆表现，并且给予幼儿表现的机会。

在音乐俱乐部的活动中，在幼儿选择"春之声"替代办法中碰到难题的时候，教师就是一个"引导者"的角色，提醒幼儿从生活中去寻找材料，而不是局限于常规的小乐器。幼儿通过自己的观察，立刻就能找到适合的拟声物——用啦啦操的花球互相摩擦来模拟风吹的声音。在教师的指引下，幼儿能借助已有的经验尽情地去发现和尝试，并且在过程中收获自己想要的结果。

对于最后表演曲目的选择，教师会尽可能地"退后"，将"主动权"交给幼儿。教师前期会根据俱乐部主题和目前幼儿的年龄特点准备音乐素材，提供一定数量的歌曲来让幼儿选择。教师会通过集体欣赏和小组感受，给予幼儿充分的时间去熟悉音乐，邀请幼儿说一说自己对音乐的见解，最后由俱乐部的全体幼儿一起投票选出本学期的演出曲目。大部分幼儿在获得"选择权"之后，反而会更多地根据对音乐的感受、对自己能力和现阶段水平的了解去选择适合的乐曲。

图谱设计是比较个性化的行为，并且直观地体现了幼儿创造和想象的水平。因此在音乐俱乐部中，教师让幼儿自由组合进行图谱的设计。在之前的活动中，幼儿已经了解图谱的设计方法：要把乐器符号表示在图谱上，还需要根据乐曲进行简单的节

奏型的创编。幼儿在充分了解所选音乐的情绪和特点,以及组内小乐器和生活材料之后,需要尝试进行图谱创编。幼儿不是去简单模仿教师的模式,而且教师也不会去规定幼儿的创编内容,对创编空间的拓展可以帮助幼儿获得成就感和集体尝试的乐趣。当幼儿有了新的配器方案,他们有权利修改图谱,替换对应小乐器或材料的图片和节奏型。这种形式会帮助幼儿更愿意表达自己的想法,表现自己的能力,积极参与俱乐部活动,在与教师的互动中收获全方位的成长。

四、发展教师的专业能力,提升师幼互动的质量

1. 学习音乐互动技能,提升自我素养

音乐教育具有比较强的专业性,对于教师专业素养的要求比较高。教师需要不断提升音乐教育的能力,支撑自己在教育活动中与幼儿的有效互动。为了提高师幼互动的质量,互动作为一种教育技能也需要教师熟练掌握。教师音乐教育的专业能力的习得,会帮助幼儿从与教师的互动中获得学习能力的发展。首先,教师需要寻求外部环境的支持来推动自身的发展,比如在幼儿园提供的多效的、多途径的培训和科教研活动中丰富对音乐教育的理解和认识,还需要激发自我的内在需求,以积极学习的态度去活动现场不断积累音乐教育的经验。其次,教师要在与幼儿面对面的互动中,学习互动方式,不断积累成功的经验,同时也要不断发现自身的不足,完善互动的技能技巧。

2. 反思师幼互动过程,积累有效经验

教师的自我反思一直是教师专业能力提升的重要途径,通过对实践经验的梳理和总结,教师能获得专业上的成长和进步。同时,教师的反思对于提高师幼互动的质量也有着重要的作用,对互动过程的回顾,记录自身的行为和表现,能帮助教师思考互动的有效性。教师要建立良好的反思循环,不断改进师幼互动的方式。有研究者把反思分为“前”“中”“后”三个阶段。而音乐俱乐部活动分散、自主的特点,让幼儿有了更多创造表达的机会,教师与幼儿的互动都基于活动现场的情况,这就使得音乐俱乐部中的师幼互动非常灵活、多变。

教师在活动后的反思也显得尤为重要,以“实践—反思—成长—再实践”的螺旋上升的模式,不断推动师幼互动良性发展。教师反思的侧重点在于如何提高师幼互动的有效性。幼儿与教师的互动经验建立在以往与教师的一次次互动体验上,这些互动经验会影响幼儿在当下与教师互动中的具体行为表现。幼儿愿意主动发起互动就是基于自己之前积累的经验。如果幼儿在活动中的互动体验是很好的,幼儿就会

在这个氛围中更愿意促成行为的产生。比如教师会询问幼儿的意见"你们觉得怎么样",或者会在小组活动时对个别幼儿进行指导"你可以试试这样敲,会更舒服",这种类型的互动会帮助幼儿获得良好的心理基础和情感体验,促使幼儿在之后的互动中更加主动和大胆。这就需要教师与幼儿多沟通、多交流,对幼儿多肯定、多鼓励,给予幼儿主动参与的信心和勇气;在互动方式的选择上也应更加多元化、个性化,充分考虑幼儿的实际需要。

总之,教师在组织相关音乐活动时,目的永远是"为了幼儿",而立足点是"基于幼儿",教师要从幼儿的视角与体验出发,尊重幼儿的需要和感受,顺应幼儿学习与发展的特点,观察幼儿的动作和表现,识别其行为背后的价值,采取相应的措施来支持幼儿的主动学习和不断提升。同时,教师要关注幼儿在音乐活动中发起的互动行为,及时回应幼儿的需求,增加幼儿主动、积极参与的兴趣,并通过不断的自我反思,探索有效的互动形式,提高师幼互动的质量,以积极互动推动幼儿的长远发展。

发挥集体教学“一课多研”的多元辐射效应

好奇妙幼儿园　黄湘珠

为了提高教研活动的实效，提升教师自身的教学理念和教育实践能力，我们针对集体教学活动，探索了多种教研形式，先后使用了“说课研课”“同题异构”“一课多研”“微格分析”“方案跟踪与跟进”“思维导图”“五顶思考帽”等多种教研模式。在研究中，我们发现“一课多研”对教师教学水平的提高、对骨干教师梯队形成的效果十分显著，也是教师们比较喜欢的教研形式之一。但通过调查、汇总，我们发现这种研讨形式也存在以下一些问题。

一、困惑

1. “一课多研”的形式过于重视教学活动的设计，教研组为了精心打造一个集体教学活动，忽视了一日活动的其他环节。

2. 摩课活动确实让观摩者耳目一新，能在一定程度上提高组员的反思实践能力和教学水平，但是活动后就告一段落，缺乏连续性和持久性。

3. 每次活动参与上课的教师只是少数，锻炼的机会不多。

4. 研课过程中大多教师会让能力强的幼儿参与活动，不利于全体幼儿的发展。

5. 很多教师听的时候心潮澎湃，回去并没有行动，唯有感慨风景那边独好，缺少实践出真知的自觉性。

二、反思

面对困惑我们进行反思：为何不更好地发挥这种受大家欢迎的教研模式的能动性，取其螺旋提升之长，补其缺乏关联性、持续性之短？于是，我们决定以“一课多研”模式为立足点，注重教研后续的辐射效应，让研讨在真正意义上发挥服务幼儿综合能力培养的实效，在无形中化解教师的困惑，让其发挥工作的内驱动力，提升课程执行力。

三、含义

所谓“辐射”,指的是自然界的物体以电磁波的形式不停地向外传送热量。“一课多研”的辐射效应是指以研课为基点,促进集体活动完善的同时,梳理活动中幼儿的短板或弱点,找准培养目标,通过挖掘多种资源,利用各个教学领域或一日活动的其他环节,有针对性地培养和发展幼儿;并且,在实践过程中,提升教师观察、追踪幼儿成长轨迹的能力,从而获得专业水平的提高。

四、实践

下面就将如何发挥“一课多研”的辐射效应的实施经验进行总结。

1. 有效梳理,灵活运用

在发挥“辐射效应”的起步阶段,教研组对集体教学“一课多研”中的研讨内容进行归纳、总结并且分类。结合《幼儿园教育指导纲要(试行)》精神和幼儿实际情况分析,做到“活学活用”,从而提高全体幼儿的综合素养。

例如在中班科学集体教学活动《酸甜苦辣》“一课多研”中,发现幼儿品尝同种味道后所做出的表情是迥异的,他们有的吃到酸的会皱眉头,有的是吃到辣的皱眉头,还有的幼儿会用皱眉头表示尝到苦的味道……研讨后,教师们发现不能用表情来让幼儿交流所品尝的味道,而是调整为根据幼儿年龄特点采用图加文的形式让幼儿探索交流,丰富幼儿味觉感受,这也体现了科学活动的严谨性。随后教师根据班级需要和幼儿个性认领课程进行拓展,辐射到幼儿的生活中继续培养。于是点心、午餐后各班出现了“口味乐翻天”“美味 1+1”“味道插插乐”等有意义、有趣味的活动。基于幼儿兴趣,还有的教师会将幼儿园无法满足的教学内容通过家园互动进行有效的补充,从而开展了“自制调味罐”“美味大调查”“美食小达人”等家园互动亲子社会实践活动,如此多维度的辐射活动,丰富了幼儿的味觉,充实了生活劳动的内容,是对课堂教学很好的补充。

“一课多研”辐射效应研究常态化并初获成效后,辐射的内容也逐步由“指定”变成“生成”。研究发现,教师遇到的困惑和问题往往来源于教学实践过程中或教学实践后产生的新问题。而教师采用辐射的方式去研究、解决这些问题,将教学内容调整到其他领域,或一日活动中的其他环节,不失为由此及彼的解决办法,也充分体现了教学活动的连续性。

2. 层级构架,实践研究

当前期实践略有成效后,教师们决定将“一课多研”辐射的内容进行整合,形成方案,以菜单的形式供教师参考、选择。因此,教研组联合各方力量,以园长、保教领衔成立核心组,以组长、骨干牵头成立策划组,以骨干教师、班主任带头成立实践组。首先,对有“一课多研”辐射需要的活动进行判断。然后,核心组在听取各方意见后,确定侧重点落实到哪些领域或环节,进行前期构思,与策划组共同商讨,形成活动方案。接着,由实践组进行实践操作,定期反馈、交流。最后,由核心组完善活动方案。

例如:中班科学活动《肚子里的秘密》“一课多研”的问题在于中班初期的幼儿在记录动植物生长过程方面存在比较大的困难,通过研讨,教师们发现采用图片排序的办法能解决这个问题,而幼儿早期记录的能力可以利用“辐射效应”在活动过程中进行培养。于是,策划组的教师们开展了前期幼儿访谈、交流,最终根据幼儿的兴趣,锁定了自然角《种子在生长》和《动物宝宝快快长》、语言区《有趣的毛毛虫》3 个课程。选择的课程得到了实践组教师的认可,于是,策划组与实践组联手设计方案实施步骤,经过多次修改和调整,满足幼儿兴趣和发展需求的实施方案最终诞生了。实践组的教师和幼儿不仅在课堂上,还通过来园、课间等环节对自然角进行观察,幼儿用点、圈、箭头、数字等符号记录下了植物的生长变化。后花园开辟的自留地中长有草莓、黄瓜、辣椒、西红柿等,通过一系列有序观察和记录,幼儿的记录从随意的点、圈符号到形成共识的标记,从统一的记录模版到自己设计的个性记录,幼儿的记录内容不断丰富。

教师通过一个个优化了的活动方案,生成了科学、语言、生活、健康等各个领域的教学活动,让幼儿真正地学会学习、乐于学习,体现了“玩中学”的理念,以点及面的辐射效应不断累积,逐渐扩大。

3. 交流分享,取其精华

集体活动“一课多研”辐射后的新方案在“形成—实施”阶段后,教研核心组会根据教师需求进行“反馈—评价—反思—总结”。首先,让策划组的教师介绍设计思路和预计取得的成效,让实践组的教师交流实践过程的经验、取得的成绩和困惑,核心组会及时梳理大家提出的共性问题和观点,给予意见和建议。接着,各组根据大家的意见进行修改,在思维的碰撞中,将个体的智慧转化为群体的智慧,不断推进辐射的深度和广度。

例如:中班《寒冷的冬天》主题背景下《有趣的水仙花》活动,主要内容为“如何让黄色的叶子变成绿色”,教师提供了(黄、红、蓝)三种颜料,让幼儿为水仙花涂上合适的色彩,使其变成绿色。最先的策划预设让幼儿直接在黄叶上涂三种颜料(黄、红、蓝),观察变色的过程和效果,活动中出现的问题是交流的时候幼儿已经忘记原先用的什么颜色。二次活动调整了材料,一朵花有三片黄叶子,每片叶子边上有三个小圈,先在圈内涂上选择的颜色,然后就近涂颜料探索颜色变化。活动中又出现了问题,幼儿在探索操作的时候容易忘记先在圈内做标记。第三次活动再次调整材料,独立的三朵花,在每朵花的黄叶下面分别画 2 个圈,一个圈用黄色表示叶子原先的颜色,另一个圈用来涂自己选的颜色,这样在叶子上涂颜料进行观察、交流,效果比较好,幼儿也不容易混淆。

“一课多研”后教师们对幼儿自主发现“蓝加黄变绿,红加黄变橙,蓝加红变紫”的颜色叠加规律颇有成就感,要到各班进行尝试,并自发生成适合自己班级幼儿的个性化方案。

A 班的教师将尝试放在了美术领域《多彩的颜色》中开展,结果色彩发生了神奇的变化:红色加多一点的紫色变成了咖啡色,加少一点的紫色变成了玫红色,颜色在不断地变化,没有统一的结论。B 班教师将其放在角色游戏《颜料开发商》中,幼儿在调配颜料的时候也用两种甚至三种颜料变出了很多色彩。这样,原有科学活动得出的单一结论有了新的思考和收获。大家现场实验,结果发现颜料的厚薄、干湿,纸张材质都会影响变色的效果。于是教师修改了原有活动课的结论:不同颜色加在一起会变成新的颜色,相同的颜色加在一起不变色。

通过辐射效应,前者推进了其他活动的进展,同时后者再一次验证和完善前者的方案,达到了双向互通的效应。教师们的“研究—实践—反思”的科探精神也得到进一步的激发,大大提升了教师的课程设计和实践能力,如此的教学热情不正是培养幼儿好奇、好问、好思的榜样力量吗?

五、收获

教研的根本意义在于引领教师不断发现自己工作中的不足与困惑,继而寻找有效的方法加以改进。在本园教研中我们发挥了“一课多研”的辐射效应,促进了每个教师的专业发展,也使园中的幼儿受益。

基于儿童视角,师幼同频共振

——幼儿园生活化班本课程的实践与思考

东蕾幼儿园 黄 彦

虞永平教授说:“课程就在儿童的生活中,就在儿童的行动里,就在发现和解决问题的过程中。”基于“儿童视角”的新理念,我以大班幼儿的一日生活为观察和实践研究的抓手,通过解读幼儿的兴趣和需要,在和幼儿持续的互动中,生成幼儿感兴趣、具有教育价值、能够促进幼儿发展的班本课程。

一、捕捉有兴趣的聊天话题,生成课程

兴趣是最好的教师,有了兴趣,幼儿才能以极大的热情主动地探索和学习他们感兴趣、好奇的事物。“一日生活皆课程”,无论是一句话,一个问题,还是一件事情,都能生成课程,而教师需要有敏锐的观察力,时刻关注幼儿的行为,捕捉和激发幼儿的兴趣,抓住教育契机。

1. 借助访谈,生成活动主题

昕昕:“六一节,我妈妈答应带我去吃自助餐?”

晨晨:“去哪儿吃呢?”

昕昕:“去 LCM,你去过吗?”

晨晨:“没去过,我想要去迪士尼玩……”

昕昕和晨晨的一次对话聊天提醒了我,儿童节是幼儿们的节日,他们有权力自主选择六一节的游戏主题与游戏方式,这不正是生活化班本课程生发的好时机吗?为此,我们开展了一次集体访谈,通过对幼儿的访谈倾听他们的想法。

教师:“这个‘六一’你准备怎么玩?”

彤彤:“我想把我新买的电动车带来,和朋友们一起比赛。”

晨晨:“我想邀请爸爸妈妈一起参加。”

旻旻:“我想在大型器械附近寻宝,比比谁找到的宝贝多。”

乐乐:“我想和朋友们一起吃自助餐。”

京京:“我想和我的好兄弟一起玩拆装玩具,我们一起把那些小零件拼成一个大炮。”

可可:“我想收到一份礼物,我也想送媛媛一份礼物,因为媛媛是我的好朋友……”

当听到每一个幼儿内心的声音时,我们知道,这个活动已经拥有了一个美好的开端。不管是师幼共建生成课程,还是源自幼儿的课程,我们需要突破的是整个探索实施过程中的有效支持策略,鼓励幼儿多通道、多途径感知体验,使课程更丰满。

2. 及时介入,巧妙推进课程

通过集体访谈,幼儿们一致认同邀请爸爸妈妈一同参与此次“六一”活动,于是我又追问:“亲子活动要怎么安排才会有趣、有意义呢?”这时候,幼儿们的答案各不相同,有亲子运动会、化装舞会、义卖活动、冷餐会……我于是建议:“你们可以试着做一份计划书,一个上午有两个半小时的时间,怎么样把时间用足用好,这个是最关键的哦!到时候请你们集体交流方案,投票表决。”说完,幼儿们就开始行动起来,他们自由结伴,在宽松的氛围中,每一个幼儿都认真地参与其中,最后“洋洋小组”的计划书在小伙伴们的投票中胜出,她们计划周详,整场活动以化装舞会贯穿始终,服装要求、主持人选拔、摄影师邀请、活动场景布置、订制生日蛋糕等,每一处都安排合理。在之后的一周里,幼儿们都会讨论活动的准备情况,特别是两名小主持人经常会被大家拉去彩排,在同伴们的鼓励下,主持人声音响亮、表情丰富。在为“六一”做准备的这段时间里,他们自主与同伴交流,计划每一步“行动”。

在师幼共建中,一场坚守儿童立场,邀请幼儿参与、精心策划的“六一”亲子派对由内而外地表现出对儿童的尊重、信任和接纳。在整个活动过程中,幼儿们分组协商计划书、集体交流计划方案、分头准备活动材料,通过真实的经历,每个幼儿都感受到被重视,产生归属感,体会到自己是活动的主角。作为教师的我们退隐身后,但也紧跟幼儿的步伐,支持、帮助他们推进活动。在这次生活化班本课程开展过程中,幼儿们的兴趣需求被满足了,情感体验被关注了,并激发了提出问题、解决问题和主动学习的能力。

二、追随有价值的时事新闻,鼓励幼儿探究课程

习近平总书记说:“探索浩瀚宇宙,发展航天事业,建设航天强国,是我们不懈追求的航天梦。”同时,《3—6岁儿童学习与发展指南》指出:“幼儿科学学习的核心是激发探究兴趣,体验探究过程,发展初步的探究能力。”当神舟十三号载人飞船返回

舱成功着陆这一时刻到来时，我和幼儿们开启了一段奇妙的探究之旅。

1. 共同见证，激发探索兴趣

神舟十三号飞船返回舱即将成功返回地球，当如此有价值的教育主题出现时，我们借助“晓黑板”①发起邀请，邀约家长和幼儿们共同观看视频，一同见证、迎接英雄的回归。

2022年4月16日上午10时许，幼儿和家长们守候在屏幕前，一同观看“神舟十三号”载人飞船返回舱顺利着陆直播实况，共同见证这难忘的时刻，之后家长们纷纷上传了观看视频，幼儿们个个目不转睛地盯着视频里的画面，当看到返回舱成功着陆时，他们情不自禁欢呼起来，为航天英雄鼓掌、呐喊。

那几天，班级群里一下子热闹起来，幼儿们你一言我一语地说着自己看到的精彩瞬间。“好厉害！王阿姨摘到了星星。”“航天员去了多久?”“他们的头发怎么是竖起来的?”“航天员在太空怎么吃？怎么睡?”“返回舱是什么样的?”看到幼儿们兴趣如此高涨，我立马语音留言：“幼儿们，关于你们的这些问题，‘晓黑板’内设置了一张问卷，你们可以试着自己去找找答案，明天‘云上见面会’我们再一起聊哦!”幼儿们小小的脑袋里总是装着十万个为什么，好学好问是该年龄段幼儿的特点，他们对自己想了解的事情有着迫切的求知欲，此时的我没有过多的干预，而是站在幼儿的立场，引发幼儿去思考，引导他们自己解决问题。

2. 直面疑问，引发深度探究

好奇心是幼儿学习新知识和探索未知的原动力，因此，保护好幼儿的好奇心，就是对幼儿学习欲望的保护。

宇航员去了多久？他们的头发怎么是竖起来的？针对幼儿们感兴趣的问题，我设计了一份调查表，鼓励幼儿和爸爸妈妈一起去寻找科学答案。大家纷纷行动，用自己的方式进行探索。有的幼儿通过家里的航天科普绘本找到了想要的答案，有的幼儿借助网络搜索到了相关科普视频。幼儿们在家长们的助力下，通过各种途径积极探索，获取信息。第二天的“云上见面会”，幼儿们准备充分，积极分享自己寻找到的答案。《幼儿园教育指导纲要（试行）》指出“语言能力是在运用的过程中发展起来的，发展幼儿语言的关键是创设一个能使他们想说、敢说、喜欢说、有机会说并能得到积极应答的环境”。

航天员在太空生活怎么吃、怎么睡？返回舱是什么样子的？对于幼儿们提出的

① 晓黑板：一款专门根据教师与家长的需求量身定制的免费教学沟通工具。

问题，我们采取了如下方法来获取答案：首先，借助绘本获得相关经验。我们一起借助云端开展了绘本共读《我要当宇航员》，幼儿们通过绘本了解到了宇航员的生活、在太空做实验等信息内容，激发了幼儿们探索航天的兴趣。其次，利用资源拓宽探究领域。我们借助家长们提供的资源，通过 ppt、小视频，帮助幼儿们了解火箭的构造等，幼儿们探索的欲望再次被点燃，在了解了火箭的基本构造后，都想自己试着做运载火箭。我们鼓励幼儿和爸爸妈妈一起进行亲子制作，在制作中遇到困难时，幼儿们会主动请求帮助，积极思考，寻找合适的替代材料，在行动中获得经验与能力的提升。

在一系列探索活动中，幼儿们萌生了对航天员的敬意，他们认识了担任此次"神舟十三号"航天任务的三位航天英雄。幼儿们也了解到三位航天员都经过了严格训练，具备了丰富的航天经验，最终才通过选拔成为完成这次航天任务的航天员。幼儿们还感受到了祖国航天技术的先进，从最初只能在太空停留数小时，到现在可以停留 3 个月甚至 6 个月，因而萌发了对航天事业的探究兴趣。

三、开拓有意义的劳动教育，带领幼儿体验课程

劳动教育在新时代被赋予新的意义，是人的全面发展教育的重要组成部分。幼儿园一日活动中蕴含着大量的劳动机会，在尊重儿童发展规律的基础上，师幼共同建构有意义的劳动课程，营造有价值的劳动环境。开展劳动教育，为幼儿提供了丰富的直接感知、实际操作和亲身体验的学习机会，使幼儿成为会自理、乐助人、勤动手的劳动小能手，从而创造更加美好的生活。

1. 渗透观念，生发劳动意识

环境作为一种隐性教育，在劳动教育中起着潜移默化的作用，有效地引导幼儿树立对劳动的正确认识。幼儿们的亲身实践和操作体验是实施劳动课程的最好方式。我们将劳动教育渗透到一日活动的各个环节中。一类是自我服务类劳动，主要指儿童自己料理自己的生活：穿脱衣（裤）、叠被、自主进餐、自主喝水、管理个人物品等；另一类是服务集体类劳动，如值日生工作、小小巡视员等。劳动能力的习得既有利于幼儿劳动意识的萌发，也为幼儿建立自信、从容的生活奠定了基础，让幼儿懂得"自己的事情自己做，班级的事情一起做，家里的事情帮着做"的道理。

2. 探究技能，挖掘劳动智慧

幼儿的劳动技能需要通过一定的练习来巩固，我们将劳动教育渗透到幼儿在园内的各项生活及学习活动中。区域活动中，角色区可以开展职业类主题，让幼儿在游戏情境中模拟劳动。在生活区可以投放打蛋器、研磨棒、榨汁机等材料，让幼儿在操

作中习得劳动技能。在户外活动时,引导幼儿自主摆放和整理运动器械,从而让他们养成遵守规则、热爱劳动的好习惯。如开展种植活动,可首先让幼儿认识劳动工具、知道使用劳动工具时要注意安全,接着让幼儿学习照顾植物的方法,最后自主栽种植物,在整个过程中体验劳动的快乐,感受劳动需要有不怕辛苦的品质,让幼儿们养成爱自然、亲自然的良好习惯。基于儿童立场,我们引导幼儿们自由组队,他们分成了“洋葱组”“土豆组”“绿豆组”“花生组”,分头探索不同的栽培方法,有土培的,有水培的,还有幼儿从家里带来了“温室”“小黑屋”……这对幼儿而言是一种新奇的体验,他们抱着好奇心和探索精神去劳动,结伴研究植物的种植方法,细心观察生长过程,每天记录自己的发现,对在自然角劳动充满了兴趣。经过这次活动,幼儿参与植物角种植的积极性和主动性都得到了极大的提升,与同伴合作、竞争的过程也很好地培养了他们初步的劳动意识、责任意识、集体意识等。

3. 分享成果,探寻劳动乐趣

2022 年 4 月初,我们通过云端鼓励幼儿们参与到“我来尝试发豆芽”的活动中来。幼儿们自己寻找途径,观看让豆子生长发芽的指南,通过直观的视频观察,幼儿们对生命的成长过程充满了好奇。于是他们在家里寻找合适的发芽工具,有的幼儿利用牛奶、果汁盒培育豆芽,有的幼儿学到了避光生长的原理,拿出家里的沥水篮遮上湿纱布发豆芽,他们精心呵护、仔细观察,关注生命成长过程中的每一个细节。六天后,打开盒子、掀起纱布的那一刻,幼儿们欣喜地发现豆芽长大了,在大人们的帮助下,他们还将豆芽制作成了美食,拍成视频在“晓黑板”内和小伙伴们一起分享。那一刻,种植活动对于幼儿们来说不仅是一种劳动,更是一种有温度、有情感的活动,幼儿在种植过程中收获的不只是能力和知识,他们还探寻到了劳动的乐趣。

在家委会的协同下,我们还发出了开展“劳动创造美好”的主题活动的倡议,幼儿们和爸爸妈妈一起制订劳动清单和任务,并进行自我评价。一次行动,独立完成一次力所能及的劳动;一份记录,记录自己眼中最美的英雄形象,可以是熟悉的人也可以是生活中看到的劳动英雄;一句话,向在前线的警察、志愿者们说一句感谢的话……倡议发出后,幼儿们纷纷行动起来,有的拍成了照片,有的做成了微视频,还有的制作成了“美篇”,用独特的方式在“晓黑板”内分享自己的劳动成果,表达自己的感恩之心,用实际行动赞美、歌颂一线工作者和志愿者的劳动精神,让居家的日子更有趣、更充实、更有意义,让幼儿们真正体会“劳动让生活更美好”的价值内涵。

从上述生活化班本课程的实施中可以看出,生活中的事物是幼儿们活动的重要对象,凡是幼儿们有疑问、感兴趣的现象,都能成为课程。幼儿可以在教师的支持、帮助和引导下，围绕一日生活中感兴趣的某个问题进行研究、探讨，从中学到知识、理解意义、构建认知，这就是基于儿童立场的最本真的生活化课程。

参考文献：

[1] 李季湄，冯晓霞.《3——6岁儿童学习与发展指南》解读[M]. 北京：人民教育出版社.

[2] 虞永平. 以班级为基点的幼儿园课程建设[J]. 早期教育，2005(05).

[3] 杨莉君，曾晓. 幼儿园课程逻辑：从“教师大纲”向“儿童大纲”转向[J]. 教师教育研究，2020，32(05).

回归儿童立场,在多元阅读中培养幼儿的自主探索能力

——以绘本《铲车大汉》《迷宫100问》集体教学实践为例

东方尚博幼儿园　董昊君

2018年,中共中央国务院在《关于学前教育深化改革规范发展的若干意见》中提出幼儿园应遵循幼儿身心发展规律,以幼儿发展为优先,目前所强调的"儿童立场"——将幼儿作为教育主体,是学前教育整个"十四五"规划的一个总方针。

在此背景下,东方教育集团的多元阅读工作坊于2019年成立,由集团特聘专家黄浦区教研员张红教师领衔,其倡导的阅读理念下的教学模式打破了传统以视觉为主的教学活动模式,而是在幼儿已经熟读绘本的基础上开展的活动,旨在引导教师加深对多元阅读的理解,提升幼儿的自主阅读和自主探索能力。

一、以幼儿兴趣为"眼",选择贴合儿童的教学内容

纵观国内外的绘本,不乏言意兼得的经典作品,那是否所有的经典都适合幼儿呢?在蒙台梭利的《童年的秘密》一书中有言:"教育的基本目的就是发现和解放儿童。"发现儿童的所思所想,从他们的兴趣和需求出发,由此可见,选择适合儿童的绘本也许比选择经典绘本更为重要。

1. 观察为"径",激发幼儿持续探索的兴趣

观察幼儿的行为,可以很好地了解幼儿的兴趣点、已有经验和发展状况,以便选择更受幼儿欢迎的多元阅读材料,有的放矢地设计"熟读"后的集体教学活动。

因此我在选材之前,仔细地观察着班级中的幼儿们,"让幼儿引路,教师跟随",从而了解他们在想什么,才能知道下一步他们需要什么。在观察的过程中我发现,在自由活动中,男幼儿会铺好瑜伽垫围坐在一起,拿出各自心爱的玩具车比比画画。而随着游戏时间变长,他们似乎并不满足于在地上开车,有的用卡车装载其他车辆,有的则将几辆车撞在一起,比比谁的力气大,发出砰砰的响声,一旁的女生则提醒男生,不要发出这么吵闹的声音。那既然大班幼儿对"特殊车辆"的功能如此感兴趣,却又对一旁的同学造成了困扰,一个教育契机出现在了我的脑海中。在经过一番搜寻后,

我将《铲车大汉》选为了多元阅读活动的材料。

2. 规律为“基”,适应社会情感发展的需要

多元阅读的材料选择要充分考虑幼儿的年龄特点和基本的发展规律。《3—6 岁儿童学习与发展指南》解读中指出:“幼儿阶段是人社会性发展的重要时期,克服自我中心思维,学会‘设身处地’地了解他人的感受是幼儿形成良好社会行为的认知基础。”

《铲车大汉》讲述了一个名叫“大汉”的铲车在执行任务过程中发生的一波三折的故事。故事开始时,铲车大汉是修理高速公路的急性子,直到深陷泥坑,他才真正遇到了自己无法解决的问题。因此,从培养行为习惯、社会情感的角度来思考,小朋友在看到之前霸道的铲车时就像看到了自己一样:叛逆、不顾他人感受、自私。然而书中的喜鹊妈妈在这里起到了一个引导作用,告诉了我们这样的铲车是不招人喜欢的。也许就是因为看了这个故事,小朋友会看到他人对自己的评价,然后随着铲车的改变,自己也会在无形中改变。这种潜移默化的渗透性的教育,没有说教,不会生硬,让幼儿容易接受。

3. 多元为“境”,挖掘功能型绘本的育人价值

多元阅读不应只有形式上的多元,从选择阅读材料的角度,功能型的绘本也可作为多元阅读的重要内容,其具有帮助幼儿发展感觉统合能力的价值。

在我的班级中,从一日活动中可见幼儿们对迷宫的喜爱。有的幼儿会带来走钢珠的迷宫玩具,在手中把玩;有的幼儿会带来迷宫书,在自由活动时专心致志地走迷宫;还有的幼儿会在建构游戏时搭建迷宫,不断接受来自同伴的挑战。迷宫作为一种特殊的建筑,由于其设置障碍,需要幼儿们在动手动脑中仔细寻找出路。大班的幼儿处于幼小衔接阶段,走迷宫可以帮助幼儿在类似游戏的过程中,潜移默化地培养专注力。

《迷宫 100》中,有平面型的迷宫,也有上下垂直型迷宫,还包括一些任务迷宫和符号迷宫,玩迷宫游戏不仅需要幼儿仔细观察,还需要了解并掌握一定的走迷宫的规律和方法。经过一段时间,我发现幼儿们在遇到一些特殊的迷宫,如符号迷宫、有标志的迷宫、结构复杂的迷宫时,便会束手无策,只能向我求助。我决定先不直接回答幼儿们的问题,而是将《迷宫 100》设计成教学活动,帮助幼儿自主探索走迷宫的规律与方法。

对于幼儿来说,学习的最大驱动力源于“兴趣”。当他们对某件事表现出浓厚的兴趣时,教师应尝试站在幼儿角度去看待问题,理解幼儿的选择,尊重他们的个性发

展需求，并顺势营造与之匹配的活动场景。

二、以幼儿问题为“言”，设计契合儿童的互动路径

多元阅读是在幼儿已经熟读绘本的基础上开展的活动，一旦脱离了儿童立场，自然就会呈现出两种完全迥异的倾向：或是教师一厢情愿地依照自己的感知与理解设计活动，幼儿被动接受；或是放弃了教师主导的角色效能，任由儿童漫无边际地胡侃漫谈，表面上是尊重了学生，实际上是一种虚假的儿童立场。如果这两者之间不能进行平衡与协调，多元阅读中的师幼互动就会受到严重的影响。

1. 从“预设”到“生成”，重视幼儿的自主提问

提问在幼儿的生命发展过程中具有独特的重要意义，提问若是基于幼儿自身的好奇心，便能成为幼儿探索能力的发端，而教师可以借此走进幼儿的世界，理解并引导幼儿发展。因此，从幼儿发展的需求出发，以幼儿熟读绘本后的问题为“言”，通过了解幼儿各自不同的问题，设计活动环节，才能真正建立与儿童的互动路径。

以《铲车大汉》教学设计为例，环节设计中的第一环节通过回忆绘本的情节引发主题，知道铲车大汉的本领与故事发生的起因。而第二环节加深幼儿对于绘本的理解，幼儿通过观察画面自主提出问题，讨论铲车大汉变化的原因，理解绘本画面中某些细节的含义。

《3—6岁儿童学习与发展指南》中指出：“引导幼儿仔细观察画面，结合画面讨论故事内容，学习建立画面与故事内容的联系。”大班的幼儿们能阅读画面上的内容，也愿意和同伴谈论书中的话题，但把握细节的能力仍然不足，往往导致对故事内容一知半解，看完书后缺少“提出问题”的能力。通过本次活动我想帮助幼儿关注书中细节之处的含义，引导他们主动提出不理解的问题。

基于上述思路，我在设计之初先是反复阅读《铲车大汉》，挖掘书中的价值点。我在不断阅读中发现，这个故事中不仅蕴含科学素养，同时也展现出一定的人文素养，而这些都是绘本的价值点。一开始我也非常难取舍，我思考着：到底哪些点应该在活动中引导幼儿一起探索思考呢？于是我想到，既然幼儿们已经把这本书读熟了，不如问问幼儿对这本书的疑问吧！

在与幼儿的聊天过程中，我发现幼儿们会有很多意想不到的问题，比如：“这本书为什么没有页码？”“这本书中代表星期的字前后颜色为什么不一样？”似乎每个幼儿都有自己的疑惑。因此，我觉得既然要让幼儿们在阅读中自主探索，是否可以通过幼儿“提出问题—讨论问题—解决问题”的过程，让他们真正自主地提出自己不理解

的问题并尝试解决,而不是教师高度预设,站在大人角度强加给幼儿的问题呢?有了这个想法之后,我的思路得到进一步拓展。

2. 变“个体”为“团队”,挖掘儿童自身的潜力

善于与他人合作既是时代的要求,也是幼儿日后生存和发展所必需的品质,5—6岁是幼儿合作能力发展的重要时期,在这一阶段培养幼儿的合作能力至关重要。因此,在提问环节的设计部分,我把权利交给幼儿,通过幼儿们小组自主阅读的方式进行。首先,通过引导幼儿两两自由组队,小组阅读绘本,寻找一个共同的问题,这样在组内,个别问题在幼儿生生互动的过程中便得以解决,那留下来的问题就是幼儿们不理解的。以上便完成了幼儿自主提问以及同伴讨论的部分。

3. 从“即时”到“延伸”,呵护持续探索的动力

《铲车大汉》除了蕴含丰富的人文道理,还蕴含深刻的科学原理,那我该如何引导幼儿解决抽象的科学原理相关问题呢?我的设计是如果有无法在集体教学活动中进行解决的问题,教师应放在活动的延伸环节,鼓励幼儿通过个别化学习、与组外幼儿交流等途径亲自实践探索。教师通过个别化活动支持幼儿解决阅读中的问题,也是真正地从多元的角度出发,以多种形式深挖绘本内容。

总之,帮助幼儿发现问题,培养幼儿敢于提出问题和学会提出问题,可以有很多的方法。教师要善于引导幼儿多角度、多层次、多方面地发现问题、提出问题,这样才能使幼儿做到“敢问”“会问”“善问”。

三、以幼儿需求为“首”,在实施中践行儿童自主探索

当对教学活动进行公开展示,如果说活动设计是基于“儿童立场”,那么活动的实施已悄然成为“儿童在场”,教育的发生一定是基于教育场域里的儿童而发生的,它不在书本上,也不在教师的教学设计里,真正的教育就在师幼开始互动的地方。从教育实践来说,重要的就是让儿童主动参与到“教育场”中来,而不是貌合神离地“游离”在“教育场”之外,这是最为重要的教育起点。这就需要教师在活动实施的过程中创造条件让儿童能够在教育活动中发出自己的声音。

1. 灵活变换教学语言,创造儿童发声的机会

幼儿的语言能力是在运用的过程中逐渐发展起来的,师幼互动的质量之于语言教学,显得尤为重要,语言教学活动中的师幼互动需要教师正面引导幼儿,帮助幼儿获得自信心,让幼儿在支持、鼓励中去创造和表现,帮他们克服胆怯心理,树立自信心。

同样以《铲车大汉》的公开活动实施过程为例,第一环节中我首先以大汉的工作内容引起幼儿对故事情节的基本回溯。由于已经熟读了绘本,所有的幼儿都清晰地齐声说出大汉有推平小山、压平路面、碾碎巨石等本领。随后教师提出了较为开放的问题:“那你们认为大汉的性格是什么样的?”这个提问需要幼儿根据对前期故事情节的理解来回答,一开始有两到三位幼儿回答时用到了“急躁”“是个急性子”“粗暴”等词语。在看到其他幼儿还有些放不开后,教师微笑地对大家说:“你们认为呢?不用举手也可以一起说说看!”其余的幼儿们便七嘴八舌地说出了“着急”“鲁莽”等描述性词汇。一般来说,从建立规则意识出发,平时我们会要求幼儿举手发言,然而在现场,当部分幼儿可能由于紧张、慢热等情况而不敢发言时,教师就需要为其创造发声的机会,灵活地变换教学规则。

2. 开放性问题为引导,发展幼儿的思维和表达

开放性的提问在教学中的应用是非常广泛的,它能够引发幼儿的多向思维,激发幼儿的探究欲望,对培养学生的科学爱好、开启学生的心智起着不可或缺的功效。

在第二环节中,我以提问的方式引发幼儿对故事内容的深入思考,也将教学活动过渡到重点环节:“这本书,大家已经读得很熟了,对于这个故事,谁还有不理解的地方?”以开放式问题引导幼儿独立思考,提出开放性的问题最考验幼儿的思维力与表达力,这也是对教师观察结果的有效补充。随后幼儿通过两两分组阅读,尝试通过寻找画面细节解决问题,不能解决的,放到问题架上,大家一起讨论。

通过这一个环节的实施,实际上满足了不同发展水平幼儿的需求:发展水平较弱的幼儿,通过“寻找问题—提出问题”,形成了主动提出问题、自主探索的意识;发展水平一般的幼儿,在“提出问题—解决问题”的过程中,有意识地通过观察画面,寻找画面与故事内容的联系;发展水平较高的幼儿,在讨论中能更好地表达观点,引领讨论的节奏,在与其他幼儿的讨论中,也能找到自己遗漏掉的画面细节。“画面内的细节”是幼儿可以通过自我阅读发现的,并通过生生互动加深对绘本的理解。

3. 重视画面外的问题,在有效延展中持续探索

除了对画面中细节的观察,幼儿们在活动过程中还根据绘本画面提出了“画面外的问题”,进行了深度探讨。如铲车大汉在深陷泥坑后,为什么原来无论如何挣扎也无法逃出泥坑,而轻轻启动发动机,却慢慢爬出了泥坑呢?在这种情况下,关于科学原理的解读,绘本里没有,怎么办呢?又如活动中,还有的幼儿根据前后画面对比提问:“为什么修路不能碾碎大石头,而是绕过大石头呢?”这些问题都是幼儿自主阅读后提出的,如若无法用教学活动的方式解决,教师可以给予哪些支持呢?

以幼儿提出关于科学原理的问题为例，当遇到绘本中有无法解读的科学素养问题时，我把幼儿的提问放到了延伸环节中："刚才有小朋友提出了有意思的科学问题，我们到个别化环节再去动手试一试！"于是在个别化环节中，幼儿通过在小泥坑中放入电动铲车来做实验，在操作中感受现象，发现了车轮和泥坑表面不断摩擦之间的联系，这远比教学活动中的三言两语更为具体有效。又如幼儿提出："为什么铲车修路时不碾碎大石头，而是要绕过去呢？"这涉及城市建设的规划问题，于是活动后我找来了一些小视频让幼儿们观看，从而使他们明白为什么视频中施工总是在白天，而不在晚上。从人文素养的角度，将幼儿的问题生活化，通过浅显易懂的小视频让幼儿理解相关的问题。多种形式的阅读，无论是在活动前、活动中，还是活动后，都使幼儿的阅读过程得到了有效的延展，结合亲子阅读，家校共同创设了一个适合幼儿自主阅读、进行自主探索的阅读环境。

4. 巧借符号标记，支持幼儿在自主探索中解决问题

再以《迷宫100》为例，我在活动一开始与幼儿讨论了走迷宫的基本方法，发现幼儿会通过自己的手指确定走迷宫的路线，还提出了可以在走不通的地方做记号。在第一环节中，这个方法便可以适用于大多数平面迷宫，是幼儿在阅读后能基本掌握的方法。而对于一部分幼儿无法理解的符号迷宫，我先是通过游戏闯关的形式，鼓励幼儿在电子白板大屏幕上尝试用线条画出走迷宫的路径，当其他幼儿一起观看的时候，他们发现这个迷宫其实是需要找规律的，不由自主地说出这是一个需要找到规律的符号的迷宫，并且注意到了这一页中的规则——需要三个相同符号连接才能通过。在第一环节中，幼儿们就了解到了走迷宫需要的基本方法和规则。

在迷宫中，各种符号表示什么意思？箭头的指向又代表什么？幼儿在一次次的探索中发现了符号的表征含义，如箭头代表向所指的方向前进，当幼儿了解符号之后，他们甚至会用箭头进行标记。这时，我展示了一个印有箭头但是岔路复杂的迷宫，幼儿通过探索发现，如果仅用手比画很容易和其他路径混淆，这也是幼儿探索迷宫时发生较多的情况。在活动中，我与幼儿们讨论岔路多的时候该如何保证自己不会走错路，或者走重复的路。幼儿纷纷提出自己的想法，并运用到了上一环节的箭头符号标记，于是他们在探索过程中，发现了箭头符号类的标记可以帮助他们更好地完成迷宫挑战。在活动的最后一个环节，我将迷宫书交给幼儿，让他们用想出的箭头标记的方法，完成终极挑战，通过游戏闯关的形式。不少幼儿能够运用符号解决问题，体验到了成功的乐趣。

回顾我在多元阅读活动中的选材、设计再到实施，我有过迷茫、困惑，但每次在我

一筹莫展之时,幼儿总是会给我灵感,让我紧跟他们的步伐。以幼儿兴趣为“眼”,让我能够从幼儿的视角寻找自然的教育契机;以幼儿问题为“言”,幼儿的好奇心成为教师与幼儿不断交谈的驱动力;以幼儿需求为“首”,尊重每一个幼儿的个性化发展,因材施教。基于儿童立场,是相信儿童但又不高估其潜力,是注重儿童多元表达但又不忽略童声,是尊重儿童发展的自然性但又不忽略应有的引领,是以儿童为中心但又不缺少必要的陪伴。通过多元阅读活动的实践,儿童立场的理念在我的教育活动中得到一次次的刷新,不断地带领我成长、前进。

基于儿童立场的音乐教学中的师幼互动

北蔡幼儿园　殷雪梅

儿童立场有着丰富的内涵,其核心就是教育过程要从儿童视角出发,遵循儿童身心发展规律,把儿童当主体,用儿童的眼睛去审视世界,用儿童的耳朵去聆听心声,用儿童的心智去思考问题。师幼互动指教师与幼儿之间相互作用、相互影响的行为及其动态过程,它贯穿于幼儿一日生活的各个环节,表现在幼儿园教育的各个领域。许卓雅教授在《幼儿园音乐教育研究实践》中强调"应通过音乐教育活动这一艺术教育形式,培养幼儿的审美表现和审美创造,音乐教育不是模仿,而是教师和幼儿共同进行的创造活动"。由此可见,在音乐教学活动中,积极建构有效的师幼互动是非常重要的,它体现了教师的儿童观和教育观,影响着教师的教育方式和教育行为,让幼儿通过听、唱、奏等不同形式的音乐活动,丰富情感,培养初步的感受美、表现美的情趣和能力,激发内在的音乐潜能,促进幼儿身心健康成长。

一、适合幼儿年龄特点的音乐教学活动能激发师幼互动

音乐教学是围绕课本内容开展的"教"与"学"的集体活动,每个课本都有独特的教育价值。选择幼儿喜欢的、能激发幼儿情感共鸣的教学内容,引导幼儿感受、体验生活中的美,并能用自己喜欢的方式大胆地表达与表现尤为重要。

1. 内容情趣性

幼儿身心发展的特点决定了对适宜的教学内容的要求,只有内容合适,才能激发幼儿参与音乐活动的兴趣,如歌曲《合拢放开》:"合拢放开,小手拍拍拍,合拢放开,小手放腿上。爬呀爬呀,爬到头顶上,这是眼睛,这是鼻子,这是小嘴巴。"幼儿们跟随歌词和简单的旋律,和教师一起边唱边用小手从小脚开始一点一点往上"爬",生动又有趣,在唱唱点点中认识了五官,快乐地学会了歌曲。演唱歌曲《我的好妈妈》,当唱到"让我亲亲你吧,我的好妈妈"时,幼儿的情绪就会变得格外喜悦和幸福,仿佛一下子回到妈妈下班后与自己相依偎的情景中。只有将感性直观的音乐形象与幼儿

的生活经验紧密结合，才能找到通向他们心灵世界的通道，才能在师幼互动的教学过程中引发幼儿真挚细腻的情感，让他们通过音乐的形式来表达生活中的真、善、美。

2. 目标适切性

分析课本，选择合适的教学内容，挖掘其中的音乐元素，找准重点和难点，并根据音乐领域中各年龄段教育目标，结合本班幼儿的最近发展区，才能制订适切的教学目标。教师只有做到“心中有目标”，教学过程中的环节设计、提问设计以及教师的回应、师幼互动才会有效果、有质量，才能使教学目标真正落实到教学过程之中，凸显音乐教学活动的价值。

二、精准有效的提问和追问能推动师幼互动

为使音乐教学活动顺利有序地开展，教师大多会以情境导入，精心设计活动环节，而其中的提问设计更为关键，它能承上启下，使环节之间自然过渡，更能使活动层层推进，教师在与幼儿平等的“对话”中观察倾听、理解幼儿、尊重幼儿，并为幼儿的学习提供支点。

1. 预设提问

在设计提问时，教师要充分考虑提问的出发点，预设幼儿的回答，幼儿的回答偏离常规经验时应该如何应对等，这些都是在活动设计中要考虑的问题。这时教师要再设置一些简单具体的辅助提问来帮助幼儿理解和回应，比如：在音乐游戏“去旅行”开始环节，当幼儿们听完音乐后，教师预设了一个提问：音乐中什么地方让你觉得特别有趣？（重复的象声词：库岂岂）在考虑到班内可能有部分幼儿不能回应时，教师又设计了辅助提问：音乐中有一句很有趣的歌词，他们喊了什么？（这个重复的象声词可以发挥幼儿的想象力，可以是呼唤同伴的叫声，可以是高兴的欢呼声等，为后续的创编活动做铺垫）这个问题更加具体了，大部分幼儿都能回应，这样的师幼互动能使活动顺利进入到下一环节。

2. 及时追问

活动中的追问，往往是为了了解幼儿为什么会这样想、为什么会这样唱、为什么会这样表演。按照活动环节一步步地追问：“接下来该谁演奏？”“后面我们还能怎么演呢？”通过追问，不仅能让教师了解幼儿真实的想法和原有的发展水平，同时也为其他幼儿提供了倾听、理解他人想法，发现他人问题，同伴相互质疑等师生、生生互动的机会。

当教师提出开放式问题时，幼儿有从众的心理，喜欢重复同伴的回答，这时的追

问,可以培养幼儿发散性思维,拓宽思路,让幼儿表达和同伴不同的想法和音乐表现方法。当幼儿的回答远离目标时,有时是因为幼儿不理解教师的提问。而有时幼儿的回答远离活动主题,这时的追问可以把幼儿"脱轨"的思绪及时拉回来,让幼儿的思维靠近核心经验,使幼儿的思考有正确的方向。当幼儿的回答离目标只有一步之遥时,这时教师进一步地追问,具有"助攻"的作用,可以帮助幼儿顺利地掌握教学中的重点和难点,提高教学目标的达成度。追问得当,是教学活动成功的关键,"教师提问—幼儿回答—教师倾听和回应—教师进一步追问—幼儿再思考"这种循环、螺旋上升、积极有效的师幼互动过程可以提高教学质量。

3. 回应机智

在教学过程中,有些缺乏教育智慧、经验不足的教师常常会有这样的困惑,当幼儿的回答不在我的预设内时怎么办? 我该如何回应?

(1) 了解幼儿

这就需要教师站在幼儿的视角备详案、勤反思、磨炼教学回应基本功。只有尽可能多地预想到幼儿对每个预设的提问可能回答的答案,然后再去多维度、全方位地预设、归纳和提炼回应的语言,才能给予幼儿在教学活动中切实的支持。

(2) 追随幼儿

有时也会遇到不在教师预设范围内的突发状况,这时教师应该敏锐地察觉幼儿的需要和反应,捕捉他们发出的有价值信息,把握机会和幼儿积极互动,并及时调整自己的教育行为,实现师幼活动协同。在活动结束后,教师还要通过不断反思和经验积累,灵活运用多种教学方法,使自身的专业能力不断得到提高。

三、灵活多样的教学方法能提升师幼互动

在音乐教学活动的组织实施过程中,教师要突出幼儿的主体地位,结合教学内容和幼儿的实际情况,采取多元化、趣味性强、新颖的教学方式,让幼儿对音乐这一艺术表现形式产生浓厚的兴趣,初步培养幼儿感受美、体验美、表现美、创造美的能力。

1. 情境感染

在音乐教学中,教师有目的地设计使幼儿置身其中,具体而生动的场景能激发幼儿的认知体验。比如在音乐基本元素节奏学习中,教师雨天和幼儿们一起去教室外的雨篷下,听雨落下来的声音,这时就会听到幼儿不同的感受,有的说听到的雨声是"嗒嗒嗒",有的说听到的是"嗒嗒嗒嗒嗒",有的说下小雨的时候声音是"滴滴滴",雨下大了声音是"哗啦啦啦啦"。教师肯定每个幼儿的表达,夸奖幼儿们:"小耳朵真

灵,能听到那么多不同的声音,让我们用小手把听到的小雨声、大雨声拍打出来吧!”在具体情境中,在教师捕捉到的教学契机中,幼儿通过聆听、感受、模仿、理解节奏,对节奏产生了浓厚的兴趣,为后续的打击乐学习打下了良好的基础。

2. 借助图谱

在学习节奏的过程中,借助图谱让幼儿稳定掌握常用的节奏型是最常用的教学方法之一,说到节奏,自然就会想起四分、八分音符等。简单地说教一拍、半拍,对于具象思维的幼儿来说是不易理解的。教师用他们最熟悉的水果来表示:一个苹果表示一拍,半个表示半拍;动物妈妈表示一拍,动物宝宝表示半拍,两个动物宝宝在一起是一拍,它的节奏要快一点。通过这些形象的比喻,幼儿们不仅初步理解了节奏的含义,还学会了看图谱打节奏。在打击乐《大雨小雨》学习中,幼儿们还会将已有的经验迁移运用,自主探究图谱,理解图谱中的大雨点表示“强”、小雨点表示“弱”,很快掌握了强、弱节奏。在师幼互动中,教师赞许的目光、鼓励的微笑、肯定的口吻等积极性评价都会使幼儿对学习充满信心。

3. 启迪引导

在音乐教学中,教师常通过语言、动作、材料等各种方式和方法给予幼儿提示和启发,引发幼儿联想并有所领悟,从而将活动引向深入。比如歌曲《我的皮鞋踏踏响》,为激发幼儿们学习的兴趣,教师让幼儿从家里带来了爸爸的大皮鞋、妈妈的高跟鞋,让“皮鞋的声音”成为整个活动的核心,让幼儿在穿穿走走中倾听不同皮鞋发出的不同声音,并用语言表现不同的节奏。直观的体验后,教师适时用生动形象的节奏图谱问幼儿们:“大脚印、细细有跟的脚印、小脚印是谁的?”这样帮助幼儿理解图谱代表的含义,然后又问:“我的皮鞋哪里唱得长,哪里唱得短?”这样引导幼儿观察图谱中大脚印表示踏得重而长,有跟的脚印踏得轻而短,自己的脚印则用正常的节奏,以此帮助幼儿更好地理解歌曲中快慢的关系。这样的师幼互动让幼儿们感受到美妙的音乐和节奏就在自己的身边,它们有长有短,有强有弱,有轻有重。而且他们会骄傲地说这个声音是他们用耳朵听到的,是他们发现的,在音乐活动中获得成功感。

4. 肢体表现

音乐教学中教师常运用富有感染力的表情、动作等肢体语言来惟妙惟肖地表现音乐形象,这胜过使用教具和课件,能给幼儿带来无穷快乐。歌曲《三只猴子》曲调活泼、幽默诙谐,叙述了猴子在床上跳,惹得妈妈着急的有趣情节,深受幼儿们喜爱。歌曲中十六分音符节奏与部分歌词的演唱,对幼儿们来说有一定难度,于是教师和幼儿们一起学歌曲中小猴跳,师幼边念节奏,边跳跃。渐渐地,幼儿们在和教师共同感知节奏的过程中,控制了自己的弹跳速度,并尝试和同伴将各种跳跃的节奏创编到歌曲里,用肢体语言来表现歌曲,使幼儿们身心愉悦,充分调动起他们学习的积极性。活动中教师以自己的一颗童心和幼儿们同频共振,通过感情充沛、富有童趣、夸张的肢体语言带动幼儿,取得了很好的教学效果。

四、不同主体发起的师幼互动能实现"教学相长"

1. 教师发起

当教师发起互动时,要将自己融入幼儿中,营造开放和允许幼儿自由表达的教学氛围,让幼儿在平等、融洽、和谐的师幼互动中感受到被理解、被尊重、被信任和被欣赏,才能激发幼儿积极的思考和参与,让幼儿进入主动学习状态。

《粉刷匠》是一首好听欢快的歌曲,跟随着音乐的节奏,幼儿们情不自禁地边唱歌边刷起了房子。教师静静地观察幼儿们的动作,并不时用鼓励及赞同的眼神回应他们。音乐一停,教师鼓励幼儿们:"谁来试试,你是怎么刷房子的?"幼儿纷纷举起小手。妞妞随着音乐双手做摸墙状,快速地上下移动。"哦,你是这样快快刷的,真棒!""我们一起来试试!"这时教师像个好奇的幼儿,认真地参与其中。"你们知道哪个节奏在说这个快快刷的动作吗?"教师出示三张节奏卡(四分音符、八分音符、休止符)。幼儿们纷纷说:"八分音符是要快快刷的。""是这样吗?"教师用疑惑的眼神望着大家。"我们试试不就知道了吗!"可可自告奋勇地提议。"你的办法真好,我怎么就没想到呢?"在音乐声中,教师和幼儿们共同验证了结果。"我们的小粉刷匠真能干,还能用其他动作来刷这个节奏吗?""可以,老师我可以横着刷。""我会刷圆形。"不一会儿幼儿们就掌握了四分、八分节奏。休止符是活动中的难点,当教师出示节奏卡时,幼儿开始窃窃私语:"这么难啊!"这时教师用挑战的语气问:"你们会这个节奏吗? 它与前面的节奏有什么不同呢?"沉默了片刻后,辰辰说:"我知道休止符表示要休息。"追随幼儿的回答,教师形象地开始比喻:"刷房子的时候有一个装颜料的桶,休止符像桶一样,刷的时候先把刷子在桶里蘸一下,再刷一下。"伴随着音乐,师幼开心地玩着、学着,教学中的难点就在平等宽松的师幼互动氛围中轻松地教会了。

2. 幼儿发起

当幼儿主动向教师发起互动时,教师要把握时机,顺应幼儿,抓住幼儿的兴趣点积极回应,并引导幼儿讨论,不失时机地提出更高的要求,使他们有继续创作的动力,从而使教学活动不断地延续、深入。

在学会了歌曲《在农场》后，教师为幼儿提供了各种常见的小乐器，幼儿们先看着节奏谱模仿小动物的叫声，玩着玩着他们拿起了一旁的小乐器，并邀请教师和他们一起用小乐器来玩。于是教师兴高采烈地加入了幼儿的行列和他们一起敲打，摆弄起小乐器。当幼儿们的新鲜感消失后，教师及时问："怎么玩更有意思？怎么让小乐器发出好听的声音呢？"教师的提问引起了幼儿们思考，于是教师抛出了想法："我觉得小猫的声音尖尖的，就用小铃吧，其他的……"教师故意拖了长音，敏敏说："小兔是蹦蹦跳跳的，我用响板吧！"辰辰："那我用什么呢？用双响筒吧，和小马的跑步声很像的。"于是，当小猫出现时，教师用小铃敲打；当小兔出现时，敏敏用响板敲打；当小马出现时，辰辰则用双响筒敲打。好听的敲打声吸引了更多幼儿的注意，他们提议分组演奏，合奏这首歌曲，于是叮叮当当的合奏声在教室内响起。虽然幼儿并不知道这就是合奏，但在他们的邀请中，教师及时把握住了师幼互动的机会，将打击乐的教学活动推向了高潮。

3. 交互发起

"你中有我，我中有你"，教师和幼儿在动态的教学过程中不断交互作用和影响着，形成了"合作型"的师幼互动，不仅幼儿能在其中得到积极的影响和发展，教师同样可以在其中汲取经验和成长的养分，贴切地诠释了"教学相长"的教育理念。

在学会歌曲《走路》后，幼儿们会根据歌词模仿小动物走路的动作，然后再观赏教师模仿各种动物走路的姿态，从比较中发现美的动作，他们觉得教师更像一只憨态可掬的"小鸭"，摇摇摆摆走路真好玩；有的男幼儿表演"小猴"，抓耳挠腮的样子更顽皮；有的女幼儿表演"小兔"，一跳一蹦真可爱。有的动作是教师模仿得好看，有的动作是幼儿们模仿得逼真，于是师幼决定玩谁的模仿动作像的游戏，大家一起学一学，做一做，在彼此相互模仿、相互学习的过程中完成了歌曲表演动作创编。教学活动在促进幼儿们想象力发展中满足了幼儿们的表演欲望，同时也让教师变成了"儿童"，在和幼儿们的互动中更具有创造力。

师幼互动是一个双向建构的过程，瑞吉欧教育体系有句名言："接住幼儿抛过来的球，并抛还给幼儿。"这形象地比喻了师幼之间合作互动的过程。在音乐教学活动中，幼儿是学习的主体，教师是幼儿学习的支持者和参与者、倾听者和观察者，更是幼儿学习的引导者和促进者。"以儿童发展为中心"，聆听幼儿的声音，走进幼儿的世界，教师才能在不断反思中积累丰富的教学经验，使自身的专业能力不断得到磨炼和提升。科学利用音乐对幼儿成长的重要作用，让幼儿在音乐的熏陶中更自信、更阳光，养成积极向上、乐观开朗的性格和健全的人格。

乐玩戏剧　共享成长

——以儿童剧《老鼠娶新娘》为例浅谈基于儿童视角的师幼互动

东方江韵幼儿园　高文洁

【背景】

儿童天生是导演，他们有着自己独特的内在体验和不断变化的故事情节。如裹上一条床单成为美丽的白雪公主与女巫较量，戴上一只眼套成为加勒比海盗在海面巡视，拿着一根软木棍就成为了英勇的战士在奋勇杀敌……虽是在做游戏，但仔细品味，其中蕴含所有戏剧实践的要件。可见儿童戏剧萌芽于儿童的游戏，以游戏行为开始的戏剧，更能让幼儿以玩的心态参与活动且享受戏剧带来的内在体验和乐趣，也能让幼儿在此过程中学会管理情绪。在倡导游戏权利回归儿童、基于儿童发展优先的今天，我园结合《上海市幼儿园办园质量评价指南》中的"美感与表现"行为索引、《3—6岁儿童学习与发展指南》艺术领域目标，在演乐俱乐部开始了"乐玩戏剧、共享成长"的实践。

【关键词内涵】

儿童视角：善于站在儿童的角度去看问题，用儿童的眼睛去观察，用儿童的耳朵去聆听，用儿童的大脑去思考，用儿童的兴趣去探寻，用儿童的情感去热爱，以儿童的心理去理解儿童。

乐玩戏剧：戏剧是通过演员表演故事来反映社会生活中各种冲突的艺术，是以表演为主的文学、音乐、舞蹈等艺术的综合。乐玩戏剧是一种班本的、团队共同建构的、游戏化的戏剧活动，通常以班级为单位，以一个故事或者事件为线索，以儿童体验为中心，以主题活动为载体，以幼儿园一日生活为依托，以每一名幼儿都参与为原则，家庭、幼儿园、社区都能为活动提供资源。它不再局限于戏剧的舞台表演相关元素，而是以戏剧为线索指引，在一段时间内整合各个领域，融合幼儿一日生活各个环节，结合多种活动方式，促进幼儿在情感、语言、社会、艺术等多方面发展。

师幼互动：是指在幼儿园的一日生活中，师幼间发生的心理交互或者行为相互影响的过程。师幼互动不仅需要教师看见儿童，更需要看见每一位儿童。可以说师幼互动贯穿一日生活的全过程,遍布幼儿园的每一个角落。

【做法与经验】

我园开展儿童戏剧活动的主阵地为“演乐俱乐部”。在整个活动过程中,我们主张幼儿自主选择表演的剧目,改编剧本,设计与寻找服装,分配角色与排练,每个班级一学期完成一到两个剧。表演的方式可以是模仿表演、改编表演、创编表演等。教师与家长根据幼儿的需求形成比较完善的剧本,寻找比较合适的音乐,提供服饰、对话旁白助力等后勤服务,使幼儿充分体验到表演活动的快乐。

下面就以《老鼠娶新娘》为例介绍我们的做法。

一、放手赋权,体现自主

要让幼儿玩得开心,最根本的就是减少约束,将剧本确立、角色选定、道具制作等所有选择权都交给他们,真正体现“乐玩”意义。如在选择剧本时,我们并没有以“导演”的身份去确定剧目,而是鼓励每一位幼儿参与到剧目选择中去,告知每一位想要进行剧目推荐的幼儿通过自己擅长的形式来进行剧目的推荐,其他幼儿根据自己的喜爱程度投票,最终以票数最多者作为本次俱乐部最终的演出剧目。在推荐的过程中,我们看到幼儿们通过绘制海报或是请父母帮忙打印文稿、口述等不同的形式来上台表达自己对推荐剧目的喜爱,一些原本表达和动手能力较弱的幼儿也积极参与了进来,努力表达了自己的看法和想法。最终,《老鼠娶新娘》以高票获选。

在这个过程中,我们的师幼互动体现在创设轻松自由民主的心理环境,给予幼儿表达时间与空间,支持公平公正的竞选结果,从而诱发幼儿的乐玩兴趣与热情,幼儿在“玩中学、学中乐”中形成对一些事物的看法观点,从而助推幼儿的学习动力与选择权利。

二、赏识肯定,兼顾全体

在乐玩戏剧活动中,教师的手势、眼神、微笑、抚摸等非语言支持与赏识都能向幼儿传递力量。如当幼儿能完整表达自己的想法,勇敢地做出第一个动作时,教师赞许的目光、鼓励的微笑、肯定的口吻等积极性评价会使幼儿对自己充满信心,从而更积极主动地参与到活动中去。如在确定角色演员时,我们采用的策略是公开投票,竞演角色。在这次角色竞选中,每个幼儿都有自己心仪的角色,幼儿们都大胆地上台来展示自己想要竞选的角色特点。尤其是“美如花”这个女主角不出意料地有非常多的女幼儿参与竞选,因此竞争也相对激烈。其中有一名幼儿叫逑逑,她平时性格比较内向,我们观察到她坐在台下看着台上竞选的女孩们戴着漂亮的头花就绘本中美如花“能歌善舞”的这个设定进行表演时,她的眼神中充满着向往和渴望。于是在竞演中场休息的时候,我把逑逑拉到了一边,让她坐在我的腿上,微笑地在她耳边轻声耳语:“逑逑,你是不是也想演美如花?”逑逑听了后轻轻地点了点头。我就耐心地引导她:“好呀!那可太棒了!教师也觉得你非常适合演美如花,你看上次六一表演你的舞蹈就非常精彩呢!”她听到了我对她的肯定后眼神一亮;“嗯!上次的舞蹈我练了很久,那我等一下可以试试吗?”“当然可以!”在我的鼓励下逑逑在第二场的竞演活动中也上台展示自己的风采。我在台下和她四目相对,给予她鼓励的微笑和掌声。教师对幼儿的热情及有回应的互动有助于儿童形成一种安全和积极的自我感知。教师在幼儿个体、群体差异的基础上,选择和运用适宜的、有效的师幼互动方式与方法,能促使教师准确把握各阶段幼儿身心发展规律,提高研读幼儿的能力。

在这个过程中的师幼互动体现在运用充满爱的动作、眼神、微笑等肢体动作增强幼儿的归属感和被爱的感觉,使他们得到应有的尊重与保护。赏识与肯定是乐玩戏剧顺利开展的重要手段,无论是教师还是幼儿都会在肯定中产生更强烈的被支持感,互动动机更强,效果也更好,师幼之间相互依赖、相互扶持,有利于助推师幼关系良性发展。

三、商榷评价,注重互学

在俱乐部实践的过程中,每个幼儿对儿童剧的理解、学习节奏、学习效率、学习天赋都是不一样的,而幼儿与幼儿之间的交流和互动会产生新的想法,教师可以提议让幼儿自主选择伙伴,共同合作拓展幼儿学习的空间。如我们把《老鼠娶新娘》这个剧目分成了三幕,分别是“抛绣球,择女婿”“比比谁,更强壮”“办嫁妆,娶新娘”。幼儿根据自己的意愿选择不同组别分幕进行彩排,这样不仅可以满足多个幼儿想要演同一个角色的迫切心愿,也可以让三组小演员进行同场PK,形成良性竞争。在表演的时候他们会看其他组的同伴对于这个角色的理解以及表现,思考与自己这组的不同。教师还会把幼儿们的表演过程拍摄下来,在排练之后一起观看,互相找问题,这个方法一定程度上帮助部分幼儿飞速进步。同时如太阳、风、乌云、墙这些背景是每个设置同时有三名幼儿一起进行表演,所以我们也请同一组的小朋友之间互相结对、帮助纠正动作,或者自己设计动作,以求更好地呈现出来。

在小组讨论的过程中我们发现幼儿会仔细倾听,讨论结束之后还按小组顺序讨论交流学习心得,并对各小组学习心得做出评价,这也是幼儿间互动的一种有效方式,不仅使幼儿获得更多的学习经验,也能发现学习中存在的问题,从而积累更多的学习经验,促进幼儿在自主开放的氛围中获得全面的发展。而在活动开展过程中,教师需要借助材料、环境等各种资源,运用多种师幼互动方式,引导幼儿研究其对活动的教育价值,研究其互动的重点与要点,运用有效的互动途径与方法等。在活动探究过程中,教师会用提问、讲解、说明等方法支持幼儿的体验,幼儿也会运用提问、请示等方法请求教师的帮助。幼儿在有效的互动中不断感知事物,积累、拓展主体经验。因此,选择和开展有效的互动促使幼儿发展与教师挖掘、利用资源的能力是相得益彰、相辅相成的。

在这个过程中的师幼互动体现在师生、生生之间组队商榷、相互讨论、相互学习、相互评价,充分挖掘各种有利于幼儿学习戏剧的资源,设置有利于儿童戏剧学习的情境,将幼儿的学习动力最大程度释放,有效引导、开发幼儿的天性,发展幼儿的个性,让幼儿产生学习儿童戏剧的兴趣,产生学习儿童戏剧的动力,感受学习的魅力和学习的快乐。

四、对话支持彰显尊重

在开展俱乐部活动时,教师要树立尊重幼儿的教学理念,站在幼儿视角理解幼儿最真实的想法,在和幼儿平等对话交流中以情感智慧启发幼儿。在俱乐部活动中做到不强制幼儿学习表演的技巧,给予幼儿自由思考的空间,在开放自由的环境中和幼儿一起体验俱乐部活动中的艺术之美。例如,在儿童剧排练过程中,播放一些优秀的儿童剧作品供幼儿欣赏,在这个过程中,幼儿能从角色扮演中了解将来的社会角色,体验人际关系的互动。其实每个幼儿都是天生的表演者、天生的艺术家,幼儿的各种表演都充满了童真之美。另外,在俱乐部活动中我们还采取“对话式”的互动策略,也能收到很好的互动效果。对话不是一方的独白,而是师幼、幼幼之间相互平等、相互尊重、相互关爱的心灵沟通。如教师根据幼儿的表演,针对角色抛出“人物个性特征分析”的话题,与幼儿平等交流对话,了解幼儿对每个角色的看法和观点;还可以在幼儿表演的时候,与幼儿共同创编角色之间的表情、动作、语言,让故事显得更真实、生动。又如在表演“阿郎偷偷跟踪村长的路上”的情节时,有幼儿提出,除了用双手在嘴边做动作表现小老鼠的形象外,还可以猫着腰、踩着小碎步出场。幼儿纷纷赞同,因为这是阿郎在偷偷跟踪村长,所以这样的动作表现更切合剧情。在随后的表演中,幼儿专注、投入,表现的小老鼠形象仿若真实,惟妙惟肖。可见,幼儿的自主创编,更有助于幼儿在角色扮演的过程中提高自我存在感。

在这个过程中师幼互动体现在尊重幼儿的想法,保证幼儿对表演的创作热情和积极性。教师树立尊重幼儿、平视幼儿的教学理念,站在幼儿的角度和位置上去和幼儿平等对话,交流理解幼儿最真实的想法。只有这样,才会准确了解每一名幼儿的差异,有的放矢去引导幼儿,才会发现幼儿的关注点,发现幼儿的潜能。教师在了解幼儿个体、群体差异的基础上，选择和运用适宜的、有效的师幼互动方式与方法，能促使教师准确把握各阶段幼儿身心发展规律，提高研读幼儿的能力。

著名教育家陶行知先生说过："只有解放儿童的手、解放儿童的脑、解放儿童的嘴才能使孩子的智慧与能力得到发展。"基于儿童视角开展的儿童剧编排活动，不仅能激发幼儿的想象力，增强幼儿的情感体验与认知能力，也是幼儿学习能力与运用能力的体现。正如《老鼠娶新娘》这一绘本中所说的，我们都应该更多地发现别人身上的小小闪光点，千万不要因为自己的优点而骄傲，也千万不要因为一些自己身上的问题而妄自菲薄。不要"小看"儿童，要倾听儿童的声音，了解儿童的需求，更好地支持和回应幼儿的成长，探索出并真正建立平等、民主、亲密的师幼互动关系，为幼儿种下一生幸福的种子。

儿童戏剧最后的演出既是一个引导幼儿们"共同努力的目标"，更是一个幼儿们经历了承担责任、自我挑战、自我完善的过程后获得自我实现体验的机会和"顺便收获"的成果。我们更看重的是儿童戏剧活动开展时幼儿努力付出的过程。在这个过程中，过去完全由教师来承担的工作，经过精心设计、转换和拆解，都尽可能交给幼儿们来尝试，让幼儿全面介入完成。

这种收获已不仅仅表现为教给了幼儿有关表演的知识技能，培养了幼儿的文艺气质、活泼大方的性格、遵守纪律的品质、吃苦耐劳的精神等，更重要的是发展了幼儿社会性的和生产性的主体能动性。儿童戏剧活动不是培养幼儿高超的表演技能，更不是让幼儿进行惟妙惟肖的模仿表演，而是培养幼儿对生活、对人生的理解能力和创造性的表现能力。

基于儿童立场,着眼自主探索能力提升之多元阅读

东方尚博幼儿园 康丽群

多元阅读是一种有别于传统阅读的阅读教学方式,阅读教学的内容呈现明显的多元化特征。由多元的阅读情境、互动关系、阅读材料、阅读途径和阅读策略构建的阅读环境,给幼儿带来多样的阅读体验,使幼儿产生浓厚的阅读兴趣,形成自主阅读的能力。

幼儿在多元阅读中的自主探索能力是指幼儿在阅读环境中萌发对各种阅读材料和阅读内容的探索兴趣,能对阅读材料和内容进行观察和比较,在此过程中自主产生质疑、猜测和假设等行为,并通过制订计划、收集各类信息、对信息进行整理等途径寻找问题的答案,验证原有的猜测和假设,最后将自己的探索过程和结果以各种形式进行记录、表达和交流。

基于儿童立场的多元阅读则是充分关注儿童的视角,将幼儿作为多元阅读的主体,通过语言与科学两大领域的相互渗透,全方位地促进幼儿自主探索能力的发展。适宜的多元阅读内容,能引发幼儿开展自主探索的内驱力。我们要尝试在多元阅读中找到科学教育的契机,帮助幼儿在观察、思考、猜测、调查、验证、收集信息、提出问题、得出结论、合作交流等自主探索能力上的提升,从而培养主动积极、有能力的学习者。因此,多元阅读内容的创设和选择显得尤为重要。

一、内容全面,激发幼儿自主探索的兴趣

幼儿都有自己的阅读偏好,他们倾向于选择自己感兴趣的、能够吸引他们注意力的、贴近他们的生活及实际经验的、图画色彩丰富的、排版及装帧形式符合他们审美需求的读物。唯有通过提供丰富的可供选择的阅读书目,才可以满足有着不同兴趣及偏好的幼儿的阅读需要,为幼儿提供丰富的阅读经验,进而激发幼儿在多元阅读中主动探索的兴趣。内容的全面性主要包含:阅读内容题材的全面性,载体的多样化及形式的多元化。

1. 题材的全面性,链接儿童各异的兴趣点

从儿童生活到科学知识,从环境问题到生命教育,各种不同的题材和不同的议题,都可以让幼儿接触。在这样多元的阅读内容中,幼儿所获得的便是多元的知识与多元的情感经验。通过阅读不同题材的材料,不同兴趣点的幼儿都能够在多元阅读的过程中寻找到让自己全心投入的阅读内容,也能围绕自己感兴趣的点进行不同阅读材料的搜集、整理、观察、比较,在成人的帮助下制订适合自己的探究计划,在探索和学习的过程中不断地猜测、假设、发现问题和解决问题,甚至开展同伴之间的合作和交流,从而激发幼儿自主探索的兴趣。

2. 载体的多样化,提供儿童多样的阅读源

多元阅读内容呈现的载体不仅仅指向纸质的绘本,同样也包含多媒体影像、说明书、广告宣传,等等。载体的多样性是为了让幼儿在视觉、听觉等多重感官的交互刺激下更主动地开展多元阅读活动,从而提升幼儿观察比较、猜测假设、发现问题、解决问题等能力,将阅读过程内化成一种学习的能力,在此过程中不断提升幼儿自主探索的能力。

案例:对水的研究

在对“水”进行探究时,由于教师提供了关于水的不同的阅读材料,幼儿在翻阅和查找过程中,兴趣点和关注点却各有不同,最终形成了“水的形态”“水里有什么”“水的用途”“保护水宝宝”四个不同主题的小组,各个小组再分头对自己的兴趣点开展进一步的研究和探索。比如“水的形态”组通过阅读,依据不同的资料主动产生质疑,提出了问题“水到底是什么形状的”,并做出了猜测和假设,认为水有圆形、方形、水滴形、三角形……并用形状和“问号”符号记录自己的猜测。通过交流分享环节,同一小组的成员也根据自己阅读的情况进行了大胆的讨论和补充,并对自己所搜集的信息进行整理,制订验证猜测的实验计划,还准备相应的实验材料和工具,按照资料提示的实验步骤进行操作。小组成员不断观察、比较实验中观察到的现象,最后合作制作海报将整个自主探索的过程呈现出来,进行分享和交流。整个过程中,幼儿通过多元化阅读,自主探索的能力得到了提升。

3. 形式的多元化,给予儿童丰富的体验感

阅读形式的多元化表现在开展途径及活动形式的多样化,除了较常见的集体阅读教学活动、个别阅读学习、亲子阅读等,还有融入幼儿一日生活中的自主阅读活动、游戏活动和以幼儿兴趣为主的方案活动等。

案例:好玩的点点点游戏

《点点点》是一本可以互动共读的绘本,但与其说它是绘本,不如说是一个好玩

的游戏。在集体阅读绘本的过程中，幼儿对“点点点”的变化产生了浓厚的兴趣，他们发现每一幅图片上的点点数量和位置是不同的，于是生成了“点点找家”的游戏。而针对这一内容，教师又巧妙地将绘本图片设计成了可操作的 iPad 动画，让幼儿通过触摸“三色按钮”配合三色圆点，通过在游戏中的观察和比较，自主探究点点的晃动和方位上的变动，大大增加了幼儿观察和理解绘本的兴趣和能力。

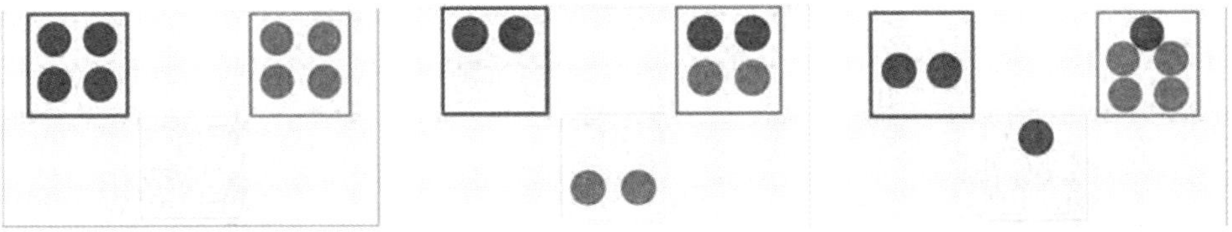

（第一次游戏）　（第二次游戏）　（第三次游戏）

从上述案例可见，结合多媒体形式开展的游戏活动，能让多元阅读的内容以生动有趣的形式传递出去，受到幼儿的喜爱，让幼儿通过游戏的方式开展自主探究，这一形式的多元阅读更有利于激发幼儿的主动探究和创造欲。

二、年龄适宜，遵循幼儿自主探索的规律

不同年龄段幼儿的经验不一样，兴趣不一样，思维水平、理解能力和阅读能力也不一样，所以在选择和提供多元阅读内容时要充分考虑幼儿的年龄特点，应遵循幼儿基本发展规律。小班幼儿比较偏好生活类和表达较为直观的阅读材料，中班幼儿比较喜欢社会生活类和认知性较强的阅读材料，而大班幼儿比较喜欢读那些和社会生活相关的和带有文字内容的阅读材料。随着幼儿阅读面越来越广，幼儿自主阅读的能力逐渐增强，对阅读材料的选择也逐渐趋于个性化：有的喜欢阅读报纸和画册；有的中大班幼儿还喜欢观看融知识与娱乐于一体的成人娱乐节目，也关注身边新奇、多变的事物，商店橱窗的布置、马路上的广告牌等都可以是他们的阅读内容。

案例：幼儿园的地图

新的学期开始了，大班幼儿发现教室门口的走廊上多了一幅大大的地图，这立刻引起了他们的好奇和讨论。有的说：“这个应该是地图，我妈妈带我去过公园，公园里也有这样的地图的。”有的说：“我也在地铁站里看到过的，这个叫线路图，可以告诉我们怎么走路的。”有的说：“你们看，图上还有箭头，箭头就是告诉我们方向，往哪里指就是往哪里走。”有的则提问：“那这到底是去哪里的线路图呢？”“那为什么要放一个线路图在这里呢？难道要我们去寻找什么东西吗？”有的分享了自己的发现：“你们看，这里还有数字呢！301，好像我们教室的编号就是301。”“你们看，我们教室的编号真的

是301呢!”还有的进行了总结:“原来这是我们学校的线路图,上面的数字就是代表每个教室。”在后续活动中,教师将幼儿发现的这一“幼儿园的地图”作为多元阅读的内容,在鼓励幼儿分享交流自己对幼儿园地图的发现和理解后,针对大班幼儿自主探索能力的特点,鼓励幼儿结伴分组,开展了实地“走访”的验证活动,在实践活动后,还合作对幼儿园地图进行了重新设计和改进更新。此外,结合新学期大带小活动,大班幼儿还尝试利用自己设计的地图带领小班弟弟妹妹们一起认识自己的幼儿园。

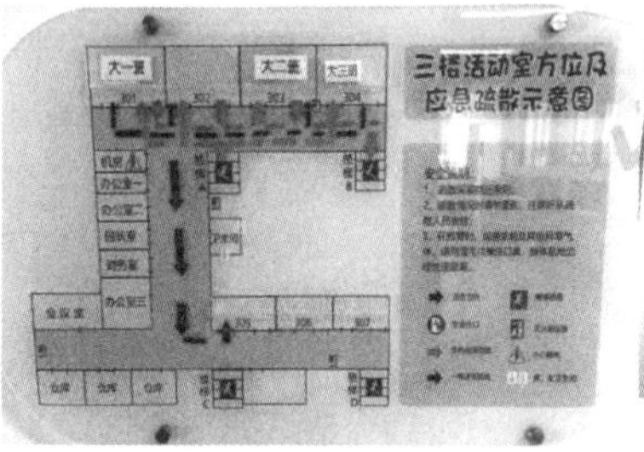

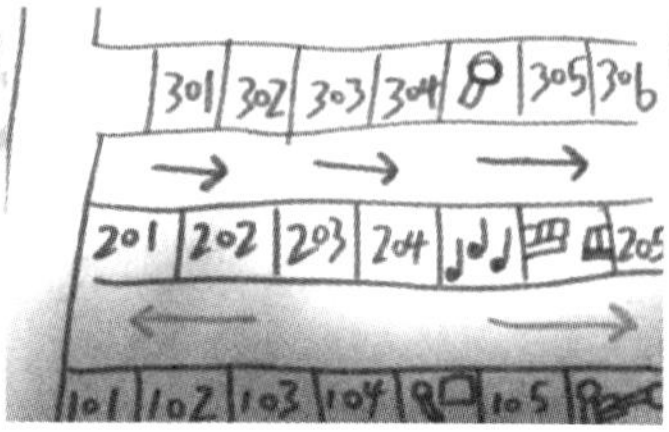

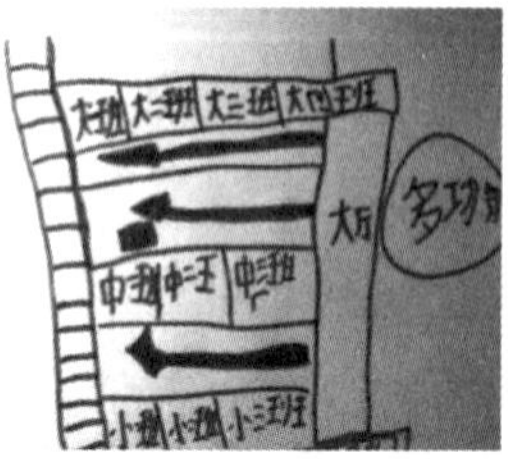

从上述案例中可以看到,大班幼儿对于空间方位和常见符号有一定的认知,因而楼层地图的解读符合大班幼儿的兴趣、思维水平、理解能力和阅读能力,可以作为大班多元阅读的内容。楼层地图因此能引起大班幼儿的关注,引发了其积极的观察和思考。案例中,幼儿通过日常阅读经验的积累已经能猜测甚至是解读楼层路线图上的各种符号,根据路线图亲身体验和验证。这次活动还结合了大班幼儿探索的特点,在同伴合作探究中,有力地支持了幼儿自主探索能力的发展。

三、经验匹配,尊重幼儿自主探索的个体差异

儿童立场的多元阅读的内容选择,更要关注幼儿的已有经验,贴近幼儿的生活,《3—6岁儿童学习与发展指南》中提到:幼儿的学习是以直接经验为基础,在游戏和日常生活中进行的。幼儿在多元阅读中的自主探究行为也是其开展“主动建构”的过程,通过新、旧经验之间的反复、双向的相互作用,来形成和调整自己的经验结构。在这个过程中,幼儿会根据自己已有的知识经验选择活动内容,通过观察、假设、实验、推论,用自己的感官去感受世界,主动通过实践和操作来解决问题,从而建构起对世界的认识。所以,提供不同的阅读内容能更好地关注幼儿作为探索主体的个体差异,关注和支持每一名幼儿积极开展探索的自主权。

案例:说明书真有用

“服饰”是大一班的研究主题,幼儿根据自己的兴趣分成了不同的研究小组,其

中有一组是“布料组”。布料组的幼儿们带来了玩具织布机,可是织布机该如何使用?大家都无从下手。妞妞是那个带来织布机的幼儿,她开始了初步的尝试。但没多久她像是遇到了问题,停止了使用织布机的。这时作为教师的我已经发现了织布机的说明书,但还是不动声色地问:“你们拿到新玩具时,如果不会玩怎么办?”石头说:“我第一次玩轨道停车时就有一张纸。”说完便开始找寻并发现了织布机盒子里的“说明书”,“你们看我发现了什么?”大家的视线都被这句话吸引了过去,“什么?是什么?”“哎,好像是个说明书。”“什么是说明书?”大家都七嘴八舌起来。妞妞说:“说明书我知道啊,就是一样东西里面的纸,告诉我们这些东西怎么用,我们家吹风机里就有这个说明书。”“对对,我玩的乐高里面也有。”

于是在七嘴八舌中,幼儿们一边看说明书一边又开始了编织,可是第二排的皮筋怎么也织不起来。妞妞很不理解,有点着急,小组内的其他幼儿一起对着说明书又进行了观察。这次,其中一个幼儿发现,说明书上除了一些文字之外,还有许多步骤图片。糖糖提出:“这上面的颜色不一样。”“那就是用两种不一样颜色的皮筋编织的。”妞妞指着图片说:“你们看,图片上和我们编的不一样。”铭杰说:“难道是一条在上面,一条在下面吗?”“看样子是的,我们一起试试吧!”妞妞根据同伴们看说明书得到的想法又操作起来。最后他们通过小组成员对说明书的解读共同完成了编织。

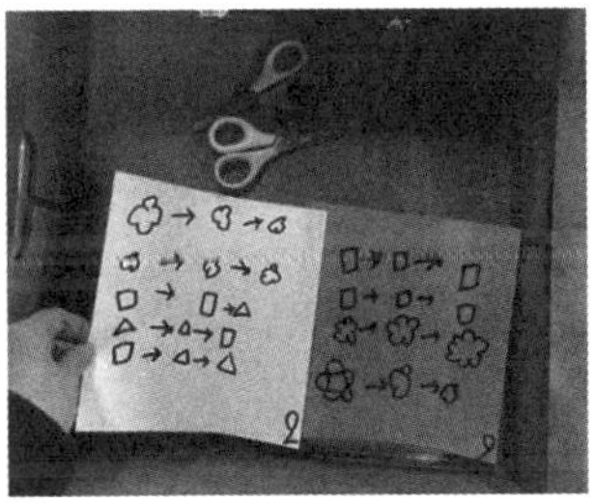

在活动后的小组分享中,织布组的幼儿将自己对说明书的发现进行了分享交流,小组中的每一名幼儿都积极表达了自己对“说明书”的认识,并引发了幼儿将说明书作为新的活动主题。

从上述案例中可以看到,当幼儿在自主探索中遇到困难时,教师选择了“说明书”这一阅读内容,并通过情境问题引发幼儿对阅读说明书的兴趣。幼儿按照说明书的提示不断进行尝试,在实践中验证正确与否,对照说明书观察比较,借助同伴的建议进行下一步的尝试和探索。可见,说明书作为阅读内容既贴近幼儿的生活和经验,又具有一定的挑战性,不同幼儿虽然呈现出了不同的认知水平,但通过阅读,每一名幼儿都有了自主探索的机会，并在自我认知发展基础上找到了“最近发展区”。在此过程中，幼儿深入学习、合作探索、解决问题的能力也得以不断地提升。

基于儿童立场的多元阅读的内容选择，能帮助教师更好地关注幼儿的需求和兴趣，已有经验及发展水平等，而幼儿也会对接触和观察到的阅读内容表现出不同的兴趣，从而有效地提升幼儿自主探索的能力。但在实施的过程中，还需思考如何使幼儿通过多元阅读主动并持续开展自主探索，以及教师如何对原有的多元阅读内容进行持续优化和调整，以支持幼儿进一步开展自主探索。

儿童立场下科学活动中幼儿自主探索的实践研究

航津幼儿园　唐晓艳

儿童立场下的科学活动是基于儿童的实际能力和兴趣需求,从培养幼儿的探索素养出发而开展的探索活动,从而促进幼儿自主探索能力的发展。活动应站在儿童立场,注重个别差异、潜在能力,使幼儿在科学活动中做到玩中学,学中玩,引导幼儿发现问题和解决问题,提升科学探索能力。

幼儿自主探索,是指幼儿在探索周围世界的过程中,运用一定的知识和方法来解决问题。培养良好的科学探索精神、提高科学素养是目前教育的重要目标,幼儿在探索过程中,能获得自信心、独立性、创造性以及解决问题的能力,这对于幼儿一生的发展有着十分重要的影响。要提高幼儿科学素养,我们必须保护幼儿的好奇心,激发幼儿的兴趣,让幼儿在宽松的心理环境下自由探索、想象、创造。

一、科学活动中幼儿自主探索的意义

《上海市幼儿园办园质量评价指南》中的探究与认知部分介绍了幼儿进行科学探究的表现,就是幼儿喜欢探究,用一定的方法探究周围感兴趣的事物与现象,以及在探究中认识事物与现象。幼儿科学活动就是一种科学启蒙教育,能激发幼儿对科学的兴趣和探究欲望,同时培养幼儿爱科学、学科学的能力。幼儿天生就具有好奇心,喜欢探索新鲜事物,他们在探索过程中会获得很多的学习经验和解决问题的方法,从而终身受益。

1. 有利于提高幼儿解决问题的能力

我国科学教育原则之一"做中学"要求"引导幼儿主动探究,亲身体验",让幼儿充分体验科学发现的过程,在探索过程中发现问题、解决问题,并获取相关的科学知识、科学技能。教师要特别关注幼儿探索能力的培养,注重个体差异。在科学活动中,让幼儿不仅学习某个知识,更重要的是让他们能通过自主探索知道"为什么",让幼儿在探索中学会发现,学会创造,寻找答案,提高幼儿解决问题的能力。

2. 有助于提高幼儿合作交流的能力

幼儿在探索活动中可以按自己的兴趣和意愿自主选择与同伴合作，在与同伴交流互动中获得更多的经验和解决问题的方法。有些科学小实验必须由两人或三人分工合作完成，两人合作实验，一人做观察记录，就是为了培养幼儿在探索活动中的交往、沟通、合作能力。教师提供适宜、丰富、安全的探索材料，让幼儿在探索过程中感知体验、互相帮助、共同探究，从而习得相关科学理论知识，提高幼儿科学探究能力、沟通能力、合作能力。

二、科学活动中幼儿自主探索的实践

基于儿童立场在科学活动中激发幼儿自主探索，就是要在了解幼儿的年龄特征、个性发展的基础上，培养幼儿的科学兴趣和探索欲望，从而使幼儿获得一些科学知识，激发幼儿浓厚的科学兴趣。开展幼儿科学教育要从科学环境的营造、科学活动的开展着手，让幼儿尝试自主探索，亲自实践，发现和解决问题。

1. 营造积极的氛围，让幼儿愿意探索

教师要为幼儿营造宽松、自由的科学探索环境及快乐、和谐的教育心理环境，鼓励幼儿观察、探索、操作、记录，并大胆发表自己的想法，提高解决问题的能力。活动中当幼儿遇到困难时，教师应循循善诱，给幼儿一定的支持和帮助。例如在自然角区域，让中大班的幼儿自由分组进行种植，各组将同一种蔬菜种在不同的环境中，如将绿叶菜种在土里、水里、沙里、暖棚里，让幼儿负责管理植物。各组幼儿边观察边比较生长在不同环境的绿叶菜会发生什么变化，并记录这些变化。通过这样的实验营造浓郁的科学氛围，也激发了幼儿浓厚的科学兴趣，增长了动手能力。

在一次“砸核桃”活动中，幼儿提出用锤子、木头、老虎钳、剪刀等工具砸核桃，我及时肯定了幼儿的想法，并将这些工具补充到班级材料库中，支持他们去尝试、探索。当有些幼儿用老虎钳夹不开核桃想放弃时，我就引导幼儿讨论：“老虎钳真的夹不开核桃吗？有什么办法用老虎钳也能弄开核桃？”于是，有的幼儿想到用老虎钳敲，更有幼儿想到了改进老虎钳以夹开核桃的大胆想法。在科学活动中，教师营造了良好的科学氛围，关注了幼儿个体差异，注重幼儿的探索过程，幼儿就有了探索的兴趣，也就愿意去探索了。

2. 创设适宜的环境，让幼儿乐于探索

环境能潜移默化地影响幼儿，教师应该为幼儿创设一个自主和安全的探索环境，引导幼儿探索，主动学习，亲身体验。如在科学活动“开锁”中，把钥匙和锁放在一起，先要将大小、颜色或花纹等不同的钥匙和锁找出来配对，然后让幼儿找出一对大小相符合的钥匙和锁，尝试开锁。幼儿在探索中通过筛选排除，最后成功地一一对应开锁，也因此获得了小钥匙配小锁、大钥匙配大锁的感性经验。因此，在科学探索活动中，材料是环境的主体，也是探索的基础。

又如在“水溶解”科学活动中，我提供了冰糖、盐、油、咖啡、沙等物品，还有透明的一次性杯子，让幼儿在实验中观察各种物品放入水中时的不同现象，记录下哪些物品易溶于水，哪些不易溶。幼儿们在实验操作中清晰地观察到冰糖放入水中会慢慢融化，沙放入水后是不溶解的。这个有趣的科学实验激发了幼儿的好奇心和探索欲，也使他们感受到科学的神奇。

再如在小班科学活动“有趣的声音”中，我提供了棉花、豆子、餐巾纸、积木等不同材料，问幼儿：“这些材料分别放到罐子里会发出声音吗？声音一样吗？”在这样递进的提问下，幼儿们主动思考与表达，回顾自己在探索过程中的发现，不同材料放入罐子里发出的声音是不一样的，有大有小，在探索过程中，幼儿对物品与声音的关系有了一定的概念。

在适宜的环境中，幼儿逐渐开始喜欢科学活动了，学习兴趣逐渐增强，更加愿意去探索，也具备了一定的探索能力。

3. 运用多种形式，让幼儿自主探索

“教孩子记住十个问题，不如引导他们自己思考一个问题。”幼儿通过思考问题，去探索，去发现。

（1）学习用科学的步骤探索问题

科学活动就是要让幼儿亲身体验整个探究过程，让幼儿自己动手、动脑来发现和探索。幼儿在操作中一般先提出猜测，然后实践验证，再记录结果，最后将探索过程进行交流分享。例如在大班科学活动“沉与浮”中，我引导幼儿首先根据自己的经验提出假设“把塑料袋团起来放到水里会不会沉”，然后让他们通过实验来验证自己的想法，幼儿发现团好的塑料袋还是会浮起来。教师引导幼儿分析原因后，鼓励幼儿动脑想办法让塑料袋沉下去。幼儿想出了方法：在塑料袋里放一把小锁或铁块、石头，然后再把塑料袋团起来放进水里。然后按此方法实验，结果成功了。接着幼儿对实验中所观察到的事实以及解决问题的策略进行绘画记录，并得出结论：塑料袋里放着锁就可以让塑料袋沉到水里。为了进一步探讨物体沉浮的原因，幼儿们接着用塑料瓶装沙、装石子、装铁块来实验，证实原本浮在水面的物体也能想办法沉下去。最后进行交流分享，由幼儿们讲述探索过程。科学活动的完整过程便是发现问题—提出猜测—实践探索—获得结果。在这种步骤式探索过程中,幼儿学会了层层递进地探索,有条理地操作,一步一步地解决问题,在探究中理清思路,在实验中提升探索能力。

(2) 尝试用多种材料解决问题

材料是幼儿进行科学探索的物质基础,幼儿是通过对材料的操作和摆弄来积累经验、获取知识的。如"风的形成"科学探索活动,素材来源于幼儿的生活,幼儿知道有龙卷风、大风、微风等,但他们对风产生的原因——空气流动却不了解,于是我提供了纸、扇子、书、塑料板、风车等,让幼儿自己选一样材料来制造风。幼儿在找一找、做一做的过程中发现,当扇动纸片时,只有一丝微弱的风,风车转不动,但用力摆动塑料板时,会产生很大的风,风车就转得快。幼儿们还体验了扇子和小电扇风的不同风力,感受到电器给我们带来的方便。

又如在"声音变轻"的科学活动中,借助生活经验,为幼儿准备了用来隔音的材料:铁盒、毛巾、棉花、报纸、塑料袋、毛衣、耳套、棉被等。还有收音机、闹钟、手机、iPad、音乐玩具等能发出声音的物品。让幼儿选用不同材料探索各种隔音方法,从而得出哪个材料最隔音。由于活动前,教师准备了许多用来隔音的材料,这为幼儿尝试消除声音打好了基础,幼儿分小组合作用多种方法来消除声音,实验效果比较好。因此,活动材料的充足准备,是帮助幼儿解决问题的前提,也是促进幼儿自主探索活动的重要条件。

(3) 学会用记录的方法探索结果

在科学活动中,记录探索过程,交流分享是两个重要环节。幼儿一般采用绘画,或者用符号、数字等记录观察到的现象。例如在"沉与浮"的科学活动中,有的幼儿先画了一个物体(塑料小车),然后在物体后面用"↑"表示它会浮起来。然后又画了一个塑料小车,后面用"↓"表示会沉。在交流时他这样解释:"塑料小车本身是浮起来的,但是在小车里上放了一些磁铁,它就会沉下去。"这份绘画记录就是幼儿的探索结果。

在幼儿进行科探过程中,我们发现对于相同的材料的实验,幼儿却记录了不同的结果。于是在交流分享环节让幼儿各自讲述自己探索的过程,来确认幼儿对实验结果的理解是正确的。

又如在科学活动"有趣的影子"中,光和物体之间的距离变化会产生大小不同的影子。通过反复操作,幼儿记录得出结论:光与物体之间距离越远影子越小,距离越近影子就越大。这样的科学实验大大提高了幼儿科学探究的积极性。

对科学探索的记录有利于幼儿加深对科学知识的理解和认识，幼儿把科学活动中的操作过程和探索结果采用自己的方式进行记录，并根据记录向同伴介绍自己的探索历程，同时在交流中也可以与同伴一起切磋、讨论探索中发现的问题，从而共同寻找出解决问题的方法。这对于幼儿总结自己的探索方法以及同伴间相互学习是十分有益的。

三、面向未来，培养幼儿自主探索

1. 联系社会发展

目前，中国在当代科技中的许多重要领域都取得了创新性成果，尤其是计算机网络技术、电子信息技术获得了飞速的发展，在航空航天领域的巨大成就也为世人所瞩目。所以，我们应该尽早认识到科学探索的重要性，从小培养幼儿的科学探索能力和献身科学的勇气和决心，为幼儿今后的发展奠定扎实的基础，期待他们将来用探索出的科技成果建设祖国。

2. 联系幼儿实际

科学活动的内容要符合幼儿的兴趣和实际能力，能吸引幼儿的不仅仅是新的或意想不到的事物，有些生活中很熟悉但有疑问的事物也能吸引幼儿，这些事物很多都来自于实际生活中。如：自来水是哪里来的？电灯为什么会发光发热？蚯蚓会不会叫？我们可从幼儿生活中熟悉的事物和感兴趣的现象入手，来选择科学活动的内容。在幼儿一日活动中，教师要引导幼儿发现和探索，学会运用自己已有的经验来解决生活中的一些实际问题。使幼儿在掌握科学知识的同时，更能将其应用到实际生活中，这就为幼儿的终身学习培养了良好的探索能力、正确的学习态度和有效的思维方法。

3. 联系家园合作

在开展科学活动时，教师会邀请家长参加，与幼儿一起探索、发现、记录、总结。在教师和家长的陪伴下，幼儿们的探索热情就更高了。在探索过程中，家长也能帮助拓展幼儿的知识面，提升幼儿的探索能力。如科学活动“空气在哪里”，先让家长将团紧的纸团放进杯子里，然后将杯子竖着倒扣入水中，当拿出杯子里的纸团时，幼儿惊奇地发现纸团竟然没有湿，于是争先恐后地嚷道：“爸爸是个魔术师，唐老师会变魔术。”我告诉幼儿们这不是魔术，而是一种科学现象。在这一活动中，正是教师和家长激发了他们浓厚的学习兴趣，在家园合作下，幼儿主动地投入到科学活动中去，并认真观察、细心操作，也体验到了科学实验带来的满足感和成就感。

科学活动能促进幼儿的探索意识和探索能力的发展。在轻松愉快的科学活动中,基于儿童立场,让幼儿自主、大胆地进行观察、操作、探索、发现,才能提高幼儿的自主性、创造性、探索性。因此,今后我要积极开展多种适合幼儿的科学探索活动,激发幼儿的探索兴趣,使幼儿能积极主动地去发现、去探索,从更高层次上满足幼儿的需要,推动幼儿的发展,促进幼儿的自主探索,提升幼儿的探索能力。

基于“快乐运动”价值取向设计幼儿运动游戏的思考

杨思幼儿园 康晓霞

《幼儿园教育指导纲要(试行)》明确提出,各级各类幼儿园要“积极开展丰富多彩的户外游戏和体育活动,培养幼儿参加体育活动的兴趣和习惯”。实践显示,积极参与运动游戏活动的幼儿往往更乐于参与各项活动,表现更自信,也具有更好的身体运动水平、更强健的肌肉和骨骼。本研究发现,在运动游戏活动过程中,快乐运动理念下幼儿的运动兴趣、运动能力的可持续性均显著增加,教师应该重视幼儿运动核心经验的形成并积极探讨有效促进经验发展的更多途径。

一、幼儿园“快乐运动”核心价值取向综述

1.“快乐运动”理论本源——日本快乐体育

最早的快乐运动理论起源于日本的“生涯体育”。当生涯体育进入学校后,与学校体育教育相融合,出现了“快乐体育”。准确地说,快乐体育是生涯体育应用于学校体育的结果,这种外延的发展逐渐自成体系,作为一种成熟的学校体育理论进入体育理论研究者的视线。

日本快乐体育的主要理论有以下几个方面。运动目的论是把运动作为目的,它与运动手段论相对,主张运动的价值在于运动本身,同时不否定将运动作为教育的手段,在尊重运动手段论作用的同时强调重视体育中的内在价值;游戏论强调运动中的快乐,认为人们从事体育活动的动力来自于人们对运动中乐趣的追求,运动的本质在于它能够满足人们的欲求。日本学者竹之下休藏认为“小集团”学习更能体现学生的主动性和自发性,真正满足学生内心的欲求,实现快乐体育。受生涯体育思想的影响,日本学校体育以快乐体育理论为主流指导思想。

2. 我国对于“快乐运动”的研究

我国快乐体育理论的产生及发展主要受日本快乐体育理论的影响,曲宗湖、毛振明向国内学者详细介绍了快乐体育思想在日本的发展情况,包括快乐体育形成的历

史背景、主要的理论构成以及与我国实际国情的契合度等。

毛振明教授提出快乐体育的概念:使学生根据自己的水平和能力进行自主的学习,充分理解运动和自己的关系,充分理解运动的内在本质,体验体育中的乐趣,从而热爱运动,养成习惯以至终身。赵立探讨了快乐体育中"快乐"内涵的系统性,指出其应包括健康的快乐,体验到成功、尊重、理解,等等,也进一步提出应该认识到快乐体育的局限性。学者包昌明、富嘉贞认为快乐体育以终身体育为背景,从情感教学入手,注重激发学生内在的学习欲求,以实现对学生的全面教育。

学者们抓住快乐体育的内涵,深刻剖析,解读全面,为快乐体育在我国的实践奠定了良好基础。这也是"快乐运动"理论的萌芽,在这一理论风行下,我国的运动实践活动开始盛行。

3. 关于快乐运动课程的相关研究

在我国,快乐运动理论以较快的节奏自上而下地进入教学实践。高等院校将快乐体育理论应用于不同课程中,有健美操、网球、篮球、武术,等等。中小学在我国基础教育改革的背景下,大胆尝试将快乐运动理论应用于自身的实践教学课程中,众多实践结果都显示"快乐运动"融入课程具有较好的效果,认可"快乐运动"对于实践的指导意义。

邹红英将"健康第一"的宗旨融入幼儿运动教学中,着眼于运动课程本身的系统性和科学性,紧密围绕幼儿年龄特点和运动发展阶段,对快乐运动元素进行多渠道探索,形成系统化、可操作性强的运动课程,促进幼儿健康快乐地成长。

综上所述,幼儿园的"快乐运动"不是简单意义上的肢体锻炼活动,而是以幼儿享受运动快乐为核心,通过科学的、丰富有趣的活动,让幼儿在快乐的运动中增强身心健康。"快乐运动"课程是在幼儿园教育环境中有目的地选择、组织幼儿快乐运动,为幼儿提供综合性的、有益的运动经验,以帮助幼儿获得更丰富的学习经验以及身心的全面健康发展的运动形式。既要注重多种运动方式的选择、设置和开发,又要注重运动与其他元素之间的有机联系和结合。快乐运动课程让幼儿在运动的过程中发展运动兴趣、以身体动作发展促进大脑发育、在共同运动中提升社会适应性,促进幼儿身心健康发展。

本研究认为,幼儿园快乐运动课程资源是运动课程资源概念的进一步具体化,是指专门针对幼儿园年龄段的、适合幼儿身心发展的快乐运动课程资源。幼儿园快乐运动课程资源的对象为3—6岁的幼儿。因此,本研究根据前人对快乐运动和运动课程资源的探讨,把快乐运动课程资源包定义为:教师在带领幼儿开展快乐运动时所能用到的支持教师和幼儿开展运动活动的有效资料。包括按照幼儿年龄段划分的快乐运动活动方案，按照幼儿园运动活动四大板块划分的集体教学活动、分散活动、运动游戏、韵律操等。

二、幼儿园运动游戏实施过程中存在的问题

1. 快乐运动课程的缺失

已有研究中对运动课程资源的研究主要集中在高校、中学和小学，且与中小学有关的运动课程资源开发与利用的论文多以民族地区或农村地区为主；对幼儿园运动课程研究的文章很少，立足于快乐运动的课程研究更少，少有系统而深入地研究幼儿园运动课程的文章。

2. 操作性课程实践方法欠缺

在幼儿教育教学领域，幼儿的运动体验也越来越受到教师的重视，快乐运动开始深入人心，但是总体来说，在幼儿教育领域几乎没有关于快乐运动课程资源包的专门系统的研究。在查阅的文献中，只有邹红英(2015)的《幼儿快乐运动课程内容生成的实践研究》和曾爱华(2018)的《“快乐运动”理念下体育俱乐部活动开展初探》对幼儿园“快乐运动”课程资源进行了少许的论述。由此可知，我国关于幼儿园快乐运动课程资源包的文献很少，操作性课程实践方法的欠缺也给本研究留下了一定的空间。因此，本研究着重加强操作性课程实践方法的研究，整理出可操作和借鉴的活动方案、活动观察记录表、活动案例、指导方法及运动后的评价，形成课程资源包，并加以推广使用。

3. 青年教师课程开发能力的欠缺

在我园的运动实践中，许多教师对于快乐运动不再感到束手无措，也基本能够怀着热情设计活动并带领幼儿开展运动。但是由于青年教师经验不足，操作能力匮乏，又缺乏可借鉴的范式，因此课程开发能力非常欠缺。面对具体的课程开发工作，教师很多时候只能选择放弃。

因此，编制一套符合幼儿年龄特征，促进幼儿身心健康发展，且契合幼儿生活实际的快乐运动课程资源包成为必须解决的问题。基于以上原因，本研究以快乐运动为价值取向，进行运动游戏的研究。通过研究，提升快乐运动功能价值，促进幼儿身心健康发展；提供快乐运动操作范本，为教师提供有效支撑；形成课程资源包，完善幼儿园园本特色课程，为一线幼儿园教育教学提供有意义的借鉴。

三、幼儿园运动游戏设计的思考

为了改变幼儿园运动活动设计中存在的问题，本文提出以下思考，以有效指导幼儿园快乐运动游戏的实践研究：

1. 开展教师快乐运动专业知识培训

为了提高教师的快乐运动理论知识和能力，必须尽快加强对教师的培训，促使其转变观念，更新教育理念，提高运动课程资源意识，提升教学水平和能力。培训的内容应包括先进的教育观念和理论，体育与健康课程的性质、价值、目标、内容、评价，运动课程资源的概念、重要性、途径、方法和原则等。培训方式可采用邀请专家指导、观摩名师优质课、聘请专业体育教师、专家讲座等方式，促进我园教师知识和技能的提高。

2. 梳理和完善快乐运动课程内容资源，确保“四大块”齐头并进

运动课程内容资源是运动课程资源至关重要的部分。丰富的知识比单调的知识更有力量，教师应该充分运用运动课程内容资源，让幼儿在丰富的运动活动形式中扩大自己的认知结构，适应变化着的客观世界。教师应充分地挖掘运动课程内容资源，增加幼儿与环境的互动频率，促进幼儿的发展。

我园运动活动以集体活动、分散活动、运动游戏和韵律操的形式开展，多管齐下，这样的活动模式已经融入我园运动课程中。由于运动集体活动和运动游戏在教师的考核评比中较多，这两块内容的设计相对多一些，因此我们要加强对分散活动和韵律操的研究，使四大块内容平衡发展。而设计活动时，涉及到的基本动作技能主要以走跑跳为主，相对来说钻、攀爬和投掷为主的活动较少，这也提示我们编制课程资源包时要注意各个动作技能的活动都要考虑到，保持均衡。

3. 全园教师人人参与，编制快乐运动课程资源包，形成园本课程

我们已经将幼儿园前几年的运动研究成果引入幼儿园课程体系中，但是没有整理出完整的运动特色课程。对快乐运动资源包的编制，单凭一两个教师是没有精力和能力来系统完成的。需要整个幼儿园所有教师的力量，根据国家制定的新课程目标及我园运动课程内容资源的特点，编制出具有我园特色的快乐运动课程资源包，为教师在课程实施中提供开发利用的思路，又为教师根据本园的实际创造开发利用课程资源预留空间。

为了使课题不断深入，我们本着人人参与的精神，鼓励组员积极参与投入到园本课程资源包编制活动中来。以课题组长为领头羊，带领组员在“研”字上下功夫，对

各类活动及时反思和总结;撰写研究后的反思性论文;保留实践探索中的过程性资料。让教师在科研探索和研究中勇于实验,敢于创新,逐步提高科研水平。我们给组员布置了任务,每学期积累一定的课题资料,文件中需包含:教学活动方案、课题实践研讨、执教者的园内听课活动记录、分散活动方案、运动游戏设计、韵律操编写、案例编写、快乐运动经验论文等。

4. 创建幼儿园运动器材资料库,为运动资源开发和利用提供依据

创建幼儿园运动器材资料库不仅可以提高器材资源的利用率,让教师清晰地知道自己幼儿园有哪些器材资源,而且还可以促进运动器材资源的进一步开发,让教师知道自己幼儿园缺什么。首先,幼儿园可以建立一个专门的室内运动器材资料库,另外,几个性质较为相似的户外活动区之间也可以设置户外运动器材资料库,便于工作人员管理材料的使用和存放。其次,编制《幼儿园运动设施资料登记表》,继而在《幼儿园运动设施资料登记表》的基础上进行分类存档,管理员应该对教师们所使用的资源进行登记,以便清晰教师们对运动设施资源的利用情况,为运动设施资源的进一步开发和利用提供依据。

参考文献:

[1] 毛振明. 日本的新体育—快乐体育简介[J]. 北京体育学院学报,1987(1):87—97.

[2] 赵立. 对快乐体育理论与实践的探讨[J]. 北京体育师范学院学报,1999,11(1):58—61.

[3] 常瑞宏. 中小学体育课程内容资源的开发利用[J]. 教学与管理,2011(12).

[4] 邹红英. 幼儿快乐运动课程内容生成的实践研究[J]. 基础教育研究. 2015(20).

[5] 芦丛丛. 快乐体育教学模式的构建与实施策略[D]. 鲁东大学. 2015.

[6] 曾爱华. “快乐运动”理念下体育俱乐部活动开展初探[J]. 幼儿教育研究. 2018(6).

[7] 姚志敏. 课程改革背景下的教师课程执行力研究[D]. 上海师范大学,2011.

儿童视角下小班运动中材料投放与调整的实践探索

唐镇实验幼儿园　颜惠芳

运动是幼儿园基本且必要的活动之一,《3—6岁儿童学习与发展指南》《幼儿园保育教育质量评估指标》《上海市幼儿园办园质量评价指南》等文件中一直强调幼儿每天的户外活动时间一般不少于2小时,其中体育活动时间不少于1小时。保证每个幼儿充足的运动时间,帮助幼儿在多元的运动体验中提升运动能力是每个幼教人的职责。

我园是2021年9月新开的幼儿园,目前有1个托班和4个小班。对于托、小班幼儿而言,他们年龄小,活动随意性大,因此合理规划场地,提供适宜的材料,以更好地开展运动,帮助幼儿获得运动经验,是我们每个教师的共同追求。对此,我们着力从儿童视角出发,关注幼儿的内在想法和需要,根据其年龄特点和动作发展情况,创设有趣的游戏情境,借助游戏语言,让运动器械和材料“活”起来,调动幼儿参与,走向主动运动。

一、充分利用园内环境设施,并根据需要合理改建

我园占地面积为6622.3平方米,有着丰富的户外活动资源。大型玩具设施、小山坡、草地、大面积的塑胶场地,建筑楼内还有6个大小不一的塑胶露天平台。且目前托、小班共5个班级,生均面积非常可观。陈鹤琴先生指出,大自然都是活教材。因此,为了更好地利用场地资源,发挥更大的价值,开园至今我们经历了几番调整。

1. 扩大活动范围,满足幼儿运动兴趣

小班幼儿刚入园的时候,还处于入园分离焦虑阶段,教师在日常活动中需要投入更多的精力关注和安抚幼儿的情绪。幼儿园的大型玩具对幼儿有较强的吸引力,因此这段时间的运动主要依托大型玩具展开。到了运动时间,幼儿都在这里自由地玩耍。

随着幼儿情绪逐渐稳定，对幼儿园的熟悉程度也在增加，运动安排也趋于稳定。我们一开始在安排运动场地时，考虑幼儿发展的连续性，把户外区域划分为不同的运动区，如跑跳区、攀爬区、投掷区等，每周轮换一个场地。一天，清清小朋友在攀爬区运动时，看着对面的车类区问：“老师，我们什么时候去那边玩啊？”别的小朋友也附和道：“我也想去。”听到这些话，我不禁思考，目前的安排虽然考虑幼儿发展的需要，但如何更好地兼顾他们的兴趣呢？

由于班级数非常少，同时运动的情况下，每个班级都有很大一块场地。为了进一步满足幼儿愿望，我们把原来的区域扩大，把以运动特质进行的区域划分改为用数字编号划分，编号为1—5，每个场地周围设置收纳柜，可以就近放置材料，便于幼儿取放。运动时3名教师在不同位置，可相互兼顾，给幼儿更大的活动空间。同时，考虑到低龄幼儿的兴趣易变化，我们缩短了场地变换周期，从原来的两周一换改为两天一换。

2. 调整改变器械，提升保障增设玩法

根据园所幼儿年龄特点，幼儿园现有的设施设备、绿化项目等有不合理之处，影响了幼儿的运动，因此在全体教师集思广益下，进行了调整和改造。

比如最初大型玩具摆放在塑胶地面上，并横跨了塑胶场地和草地区域。这样的摆放不太合理，一方面影响幼儿运动，一方面草地与塑胶场地之间的街沿存有安全隐患。因此，我们将其移动至草地区域，放在南北面教学楼之间（图1所示），既能避风也拥有良好的采光，有利于幼儿在户外运动时沐浴阳光。

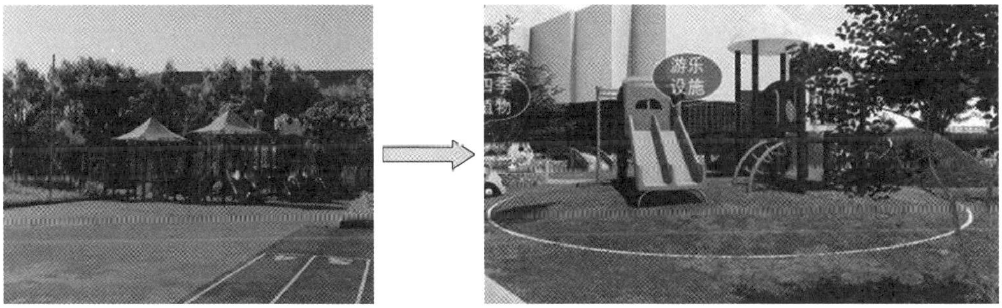

图1　重新调整大型玩具位置

又如，原草地中间大型灌木丛影响幼儿运动，也阻碍了幼儿步入草地活动，因此我们将高大树木统一移植到教学楼边，并保持一定间距（如图2所示），这样可形成幼儿野趣挑战活动区，可设置爬树、滑索等活动。

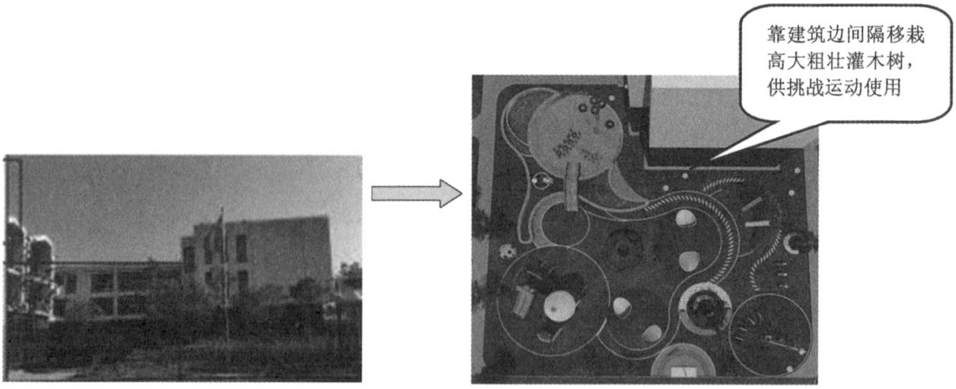
靠建筑边间隔移栽
高大粗壮灌木树，
供挑战运动使用

图 2　对大型灌木丛的改造

此外,部分大型玩具设施还不适合托小班活动。所以根据幼儿实际情况,经教师们讨论决定,封闭一个较高区域的平台(采用了麻绳编织网阻隔的形式,直接阻断了不安全区域,具体如图 3 所示)。等到幼儿升入中班、大班后,又可以直接把网取下,增加难度和挑战性。

这一平台离塑胶地面高
1.25 米左右，因此用网
围起来，等后续再开放。

图 3　被网围起来的平台

同时此大型玩具设施有好几个出入口,其中一个出入口有三根塑料材质的木桩形状阶梯,左右侧各一根扶手,低年龄幼儿身高不够且运动能力也较弱,如果一脚踏空就很容易摔下或撞到进口处平台上,存在安全隐患。经商量后,我们同样选择了在台阶下方和木桩两侧安装麻绳编织的安全网(图4),以防患于未然,保障幼儿安全。

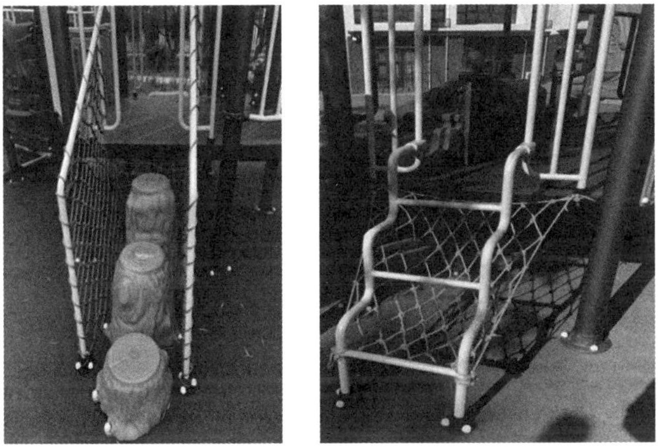

图4 被网保护的台阶

二、添置不同类型的辅助材料,多元组合满足运动需求

运动器械和材料是幼儿获得运动经验的基本条件。对幼儿运动而言,仅有大型玩具远远不够,不仅受到场地限制,玩法也不够多样。因此,为了进一步提升幼儿运动的主动性和积极性,我园还添置了不同类型的小型运动器械和辅助材料,如小三轮车、摇滚圈、不同大小材质的球、软式敏捷梯、软尾流星球、彩色高跷、过河石等。此外,教师还根据幼儿运动需要自制了一些运动材料,如怪兽投掷箱、坦克履带、水果树,等等。这些材料便于搬运、摆放,而且玩法多样,比如软式敏捷梯,幼儿可跑可走可跳,速度可快可慢,晴天时在户外可以和不同的区域任意搭配,雨天也可以拿到室内开展运动。

1. 确保材料多样,供自由组合

刚开学由于幼儿情绪不稳,为方便教师指导和避免幼儿之间相互争抢,基本以单一辅助材料为主,保证幼儿同时运动的需要。随着入园时间的增加,幼儿对这些玩具也比较熟悉了,一次玩球的活动中,有一个小朋友说:“好无聊啊,有没有别的呢?”另一个小朋友说“有啊,我们还玩过沙包。”“但是今天不能玩啊!”旁边的小朋友不开心地说道。

研究表明,同一器械因其使用方式不同对幼儿参与活动的状态以及活动行为都会产生不同的影响。器械可以引发幼儿的思考和探索,操作器械的方法越多,幼儿在活动中表现出来的主动性和积极性越高,得到的锻炼也就越全面。因此听了小朋友之间的谈话后，我们对前期的投放进行反思，每次运动除了体现主要的运动特质的材料外，还提供三种以上低结构材料，鼓励幼儿根据运动需要自主搭配，幼儿可以获得不同的操作器械的方法，这样就调动起了幼儿的兴趣和创造力，既能满足幼儿全面锻炼、协调发展的需要，同时又保证了幼儿适宜的活动量。

比如，在以宽凳、竹梯、攀登架为主的平衡区域中，我们还提供了过河石、呼啦圈、高跷等材料。呼啦圈可以和竹梯、宽凳组合，也可以滚着呼啦圈在宽凳上走……当然幼儿还可以采用其他组合，甚至把多种材料组合在一起。

2. 关注运动兴趣，添加相应材料

兴趣是行动的源泉，幼儿在运动中时而会出现不同的兴趣点，面对这些点，我们需要及时捕捉，并提供相应的材料推动幼儿运动。在与幼儿的日常聊天中我们发现，托、小班很多幼儿都去过海昌海洋公园，早晨来园的时候小朋友会聚在一起分享他们看到的动物，比如海豹、虎鲸以及其他的一些海洋动物，讲到兴起他们还会在垫子上模仿。于是在户外活动中，我们在绳网中填满不同颜色的海洋球，并在周围铺设一些垫子，让幼儿在上面爬行。瑜伽球有弹性，幼儿在活动的时候更有立体感，大家都兴奋极了，运动中的他们就像海洋中的动物一样，真是可爱极了。

北京冬奥会不仅吸引了全世界的目光，也吸引了幼儿们。虽然他们年龄小，但是在运动中他们也会蹦出一些相关的词语，比如：滚小皮球时会说“看我这个冰壶”，于是我们利用现有材料在学校里创设了“MINI 冰壶”项目，通过家长协助收集了一些奶粉罐，在底部贴上了万向轮，上面安装上一个个小把手，这样自制冰壶就完成啦，小朋友们玩得别提有多高兴了。

而我们的“小小兵”活动是在 3 月 5 日大活动后产生的，他们被雷锋叔叔的精神所鼓舞，都想做一名保卫祖国的小士兵。于是在做律动“小兵操”的时候，可以看到他们自发地模仿小士兵：“嘿、哈……”见此情景，我们在大型滑梯区域投放了低结构的泡沫方砖、椅子、迷彩垫、软飞盘等材料，鼓励幼儿们发挥自己的想象，用方砖、椅子、地垫搭建城堡，幼儿也可以在大型器具上模仿士兵丢软飞盘（发信号），保卫自己的家园。在运动中幼儿们尽情地攀爬，在大型滑梯周围钻躲、翻滚，真像是一个个了不起的小士兵。

3. 结合幼儿经验，创设多元玩法

儿童的世界需要儿童自己去探索、发现，他们自己主动获得的知识，才是真正属于他的。小班幼儿喜欢与自己的生活经验和需要密切相关的体育器械，他们对这些材料的运用和他们的经验密不可分。比如对于飞盘，一开始他们只是飞着玩，随着主题活动的推进,幼儿的经验也愈加丰富,他们的玩法也更加多样。比如在“小司机”主题活动中,幼儿就自主想象,把飞盘当作方向盘玩起了开汽车的游戏,而我们教师也跟随幼儿经验,自制了红绿灯,他们一边唱着儿歌,一边玩着开车游戏,在持续的游戏中,幼儿的运动量得到了保证。

随着幼儿运动经验的增加,他们对同一材料的创新玩法也越来越多。就拿软梯而言,他们一开始只是用来走、跑、跳,速度或快或慢。一段时间后,他们自己会在双脚跳基础上尝试单脚跳,虽然有的幼儿只能跳一两下,但是并没有影响他们探索的兴趣。他们玩飞盘时还结合主题玩起了“开火车”的游戏,两个幼儿一前一后拿着飞盘一起跑,想要加入的可以上车、下车,他们的运动有了情境,相互间的互动也增加了,能够相互模仿和学习。

在小班综合区内开展的运动区域游戏—动物园旅行记,是几名正好周末去了动物园的幼儿自发在运动中加入了“动物园”的情境,在他们的带动下,好几名有过去动物园经历的小朋友也加入了游戏。对此,教师适时提供支持,通过提问、对话、动作提示等引导幼儿用呼啦圈、软梯以及大型玩具等作为动物们的家,然后用过河石、软梯、凳子等作为道路,并用沙包等进行投喂。在此过程中,幼儿需要进行走、跑、跳、攀爬、钻、投掷等多个动作的锻炼,还巩固了对动物爱吃的食物的认识,增长了爱护动物,保护动物的意识。

三、儿童视角下材料组合应用——以投掷区“愤怒的小鸟”为例

当我们俯下身来倾听幼儿们的声音,并根据他们的需要添置材料,引导他们大胆尝试不同玩法时,我们发现他们的身体、心灵和大脑都更投入,在运动中每个成功的时刻他们都会呼唤教师来关注,渴望得到教师的认可!“愤怒的小鸟”是一款游戏,很多小班的小朋友都玩过,于是我们围绕这个游戏来设置幼儿的运动。

教师提问“第一步要准备什么呢”?幼儿回答“小鸟”。教师接着问“那么小鸟放在什么地方呢”?幼儿回答“可以贴在盒子上”“这样我们可以去打小鸟了”。于是,小朋友或者自己画小鸟,或者为小鸟涂色,或者用手工纸折一只小鸟……通过这些方式,大家都有了自己的小鸟。他们都事先从家里带来了一个个盒子,并把小鸟贴在盒子上。在运动的时候,他们可以自由组合将盒子垒高,间隔一段距离用沙包击打盒子,打中愤怒的小鸟就胜利了。由于是自己制作的小鸟盒子,小朋友们都很兴奋,不断地说:“我打中 XX 的小鸟了!”

但是打了几次后,他们就失去了兴趣,盒子倒了也不管,沙包也扔一边了。这是

怎么回事呢？于是我们走近几个小朋友，想听听他们的想法。“教师，就这样扔没意思。”“那怎么才有意思呢？”“教师，我们玩的游戏，那个小鸟会动的。”“还有，不同的鸟在不同的高度，要瞄准很难的。”“有的特别难。”……通过对话我知道了，虽然这个游戏情境是他们熟悉的，但是由于玩法单一，所以很快就被抛弃了。于是我请他们思考怎么能变得更好玩？还可以和爸爸妈妈一起讨论一下，想到好玩的点子可以通过微信分享到班级群里。

通过讨论，他们想到了很多玩法。再次进行这项运动的时候，他们就根据自己和爸爸妈妈一起玩的经验，把桌子、椅子等用了起来，有的小朋友还抱起自己的小鸟盒子对小伙伴说：“来呀，来打我呀！”而他的同伴就拿着沙包追逐他。在整个运动过程中，要把小鸟放在什么地方，要间隔多长距离，是否借助一些辅助材料，幼儿都可以自行决定，他们的想法也让我们大开眼界。后来，他们还把这些材料和小车结合在一起玩，一个小朋友把小鸟贴在三轮车的车筐里并骑着在前面走，后面的小朋友一边跑一边用沙包去打小鸟。在教师提供了更多的路线标志、辅助材料后，游戏又进一步丰富了，他们运动的兴致也更高了。

随着场地调整和材料的不断丰富，幼儿的运动兴趣愈加高涨，运动经验也愈加丰富，运动能力得以提升。每当提醒运动时间到了的音乐响起，操场上就可以见到这些忙碌着的小小身影，他们或是在一起搬运器械，根据自己的兴趣和需要设置场景；或是三五成群，选择自己喜欢的项目不断地尝试和挑战；或是运动后一起收拾整理……而教师们一如既往地观察、支持和引导，做幼儿们运动的坚实后盾。

参考文献：

[1] 安昕. 幼儿园小班如何开展户外体育区域活动[J]. 新智慧，2020(26)：35—36.

[2] 樊友燕. 小班户外区域体育活动的开展[J]. 好家长，2018(02)：70.

[3] 刘晓珠. 小班户外体育活动的有效开展[J]. 广西教育，2019(21)：158—160.

[4] 牛锦华. 幼儿园探索型户外体育活动环境的创设[J]. 教育观察，2020，9(08)：52—53.

让幼儿“当家作主”
——浅谈儿童视角下科学活动区环境创设的自主性

好儿童幼儿园 沈 莺

以前科学活动区的创设,包括环境创设、材料投放、活动安排等,通常是基于成人的视角来进行的,导致一部分幼儿对科学活动区的活动不感兴趣,错失在活动中进行科学探索的良机。

在《幼儿园教育指导纲要(试行)》颁布之后,国内对于科学教育的价值取向发生了转变。纲要中对科学教育的价值取向、构成要素、内涵都重新做了阐述,强调“幼儿最主要的学习方式是直接感知和亲身体验”,使得学前儿童科学教育从以知识为中心转为以探究为中心。国内外学前儿童科学教育的发展趋势也都表明了儿童的主体地位引起了国内外研究者的高度重视,研究方向也从成人站在儿童视角看问题逐渐转变为尊重儿童以自己的视角看问题。对于我们幼儿教师来说,逐步建立了幼儿为科学活动区创设主人的意识,探求幼儿对科学活动区创设的真实想法。

儿童视角下的科学活动区环境创设,主要是指让幼儿通过适宜的方式表达自己对班级科学活动区创设的真实看法,并且亲自动手创建科学活动区环境的过程。

自主性是儿童视角下的科学活动区环境创设的一个重要特点,具体可以体现在幼儿按照自己的兴趣和意愿自主选择科学活动区活动内容,包括收集活动材料、参与管理维护、制订活动操作方案等方面,让他们在整个过程中真正当家作主,让幼儿成为环境创设的主人。

陶行知先生曾提出“解放儿童的头脑,解放儿童的双手,解放儿童的眼睛,解放儿童的嘴巴,解放儿童的时间,解放儿童的空间”的“六大解放”教育思想。在大班科学活动区实验活动环境创设的过程中,以幼儿们为主,他们听从自己的头脑,运用自己的双手,设计自己的玩法,家长和教师共同参与支持的创设开始了,整个过程由幼儿“当家作主”,充分融入了科学活动区环境创设的自主性特点,下面谈谈我的具体做法和思考。

一、听从自己的头脑——“我想知道”不是教师拍脑袋想出来的

幼儿可以就自己感兴趣的事物，关心的焦点、热点，以及熟悉的社会生活的方方面面去确定科学探索的实验问题。因为这样的科学教育活动的问题是幼儿提出的，所以更“接地气”，更受幼儿喜欢，幼儿也更愿意积极、主动而富有创造性地投入到这样的科学探索活动之中。

1. 实践做法

教师：你们有什么科学问题呢？

幼儿1：我想知道恐龙为什么这么大？

幼儿2：我想知道山为什么这么高？

幼儿3：我想知道火山为什么会喷火？

幼儿4：我也是。

幼儿5：我想问楼房怎么能那么高不倒？

教师：那你们把问题画下来吧。

（幼儿们很认真地把问题用图画的方式呈现出来，然后他们也向同伴们解释了自己的问题，幼儿们进行了交流）

教师问：那哪些问题是很多人都想知道的呢？

幼儿：火山，还有恐龙。

教师：那我们先研究什么问题呢？火山和恐龙，哪个更能做实验？

幼儿：我看到过火山实验玩具。

幼儿：恐龙已经灭绝了，只有化石可以研究。

教师：我们最后怎么决定？

幼儿：我们黑白配，我们投票吧。

2. 我的思考

在确定科学活动区实验问题时，并不是教师拍脑袋想出来的。教师围绕“儿童视角”，从幼儿们提出的许多五花八门的问题中，引导他们自己讨论选择问题作为大家共同研究的方向，让幼儿之间相互分享科学经验。在幼儿们自主确定了科学活动区问题，同时教师了解了幼儿的科学探究兴趣点和已有科学经验。其中教师运用了以下几个方法：

(1) 图画与解释结合

大班的幼儿由于语言表达能力较强，也有一定的图示符号表现能力，教师让幼儿

将自己想了解的问题用图画呈现,并与向同伴解释相结合的方式,来表达自己想了解的科学问题,在此过程中,幼儿也能了解同伴已有的科学经验。

(2) 自定选择规则

面对如此多的问题,到底怎么选择呢？随着大班幼儿对于社会规则的认识逐渐丰富和内化,规则可以由他们自己制定和遵守。投票、石头剪刀布、黑白配等幼儿制定的规则在确定问题时发挥了重要的作用。

(3) 在比较中发现

最初幼儿们选出火山和恐龙两个研究问题,但教师在心里也有一把尺子。“儿童视角”并不是放任不管,教师要根据幼儿的年龄特点和可操作性引导幼儿,帮助他们获得科学经验。教师让幼儿们通过比较的方式发现火山的实验材料更容易寻找,于是确定了想要研究的问题。

二、运用自己的双手——我们是材料仓库的建造者,也是管理者

科学活动区实验的活动材料从哪里来,是否适宜并不是教师说了算。幼儿进入科学活动区开展实验的第一步就是对学习的工具和材料进行选择和收集,建立材料仓库。幼儿在选择收集材料时除了会按照自己的兴趣,还会依据自己已有的认知水平。通过自己选择、收集的科学探究材料才更适宜幼儿,更有利于让幼儿积极主动地去进行科学发现和探究。

另外,幼儿在科学活动区活动中的规则需要符合幼儿的内在需求,这样幼儿才会自觉遵守。这个规则不是教师明确制定出来的,而是幼儿协商建立的,它能够保证区域互动的有序开展。在材料仓库的管理上充分体现了这个特点。

1. 实践做法

教师:我们做科学实验,就是小科学家了吧,那我们需要些什么工具材料呢?

幼儿:我看到科学家戴眼镜。

教师:为什么要有眼镜?

幼儿:保护眼睛呀！防止实验的东西伤到眼睛。

教师:那除了戴眼镜,还要用什么保护自己?

幼儿:手套。

幼儿:还有试管、放大镜、量杯。

幼儿:要火山模型、小苏打、色素,我家里有套火山喷发科学玩具。

教师:那这些东西从哪来呀?

幼儿：我家里有手套，我带手套来。

幼儿：我也有。

教师：那都拿手套来，是不是太多了，其他东西怎么办呀？

幼儿：我们分开带不同的东西吧。

（幼儿们各自认领了科学工具材料后，教师也和家长沟通了这件事，请家长帮幼儿一起收集。后面几天，幼儿们陆续带来了各自认领的科学工具材料，临时放在了一个地方，混乱无序。）

教师问：这些东西堆在一起怎么用呀？

幼儿：我们分开放，同类的放在一起。

（教师提供了许多篮筐，幼儿们将科学工具和材料进行分类摆放，并自己设计了标签。随着实验的展开，一些生活中的材料筐空了，幼儿们的实验材料不够了，有幼儿提出了这个问题。）

教师：那大家想想怎么办？

幼儿：再带来呗。

教师：那缺了什么？要带多少呀？谁管这个事？

幼儿：我去看，我去记下来吧。

教师：看来我们的科学活动区也要有个人来管理管理吧。

幼儿：选个科学值日生吧。

2. 我的思考

以往的科学活动，无论是科学集体活动还是个别化活动，材料基本是教师提供的。在“儿童视角”下科学活动区环境创设中，教师引导幼儿自己决定科学工具材料，在家长帮助下自己收集材料，更让幼儿自己管理材料仓库。幼儿们学习承担任务，分工合作，整理收纳，学会爱护工具材料，像真正的科学工具材料仓库管理员一样，教师在过程中运用了以下几个方法：

（1） 主动认领任务

在确定谁带材料、带什么材料时，教师并没有指定分配，而是让幼儿自己主动报名，认领任务。大班幼儿的主观能动性被激发了，他们每个人都把这件事牢牢地记在心里，成为他们要完成的首要任务。所以都不用教师提醒，材料收集得很快。

（2） 自己整理材料仓库

材料陆续收集来了，但堆在一起摆放混乱，教师没有代劳，而是让幼儿自己发现材料杂乱无章带来的不便，然后讨论整理的方法，讨论后用大家一致认同的方式自己整理归类。这个过程中,教师给予幼儿充分的自主权,让幼儿自己发现问题,自己想出办法,自己解决问题。这不仅是个整理的过程,也是一个探究的过程,幼儿们的自主生活能力获得了锻炼和提升。

(3) 选科学活动区值日生

值日生制度在培养大班幼儿的责任意识和能力上发挥了有效的作用,幼儿们以当值日生为荣。科学活动区仓库创设后发生了缺材料的现象,教师抓住这个契机,引发幼儿产生选科学活动区值日生的想法,既能解决问题,又能培养大班幼儿管理物品的能力,同时也让幼儿们的“班级小主人”意识增强了。

三、设计自己的玩法——“我的玩法”我们计划我们执行

科学实验是探索的过程,科学实验的步骤不是固定的。实验开展的时间、空间、步骤是根据实验者的具体情况进行的。在幼儿科学活动区,幼儿不应该只是进行模仿实验,重复教师提供的实验步骤。幼儿可以根据自己不同的实验猜测,设计调整实验步骤,然后在操作中去观察实验现象,验证自己的猜测,探索生成新的科学实验。

1. 实践做法

教师:那火山喷发实验怎么做呢?

幼儿:我看了书上,用醋和柠檬水。

幼儿:我问了爸爸,可以用小苏打和可乐。

教师:要不给你们纸,把实验怎么做、需要什么材料画出来,按顺序制订一个实验计划吧。

(幼儿根据不同的实验材料和步骤,自主分成了 5 个实验小组,并共同完成了实验玩法板。接下来幼儿在来园时间、自由活动时间、幼儿生活活动时间、个别化学习时间,甚至离园准备时间,只要他们想,他们随时随地就可以进行科学实验,这样玩了一阵子,幼儿们又提出了自己制作火山模型的想法)

教师:怎么做?需要什么材料呢?

幼儿:要用瓶子,不知道了。

教师:要不给你们纸,把做法和需要的材料画下来,制订个新的计划。

2. 我的思考

科学实验是幼儿自主探索的过程。实验操作的材料和步骤也是根据幼儿的兴趣和猜想设计的。教师给予大班幼儿充分自主确定实验材料和步骤的机会,不仅发展大班幼儿的探索精神,也培养了他们制订计划与实践执行的能力。教师运用了以下

方法：

（1）制订计划书

实验需要什么材料，实验如何做，都是需要事先思考的。教师引导幼儿在实验开展前制作实验玩法板，在制作火山模型前制订计划。教师提供了一张纸，给予幼儿鼓励和信任，也提醒他们注意计划书中步骤的顺序。

（2）“我行我素”

幼儿进行科学实验的时间和空间是开放的，只要不影响一日作息安排，不影响同伴的其他活动，幼儿可以随时随地进行。幼儿的科学探究兴趣主导了探究行动。为此，在创设科学活动区环境规则时，教师不仅为幼儿提供宽松、自由的心理环境，也提供了开放的物质环境，保证幼儿“我行我素”地进行科学探究。

（3）调整计划

实验不是一成不变的，可以根据幼儿们的经验和兴趣调整。在实验进行了一段时间后，幼儿们获得了一定的科学经验，兴趣点转移时，教师支持他们“变心”，鼓励幼儿们制订新计划，于是形成了火山模型制作计划。

另外，在基于儿童视角的科学活动区环境创设中，给大班幼儿们“当家作主”的权力，教师要做的就是鼓励他们，信任他们，支持他们，让幼儿们爱探究，会探究，能探究。在这个过程中，教师还要注意以下几个方面：

① 自主收集：让幼儿自己收集材料和资料。教师要明确自己的角色定位，幼儿才是活动的主要发起人和收集人，教师是共同收集人。

② 自主商讨：行动前让幼儿自己讨论。教师可以作为梳理者，但绝不是决策者。

③ 自主布置：教师要引导幼儿自己进行科学活动区环境的布置，还包括科学探索轨迹的呈现，科学问题、经验的分享方式等。

④ 自主结伴：教师要允许幼儿自由组合进行合作，也可以独自一人探索。

综上所述，儿童视角下的幼儿园科学活动区学习环境创设，就是幼儿按照自己的兴趣和意愿自主选择科学活动区活动内容，收集活动材料、参与管理维护、制订活动操作方案等。让幼儿在整个过程中真正当家作主，听从自己的头脑，运用自己的双手，设计自己的玩法，成为科学活动区环境创设的主人。

以儿童视角观察推进主题创想活动的开展

东方锦绣幼儿园 余 琪

幼儿教师要了解不同年龄幼儿的特点，根据幼儿年龄特点以及幼儿近期能力的发展为观察基础来进行课程设计、教学实践以及教育支持。根据在观察中识别的幼儿的典型表现和有效回应，我认为以儿童视角来观察幼儿的兴趣，根据幼儿的兴趣发展来推进主题创想活动是教师们一项重要的基础工作。罗恩菲德的《创造与心智的成长》一书中的儿童分阶段理论将4—7岁儿童划分到前图式期，此时的幼儿自我意识逐步增强，处于自由游戏的高峰期。那么在此阶段，教师应该通过观察幼儿的行为，识别有价值的教育契机，顺应幼儿的兴趣的发展来设计主题创想活动，这符合维果茨基提出的最近发展区理论。设计主题创想活动时，一方面要观察了解幼儿最近发展区，一方面要运用最近发展区进行有效的教学活动，这是促进幼儿发展的最佳契机。

一、主题创想活动：花叶拓印

新学期，幼儿园创设了新的环境，有新的长廊、新的花草，幼儿们对新的环境充满好奇。于是，我带领幼儿走出教室，走进大自然，由"赏花"开始进入主题。

"幼儿园有红色的花。"

"你看，这个叶子怎么也是红色的？"

"好漂亮啊，能把它们印下来吗？"

"老师，我和妈妈在公园拓印过花的，我家里还有工具呢！"

幼儿们七嘴八舌地讨论了起来，于是我顺着幼儿的兴趣点开始构思幼儿感兴趣的花叶拓印的主题创想活动，在组织家长建群讨论后，有经验的家长分享了他花叶拓印的经历。我跟家长们统筹好物资的分配后，就做了一次拓印活动的准备工作。活动前，幼儿们收集花和叶子，活动中幼儿用拓印槌拓印，在拓印过程中幼儿们发现有些颜色鲜艳多汁的叶子更适合拓印，一些干枯的叶子无法进行拓印。黄色的花拓印出黄色的图案,红色的花能拓印出红色的图案,植物的汁液与植物原本的颜色一一对应。活动后我将幼儿们拓印作品陈列在教室里,看到自己的作品,幼儿们体验到了成功的乐趣,幼儿们对于这次探索很满意。

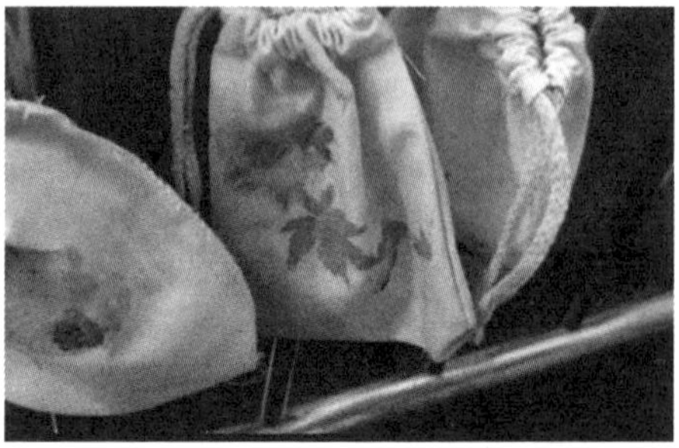

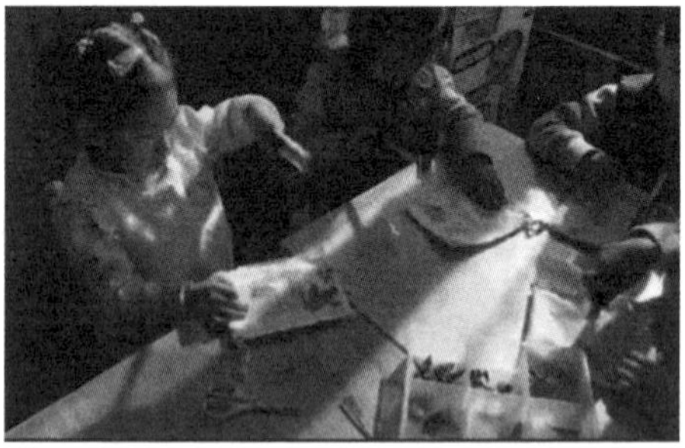

主题创想时我观察到幼儿的兴趣点,尊重幼儿独特的感受,按照幼儿兴趣以及意愿来组织活动,让幼儿去发现和感受自然的神奇。活动中幼儿感受到了拓印的乐趣,积累了鲜花汁叶可以拓印的生活经验。这个活动从儿童视角出发,顺应了幼儿拓印的兴趣,教师和家长都变成了活动的支持者。

二、主题创想活动:植物色印染

在上一次花叶拓印活动中,幼儿们发现植物的颜色可以拓印到布上,墨墨又提出:"老师,我们衣服上的颜色是这些花染的吗?"宥宥说:"不是的,我们的衣服是颜料画上去的。"恬恬说:"老师,谁的衣服是花叶涂的颜色?"我回答道:"老师知道是有用植物染料来染衣服的,但哪些颜色我还真的不清楚,我们一起去找找答案,下次我们来讨论吧!"

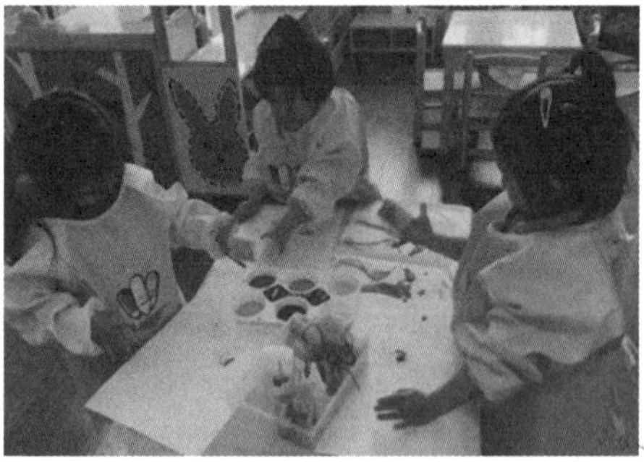

经过师生共同讨论与资料收集,我们开始探索植物印染这种传统的染色活动。在经过包、扎、染、晾这几个过程后,美丽的扎染布在幼儿们的探索下一一呈现了。晾晒在窗边五颜六色的扎染布让幼儿们惊呼自己本领的高超。

幼儿的审美经验来源于生活，并在生活中得以呈现。美学理论中的美指一切具有审美价值的事物。幼儿使用植物颜料进行印染，自己创作的艺术作品被陈列在日常生活环境中，满足了幼儿探究色彩秘密的好奇心，也培养了幼儿的审美，激发他们对美好生活的向往。这次活动中，幼儿们不仅扮演教室的“装扮者”，更是全心全意地投入到寻找植物染料的活动中。教师顺应幼儿兴趣，步步推进，在活动中作为支持者与组织者给予幼儿肯定、尊重与鼓励，引导幼儿开启视觉色彩之旅。活动中，幼儿们在自己思考的同时，也通过直接感知、亲身体验、实践操作，感知了大自然的秘密以及这些植物与人们生活的紧密联系。

三、主题创想活动：香水制作

在上一次植物印染活动中，幼儿们发现植物的颜色虽然印染到了布上，可是植物的香味却没有了。

“我妈妈的香水是桂花的味道，和幼儿园桂花的味道是一样的。”

“我妈妈的香水有玫瑰花的味道。”

“我妈妈的香水是花香味道，哪一种我也不知道呢！”

“老师，幼儿园有那么多的花，我们可以做香水吗？”

根据幼儿的兴趣发展，我们又开始探索香水制作的活动，幼儿们通过查阅资料、询问家长以及小组讨论后，开始了香水的制作，两个小朋友将花瓣摘下放入碗中，两个小朋友用木棒将花瓣捣碎，两个小朋友收集好捣碎的花瓣与汁液放入喷壶，将白酒倒入小喷壶中。最后摇一摇，自制的香水就完成啦！

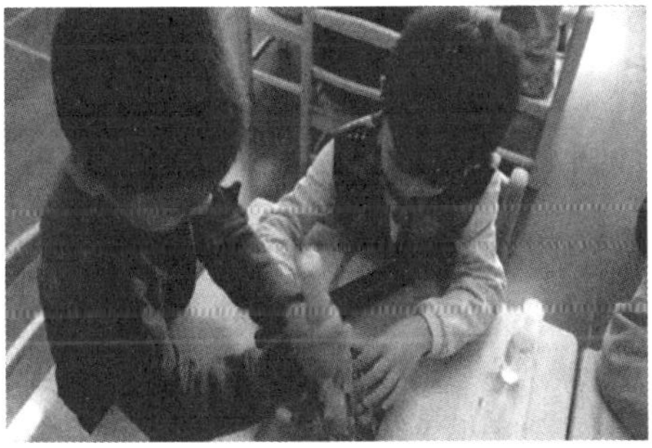

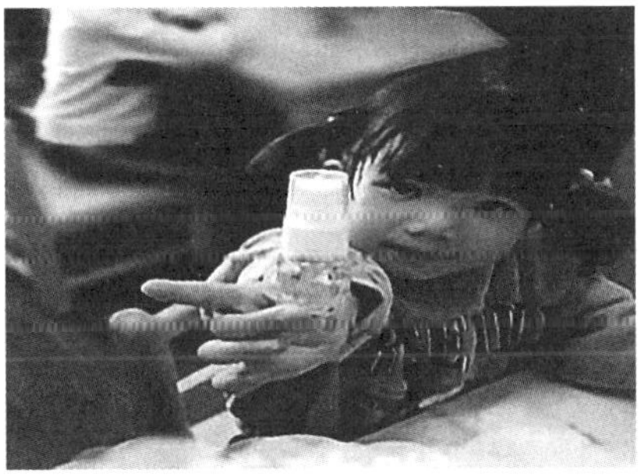

幼儿们在操作中了解了酒精的萃取作用，体验了制作香水的乐趣，得到用酒精萃取植物中的精华的经验，也明白了酒精容易挥发的原理，完成了由有香味的化学物质带来的科学探索。主题创想活动不单单是美术领域的活动，它也可以涉及科学探索或其他的领域。通过这些主题创想活动，幼儿们不仅近距离地了解了各种花，也进一步了解了花的不同用途,在这个过程中感受着大自然带来的快乐。我发现从儿童视角来观察幼儿兴趣发展继而推进主题创想活动非常顺利。对于幼儿自发的兴趣点,他们能主动探索,积极地从家长、同伴、教师处汲取知识与经验,在开展活动的同时培养了积极探索的学习品质。

四、主题创想活动:花的色彩

在幼儿园鲜花飘香的环境中,小朋友们纷纷议论:"幼儿园里有很多的花,颜色不一样。""你喜欢什么花?""五颜六色的都好看,我想都画下来。""花的颜色很多,可我不会画。"我说:"听起来你们觉得花的颜色最美,我们试着把花的色彩收集在画布上吧!"于是幼儿们开始了花的色彩的创作。

从涂鸦期发展到象征期的幼儿对于花朵写实的要求过高,这时色彩是最强大的造型元素,引导他们去感受绚烂多彩的植物,运用冷暖的对比,强化视觉焦点,鼓励幼儿用彩色的线条大胆表达表现。美术语言中的节奏是指在绘画的表现活动中,通过线条、形象、色彩、空间等造型元素在对比、重复中所产生的一种视觉心理效应。儿童的发展也有自身的节奏,尊重幼儿之间的差异,在同一个主题创想活动中允许幼儿有不同的表达表现,尊重幼儿的兴趣发展,尊重幼儿作品画面的差异。

在幼儿们的交谈中,我发现经过这段时间对于花主题的研究,幼儿们非常关注周围环境的变化,尤其是对花有了高度关注。主题创想活动结合幼儿生活经验,以儿童视角来观察幼儿兴趣,教师追随幼儿的兴趣,鼓励幼儿用自己的感官与鲜花互动,引导他们去探索、发现、制作,激发了幼儿们的探索精神。

教育家陈鹤琴先生主张儿童的世界是儿童自己去探讨、去发现的,大自然、大社会是幼儿们最真实的、最丰富的、最具吸引力的学习环境。所以,作为教师,我们应该放手让幼儿在大自然、大社会中尽情地看看、听听、摸摸、想想、画画,满足幼儿的好奇心和渴望主动发现、探究的心理,让幼儿获得最真实的感受。教师作为组织者、参与者、支持者,以儿童视角观察幼儿的兴趣,顺应幼儿兴趣的发展节奏来推进主题创想活动,更有利于主题创想活动的开展。

创意美工在个别化教学活动中的实践运用

东方锦绣幼儿园　周晨晨

《3—6岁儿童学习与发展指南》明确指出:"幼儿艺术领域学习的关键在于充分创造条件和机会,在大自然和社会文化生活中萌发幼儿对美的感受和体验,丰富其想象力和创造力,引导幼儿学会用心灵去感受和发现美,用自己的方式去表现和创造美。"儿童是天生的艺术家,他们在美术方面会表现出成人难以想象的才能和潜在力量。为此,一个充满艺术气息的、具有丰富材料的、能充分满足幼儿探索、创造、表达欲望的,且幼儿探索和创造行为能不断得到肯定的创美个别化活动,能够更好地发展幼儿的审美素养和创造力。

幼儿的创美活动是在一定的情景中,在各种操作材料的支持下开展的。幼儿创美个别化活动的内容和材料选择,直接影响着幼儿参与创美个别化活动的兴趣、幼儿创造能力的发展和审美能力的萌发。因此在开展幼儿创美个别化活动时,内容和材料选择是十分重要的。

一、内容的选择

1. 依托主题活动内容,整合课程

一方面,教师需要明确主题,结合幼儿年龄特点,参照实际需求,设定主题目标,再落实区域目标。对于创美而言,在开展个别化学习时,教师可依照主题内容需求,以幼儿兴趣为切入点,为幼儿创造可合理游戏、促进个人发展的环境,让各层次幼儿均得到提升。

主题1:我是中国人——旅行去(大班)

主题目标:了解我国主要名胜和特产,交流到各地旅游的经验和感受。

区域目标:

(1) 大胆发挥自己的想象,设计出独特的房子造型,并用线描的方法进行装饰。

(2) 尝试在画面中体现前后层次。

大班幼儿已有一定的旅行经验,每逢假期结束,幼儿之间都会分享交流旅行的趣事和见闻。配合主题和幼儿的兴趣点,确定此个别化的区域目标,设计创美个别化活动《花房子》,引导幼儿回忆旅行时见过的房子造型,观察照片,用线描的方法画出房子的造型。

主题 2:在秋天里(中班)

主题目标:感知秋天的季节特征,观察各种动植物的变化。

区域目标:

(1) 尝试用小毛巾拓印出螃蟹的身体或用报纸撕贴树叶,并用笔添画出螃蟹的脚、眼以及背景等。

(2) 在拓印和撕贴的过程中感受秋天的韵味。

秋天在幼儿的眼中是有趣的,它有许多可以探索的元素。此创美个别化活动结合了主题"在秋天里",旨在让小朋友感知秋天的"两味"——螃蟹和树。秋天最为典型的风景就是树,初秋的树和深秋的树各不相同,螃蟹的造型也千姿百态。"秋味"从拓印、撕、添画等多方面培养了幼儿的装饰以及构图能力。

2. 有机组合集体教学，共同推进

集体活动与个别化学习相辅相成，缺一不可，只有有机组合，用集体教学活动满足幼儿的切身需求，方可增加个别化学习的针对性和有效性，全面促进幼儿发展。

举例：

中班开展了集体教学活动“马路上”，在活动中，教师给幼儿听了故事《我看见了什么》，感受了故事中的想象和变化。幼儿知道了马路上的风景，如马路上来回开的轿车、狗在街道上散步、街边的梧桐树等。活动结束后，教师借助个别化学习深化集体教学，设计了创美个别化活动“幼儿园门前的一条路”，进而让幼儿深入感知、有效操作，依托集体教学活动来升华经验和概念。

中班开展了集体教学活动“身体的秘密”，活动中，幼儿认识了自己身体主要部分的外部特征，体验了它们的作用。如何在巩固此项目标的同时，激发幼儿的动手兴趣？教师设计了创美个别化活动“我的身体”。活动中，幼儿根据自己的已有经验，用橡皮泥为轮廓小人添上相应的服饰和首饰。通过共同学习身体主要部分的外部特征积累经验，经由个体学习进行身体秘密的探索，达到相辅相成的作用。

3. 借助传统节日文化,拓展创美

我国的传统节日活动是宝贵的教育资源,为幼儿多方面的发展提供“实践场”。如何挖掘这些节日中蕴含的教育因素,选取传统民俗节日活动中的亮点融入创意美工个别化中呢?

举例:

端午节吃粽子、赛龙舟是传统习俗,大班教师选取粽子这一节日元素,设计了创意美工个别化活动。结合剪贴、绘画粽子兄弟之间发生的故事,幼儿将粽子拟人化,使其更显调皮、生动。在设计创意美工个别化活动时,教师首先要关注幼儿的已有经验,个别化的展开可从情感激发入手,通过传统节日下的创美个别化活动的展开,逐渐丰富幼儿对中国节日活动的了解和认知,拓展幼儿表现美和创造美的能力,进而萌发爱国情感。

二、材料的选择

美工区材料是开展幼儿个别化学习活动的重要前提。教师采用何种方式进行材料投放能使幼儿更好地参与美术活动、达到更好的效果,是我们所要关注的。对于幼儿而言,材料的合理投放能对他们的美术作品产生重要的影响。

1. 投放种类多样的材料,激发幼儿对材料的组合运用

美工区的活动是丰富多彩的,能提供一个让幼儿表达自己的机会,有利于发展幼儿的小肌肉和精细动作,可以培养幼儿发现美、感受美、欣赏美的能力和创造力,并从中获得美的感受和体验。为了让幼儿能够自主地进行选择和创作,我们为幼儿提供了丰富的材料:

绘画材料:水彩笔、铅笔、蜡笔、勾线笔、排笔、毛笔、水粉颜料、国画颜料、丙烯颜

料、绘画纸、水粉纸、宣纸、画布、纸盘、纸板等。

手工材料:发泡板、卡纸、蜡光纸、剪纸、泡棉纸、瓦楞纸、包装纸、无纺布等。

泥塑材料:橡皮泥、黏土、面团、胶泥、湿沙、泥工板等。

工具:胶水、透明胶、双面胶、泡棉胶、白乳胶、剪刀、花边剪、各式压花机、镊子、小刀、小棒等。

立体及半立体材料:仿真鸡蛋、乒乓球、泡沫造型(星星、雪花、球等)、有色毛根、缎带、装饰宝石(钻石)、彩色纱、花布、扣子、石头、豆类、木板、扇面、伞面等。

废旧材料:蛋壳、开心果壳、纸杯、纸盒、纸箱、纸袋、纸筒、报纸、旧挂历、吸管、筷子、树叶、树枝、易拉罐、牛奶杯、果冻盒、奶粉桶、瓶子、瓶盖、雪糕棒、线等。

(1) 手工类材料

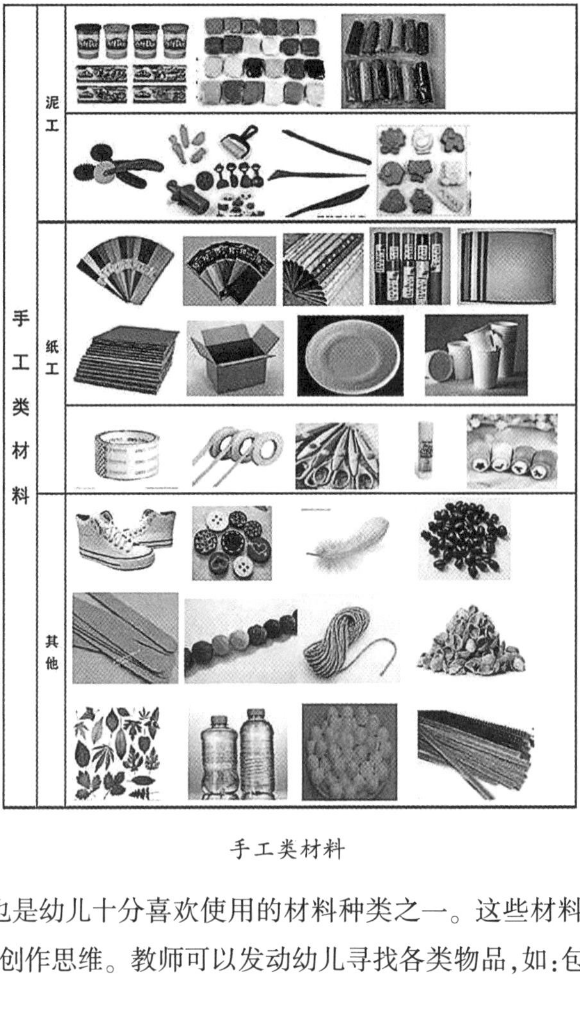

手工类材料

手工类材料也是幼儿十分喜欢使用的材料种类之一。这些材料容易引起幼儿的兴趣,激发幼儿的创作思维。教师可以发动幼儿寻找各类物品,如:包装纸、废旧报纸、棉花、海绵等。幼儿在搜集的过程中，对材料有了进一步地认识与接触，通过触觉、视觉、听觉、嗅觉的感官体验，对材料产生好奇与兴趣，从而为个别化学习活动中美工区游戏的开展提供有力的物质保障与精神保障。大自然是丰富多彩的，它为幼儿提供了天然的素材，大自然中有许多材料可以用来创作美术作品，如花朵、沙石、叶子等。

材料投放：泡沫球、各色扭扭棒、毛绒球、塑料眼镜、一次性叉子、固体胶、剪刀、双面胶等。

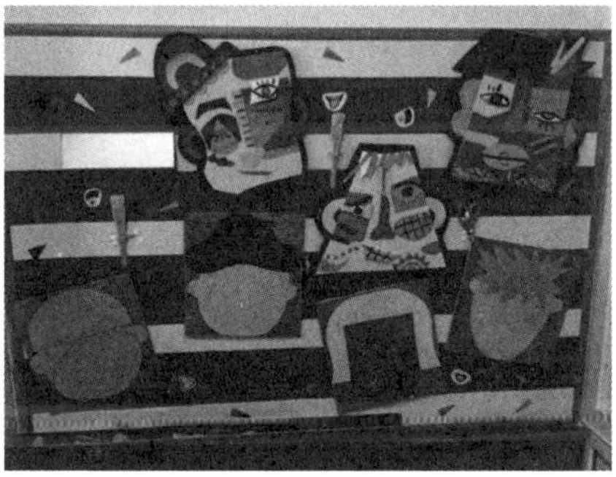

材料投放：发泡板（边角料）、剪刀、双面胶。

材料投放：报纸、彩色手工纸、鸡蛋拖、固体胶、剪刀。

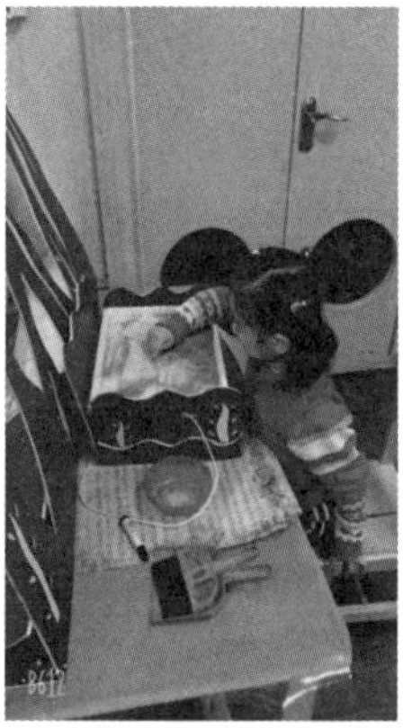

材料投放：细沙、沙画箱、簸箕、小扫帚、刷子。

（2）绘画类材料

绘画类的材料多种多样，有笔、纸、橡皮、颜料等。运用绘画类材料，幼儿可以创作出拓印、喷画、吹画等美工作品。

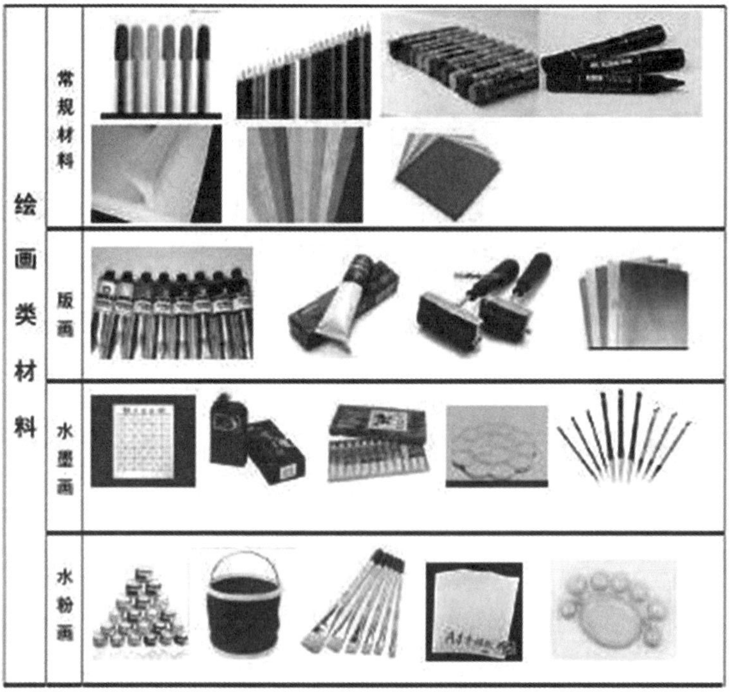

绘画类材料

（续表）

喷画	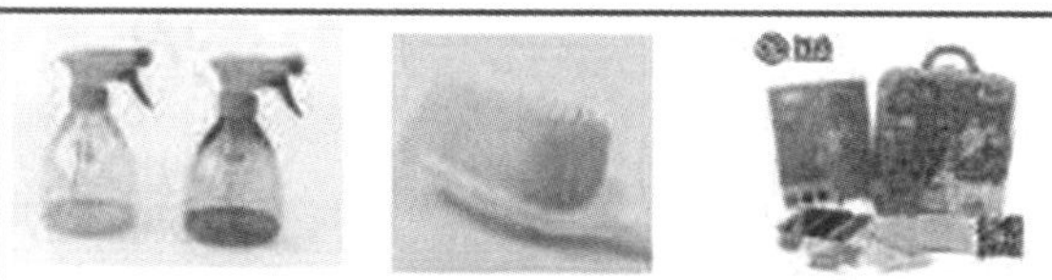
吹画	
滴画	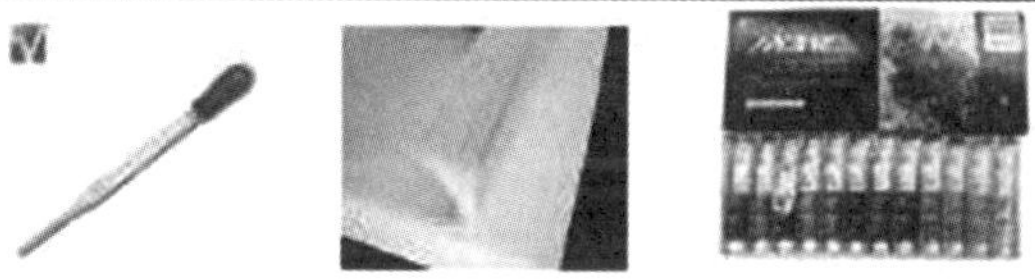
其他	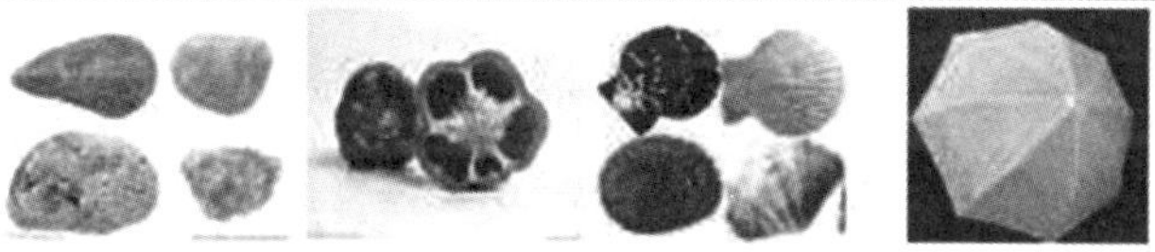

绘画类材料

材料投放：铅画纸、卡纸、油画棒、颜料、笔刷。

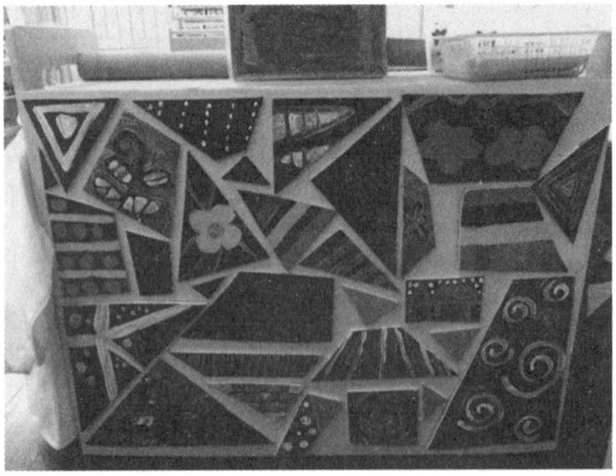

材料投放:颜料、笔刷。

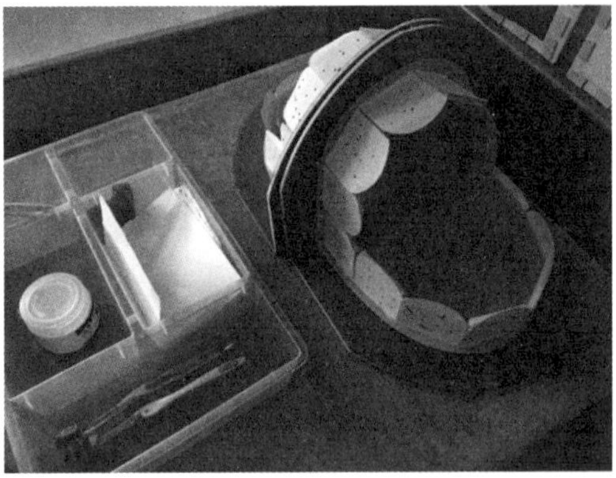

材料投放:牙刷、白色颜料。

材料投放:纸盒、卡纸、颜料、笔刷。

（3）材料组合运用

材料投放：草帽、颜料、笔刷、像素纸、绒球、羽毛等。

材料投放：扭扭棒、黑色水彩笔、发泡板、手电筒。

材料投放：裙子轮廓（白色铅画纸）、夹子、颜料、勺子、盒子、颜料、塑封的跳舞小人。

材料投放:光盘、卡纸、颜料、固体胶、双面胶、笔刷、手工纸。

材料投放:原木、颜料、笔刷、扭扭棒、石头等。

材料投放:不同大小原木片、水彩笔、橡皮泥、扭扭棒、白胶、颜料、笔刷。

材料投放：颜料、笔刷、绒球、手工纸、固体胶、亮片、纸条等。

2. 根据幼儿年龄特点投放材料，支持幼儿向更高水平发展

大班幼儿活泼好动，探索欲望强烈，抽象思维开始萌芽，能遵守一定的规则，能自己组织一些游戏。

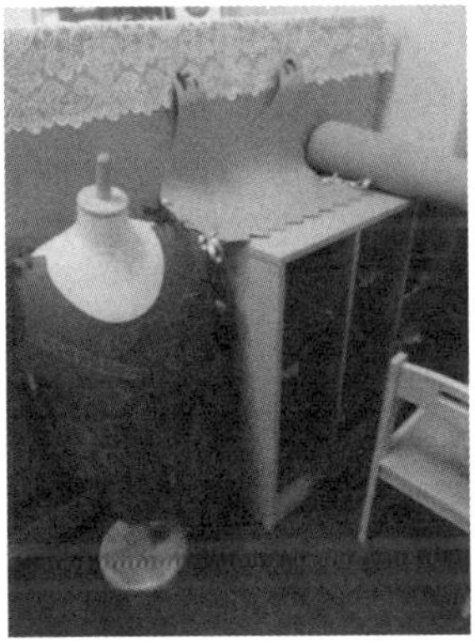

上图为大班某创美个别化活动。教师提供了模特架子、像素纸以及各类绘画材料，投放的材料暗示幼儿做一个小小设计师。一开始，幼儿想法很多，但无从下手，教师又提供了各类杂志供幼儿翻阅，自主探索服装设计的方法。此活动包含了幼儿综合能力的运用，给予他们很大的创新设计空间。我们在为大班幼儿投放新材料时，不能着急教幼儿应如何做，而要先让幼儿自己去探索、尝试，教师只以辅导者的身份观察幼儿的活动，在适当的时候给予支持和帮助。

小班的幼儿年龄小，游戏的专注性比较差，注意力容易分散转移，在投放材料时我们要关注材料的趣味性和角色性。

举例：

小班的创意美工以涂鸦、玩色为主，但纯粹的刷颜料过于乏味，小班的幼儿很

快就会失去兴趣。教师将发泡板镂空成可持续使用的花瓶轮廓。在创美区域中，投放了颜料、铅画纸，幼儿可自己选择想要装饰的花瓶，将铅画纸放在镂空的花瓶后，进行有情景的玩色。在给小班幼儿投放的材料要色彩鲜艳、形象生动，贴近幼儿生活。材料选用红色、黄色、粉色、橘色、蓝色等比较明快鲜艳的糖果色。将材料拟人化，为幼儿准备一些绘画好的轮廓简单的图案：大树、小鱼、小刺猬等半成品的材料。给幼儿投放小动物形状的模具、卡通手绢、糖纸等，带给幼儿视觉冲击，让幼儿想去创作。

总之，教师要善于观察幼儿的特点，以幼儿的眼光和经验去观察理解周围的事物，为不同年龄的幼儿提供适合的活动材料。通过材料引发幼儿参与美工创作的兴趣，帮幼儿定位自己的角色。

三、总结

教师要做有心的观察者，时刻关注幼儿，了解他们的兴趣、需要、水平，创设适宜的活动环境，选择和投放相应的活动材料，激发幼儿积极主动地参与美工区活动的愿望。让幼儿在美工区发现自己的闪光点，用自己的方式去表现美和创造美。

自然角小天地,教师专业发展大舞台

东方城市幼儿园 奚丽娟

自然角是指在幼儿园的教室内、走廊或活动室开辟一角,作为饲养小动物、栽培植物、陈列实验品的一个区域,是幼儿认识自然界的一个窗口。《幼儿园教育指导纲要(试行)》和《3—6岁儿童学习与发展指南》都指出,自然角里的动植物具有生命力,它们生长发展的过程,具备特定的科学探究功能,幼儿们在种植、喂养等体验活动中观察和照顾动植物,能在很大程度上激发幼儿的好奇心和求知欲,培养幼儿对周围事物、现象的兴趣,以及观察事物、探究问题、动手动脑等方面的能力,萌发幼儿爱护动植物、亲近自然的情感。

在区级课题《以自然角为载体,培养幼儿科学探究素养的研究》的研究过程中,我们将科研与教研活动相结合,组织全园教师通过教研活动共同参与到课题的研究中,于是,自然角这一方小天地,成为了教师施展专业能量的大舞台。

一、教研助力科研

在课题开展的前期,通过教研活动,我们组织教师学习如何创设自然角,了解自然角活动开展的意义等。教师们通过骨干教师讲座分享、实地观摩、案例分享等形式,研讨自然角环境创设的要点,梳理适合不同年龄段幼儿的自然角环境创设内容。

随着课题研究的深入,教师们开始思考:如何利用创设好的自然角环境,开展幼儿科学教育?自然角活动的目标是什么?如何发挥好这一方小天地的教育价值?结合课题组的科研力量,我们梳理形成各年龄段幼儿科学探究素养的培养目标、自然角环境创设指南。同时,教师们在实践中操作,在教研活动中研讨、反思,又把教研成果运用到实践中,并形成了"自然角活动方案资料包"。自然角活动方案资料包包括幼儿经验分析、活动目标、活动开展网络图、环境创设说明、幼儿探究小组分组说明、活动进程案例实录、家园互动与外出活动等内容。通过观察记录的撰写及教研活动中的研讨,教师在实践中反思,在反思中实践,教师的教研能力与实践反思能力都得到了提升。

二、科研支撑教研

我园的科研课题都是根据我园的实际情况形成的，这些课题能切实帮助教师解决工作中的难题，针对性强，因此我园教师基本人人参与。以课题研究为依托，我们定期邀请专家根据课题开展需要对教师进行理论与知识的培训，通过专家培训，我园教师收获了科研理论、科研方法等方面的专业知识，并在日常的教研工作中，得到了更多理论支撑。

在课题《以自然角为载体，发展幼儿科学探究素养》中，依靠科研组力量，我们形成了以下阶段性成果：梳理形成各年龄段幼儿科学探究素养的培养目标、自然角环境创设指南、自然角探究活动主题包。这些成果让教师在实践中能切实解决教育教学中的问题，帮助教师更快地成长，科研工作的专业能力得到了有效的运用，支撑起了教师的日常教研工作。

三、教科研相融合

在自然角课题的开展过程中，我们尝试将教研活动与科研研究相结合，通过科研与教研的结合，切实提高了全园教师主动参与教育科研的意识和进行教育科研实践探索的能力，形成行之有效、人人参与的东方城市幼儿园教科研氛围。

案例：教科研活动《如何有效组织开展幼儿自然角活动》

开场白：

今天的教研活动，主要请大家在前期我们对于自然角活动各年龄段目标与具体实施策略，及自然角环境创设内容研讨的基础上，研讨如何组织开展自然角活动，希望通过大家的分享和讨论，梳理一些大家在课题开展实践中的经验，以便推广给更多的教师们。首先，请课题组长潘佳燕教师介绍一下我们前期的阶段成果。

课题组长分享前期成果

抛出问题：

随着我们研究的逐步深入，本学期教师们更关注如何组织幼儿更有效地开展自然角活动，让自然角更好地成为幼儿科学探究的场所。今天我们首先请三位教师分别介绍一下她们在组织班级幼儿开展自然角活动中比较成功的案例，分享一下她们的经验，然后我们从中研讨教师们可以从哪些切入点组织幼儿开展自然角活动，培养幼儿的探究能力，希望能得出一些值得推广的做法。

案例分享1：小金鱼大秘密

我今天分享的案例是主要根据小班幼儿的年龄特点来创设的“小金鱼大秘密”

自然角。金鱼是生活中幼儿们最常见、最感兴趣的鱼类之一,幼儿们在来园时或者午餐后经常会三五成群地围着小金鱼观赏、讨论。经常能在幼儿的讨论中听到这样的对话:“我带来的小鱼好看吗?”“我带来的小鱼最漂亮”等。当我深入地问幼儿“你们觉得小鱼的什么地方长得最漂亮”时,有的幼儿会说“小鱼的尾巴好看,因为它有好几瓣”“小鱼身上的衣服最好看”,等等。但是,由于小班幼儿的认知范围、知识经验相对中、大班幼儿要有限得多,而且语言表达较为单一,普遍喜欢用“漂亮”“好看”来形容自己喜欢的事物,但他们对自己身边有趣的、熟悉的事物具有强烈的好奇心和探究欲。当他们在说到“我的小鱼尾巴有好几瓣”时,其实就是在描述小鱼的外部特征。于是,我在金鱼饲养区中制作了一块金鱼身体和尾巴局部图,上面贴了幼儿收集到的各种不同颜色、不同花纹的金鱼身体及不同形态的金鱼尾巴图片。当幼儿看到新增的金鱼身体、尾巴局部图后,他们总喜欢凑在一起比较起小金鱼的不同之处。一个说:“咦,这条金鱼的尾巴和我找到的图一样。”一个则反驳说:“才不是呢,图上的金鱼尾巴长,水里的金鱼尾巴短。”这边话音刚落,另一边又争着说:“我找到一样的鱼了。你们看,图片上的鱼身体上有黑色和白色,水里的鱼身上也有黑色和白色。”这下旁边的几个幼儿也附和着表示赞同。借助一块简单的局部图,引导幼儿通过视觉进行观察与比较,不仅能让幼儿与同伴一起仔细观察不同小金鱼的花纹及尾巴的明显特征,同时也让幼儿在相互交流中尝试在同类物体中进行比较,提高了他们观察的目的性、有序性,也增强了比较能力和语言表达的能力。

教师讨论

小结1:从幼儿年龄特点入手,开展自然角活动。不同年龄段幼儿,科学探究的方法不同，可以根据幼儿的年龄特点，进行逐步深入的探究。

抛出问题：科学探究方法的培养是否可以作为组织开展自然角活动的切入点？

案例分享 2：叶子的秘密

今天我带来的是一个中班在自然角中培养幼儿观察能力的案例，我们班主要探究的是“好吃的叶子”。大家看到的是我们教师和幼儿共同创设的自然角，在里面我们一起种植了常见的蔬菜。我们教师还会有意识地将叶子较为相似的盆栽放置在一起，例如香菜和芹菜，供中班幼儿进行比较观察，发现其相同与不同之处。

起初，幼儿们对叶子充满了好奇，他们发现，虽然芹菜和香菜都是绿色的，也都有茎和叶子。可是，芹菜的叶子更大一些，颜色也比香菜更嫩绿一些。不过，幼儿们的观察依旧仅仅是围绕着颜色、形状、大小的不同，对叶子的感知还是外在的、零散的。于是，我与幼儿们探讨：除了用眼睛，我们还能用什么来观察叶子呢？在这样的激发下，幼儿们用手摸一摸，用鼻子闻一闻。他们又有了新的发现：香菜的叶子摸上去滑滑的，芹菜的叶子软软的，并且香味闻上去也都不相同。

此外，我还邀请家长走进幼儿园，开展父母教师活动，将幼儿亲自种植的芹菜和香菜进行收割，感受种植丰收的快乐，也在小厨房里一起制作好吃的食物，用芹菜包饺子，用香菜做蘸料，用嘴品尝香菜与芹菜的不同味道。幼儿们通过自身的眼睛、鼻子、嘴巴、手等感觉器官来观察、感知叶子，更好地从中培养中班幼儿运用综合感官观察的科学方法。经过一段时间的观察，幼儿们从观察叶子的明显特征发展到观察叶子的细微之处，研究起叶子的脉络。可是他们因为看不清楚，一会儿就放弃了，于是就在这个时候，我提供了放大镜，供幼儿们更仔细地观察叶脉，更激发了幼儿不气馁、坚持探究的科学态度。

教师讨论

小结 2:课题组在前期课题研究中梳理的各年龄段幼儿主要探究方式,可以作为幼儿自然角活动组织开展的切入点。

抛出问题:自然角活动与主题活动是什么关系?是否能将自然角活动融入每一个主题活动中?

案例分享 3:**水真有用**

我们班的植物角是围绕主题“水真有用”进行创设的,这个主题的目标有两条:1.体验人们的生活离不开水,初步理解人人都应爱惜水的道理。2.尝试用实验、比较、记录等方法感知水的特性。整个场景从水源充足的地域慢慢延伸到水源匮乏的地域,让幼儿通过观察不同的水资源分布对植物生长的影响,初步感知水对植物生长的重要作用,同时也对各种植物在生长过程中需要的水量有所了解。在水源充足的区域,创设了梯田环境,并配有水车,幼儿可以通过水车灌溉梯田,从而了解梯田的由来和好处。梯田的每一层都种了不同的蔬菜种子,幼儿可以往水车中加水,让水车转动灌溉梯田,幼儿因此能够理解水对于梯田来说是至关重要的。热带雨林象征着水资源充足的地方,所以这里的植物枝繁叶茂,我们选择摆放了一些观赏性较强的植物,如各类开花的植物和一些常绿的植物。设置了一个小水池,里面养了金鱼和乌龟,让整个热带雨林更加有生机。在热带雨林中还有一块水培区,水培区种植了几种常见的蔬菜,包括大蒜、洋葱、土豆、生姜。沙漠奇景代表这里是水资源匮乏的地区,所以这里只适合种植一些需水量较少的多肉植物。幼儿在照顾他们的时候不需要经常浇水。在标本制作区,幼儿通过制作树叶、花朵等标本,了解植物内部储存有水分。当我们把植物内部的水蒸发掉后,就变成了标本。整个环境创设隐含帮助幼儿更理解“水真有用”的主题目标。

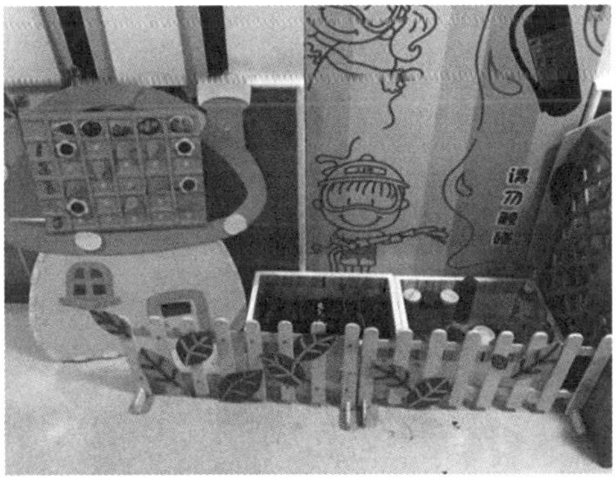

教师讨论

小结3：如果将自然角活动强行与每一个主题活动相结合，可能会出现活动内容生搬硬套，背离主题核心经验的问题。

课题组长分享：各年龄段适宜结合主题创设的自然角活动内容和实施意见

后续研究：深入地挖掘适宜主题下的自然角活动探究内容，开展适切的自然角活动，更体现班本化。

以教研活动《如何有效组织开展幼儿自然角活动》为例，在此次教研活动中，教师通过案例分享及现场研讨，梳理在园本课题实践研究的过程中总结的幼儿自然角活动中环境创设及目标设定的经验及成果，讨论解决教师们在自然角活动组织中遇到的困惑和问题，并寻求解决的方法，总结教师们在实践活动中的教育教学经验，以便形成有效的自然角活动组织策略。此次教研中教师的理论素养是从日常的科研中汲取的，实践案例是带着问题走进平日工作中生发的，这样的理论结合实践、教研结合科研的教科研活动是我们教师日常教研活动的常态。通过小小自然角的教研活动，真实有效地提升了教师的专业水平。

总之，在自然角小天地中，我们根据教师需求，优化、组合教师群体资源，建立教科研团队，以教师教育教学的实践研究为基础，开展不同内容、不同类型的教科研活动。通过教科研活动解决不同层面教师课程实施中的困惑、问题，使每一层面的教师在自然角小舞台中，收获专业成长与发展。

浅谈儿童视角下的班级环境创设

东方锦绣幼儿园　王雪梅

《幼儿园教育指导纲要(试行)》指出:“环境是重要的教育资源,应通过环境的创设和利用,有效促进幼儿的发展。”环境创设是幼儿园促进幼儿成长的有效途径,它能让幼儿在与之互动的过程中获得有益于身心发展的经验。环境还是激发幼儿掌握方法获取新经验的桥梁,它应该追随幼儿的兴趣,即从儿童视角来发现幼儿的需求并不断地进行调整,促进幼儿巩固已有经验,促成新的经验。

想要更好地以儿童视角创设环境,首先就要理解什么是儿童视角。《3—6岁儿童学习与发展指南》指出:“在理解幼儿学习方式和特点的基础上,尊重幼儿学习方式和特点的基础上,尊重幼儿以直接经验为基础的学习方式,创设丰富的教育环境吸引幼儿参与活动”。由此可见,“儿童视角”就是从儿童的角度和立场来观察事物和思考问题。幼儿园所面对的教育对象是3—6岁的学龄前儿童,这个年龄段的幼儿是通过直接体验和游戏等形式进行学习的,因此文字介绍、装饰图案等环境内容,对幼儿们来说是不合适的。结合《3—6岁儿童学习与发展指南》精神,以儿童视角创设环境应该让幼儿成为环境的主人,要注重幼儿参与环境创设的体验与过程。

让“环境”真正发挥教育的功能,能够更好地支持幼儿个性化发展,因而,儿童视角下的班级环境创设显得尤为重要,并且这也是教师们提升专业素养的途径之一。

一、观察与倾听幼儿的需求

经过教育理念的转变,教师们都能从字面意思上理解儿童视角的含义,但不可否认的是,仍有少数教师会从成人的角度去创设班级环境,比如直接将幼儿的作品呈现在班级中,让幼儿参与到班级环境的摆放中等,他们认为这就是所谓的儿童视角,但对于儿童真正的需求却并没有去真正了解过。

环境并不是一成不变、静止不动的,更不是用来进行展示的。环境的教育价值是通过其与幼儿之间的互动体现出来的。它的每一次增加和丰富都一定是对儿童思考的点滴积累的呈现，每一次更换也一定是出于幼儿对该内容的探索已进入尾声，逐渐画上句号，过渡到下一个内容，抑或是兴趣点已经有所转移，而教师需要做的则是对幼儿的需求进行有目的地支持。

案例：班中小城

最近中一班正在开展“我爱我家”的主题活动，幼儿们对房屋产生了浓厚的兴趣。通过师幼互动，幼儿们分享了自己的生活经验，后来，他们常常会在自由活动时间自发地进行讨论，在建构区也有所表现。看到幼儿们如此有兴趣，我就在图书角增加了与房屋有关的书籍。

有了书籍，幼儿们更加兴致勃勃。慢慢地，有的幼儿开始仿照书上的图案绘画房屋，有的幼儿将自己在家里搜集到的资料带来幼儿园和小伙伴分享，有的幼儿还按照自己搜集来的资料绘制起了蓝图。于是，我将幼儿们的资料和相对应的画作展示于墙面上，并将他们的蓝图制作成了一本可以翻阅的书，挂在建构区域供随时翻阅。

很快，幼儿们不再满足于平面的绘画，他们开始寻找一些材料进行立体搭建和制作，但我发现教室中幼儿们可以利用的材料非常有限，导致很多房屋无法成功搭建。在自由活动时间，我无意中听到有幼儿在闲聊说：“如果有小棒子就好了，最好还有一些大一点的纸箱子……”说者无意，听者有心，我为幼儿们提供了一些低结构材料，果然，有了丰富的材料，幼儿们的房屋搭得越来越像样了，有的甚至还在旁边绘制了一些居民。

没多久，有幼儿提出：“能不能把这些房子放在一块，让他们看上去就像一个城市一样？”答案是肯定的，于是我开辟了一块墙面，将幼儿们的立体作品全都呈现于上，有的幼儿还从家里带来了灯串，打开灯，让这里看上去就像一座真的城市一样灯火通明。

环境的每一次改变和推进都是幼儿的需求促成的，教师所需要做的就是发现幼儿的需求，并从物质和心理层面提供不断的支持。本案例中教师从幼儿的兴趣点和与幼儿的交流中发现幼儿的需求，从而逐步提供了支持：书籍、低结构材料、墙面呈现等。环境创设不是一蹴而就的，而是通过师幼互动、生生互动，一点一点完善起来的。

二、支持与回应幼儿的兴趣

过去所有的环境创设都是由教师预设好的，然而很多教师没有理解，教师预设好的不一定就是儿童需要的，教师一旦按照自己的预设去创设，导致的结果可能是幼儿没了兴趣，或是幼儿感兴趣的时间短。

意大利瑞吉欧有这样一句话："与幼儿在一起，三分之一的事情是确定的，三分之二是新的和不确定的。"由此可见，环境创设中的预设与生成并不矛盾，和幼儿们在一起，我们既要做好自己的预设工作，也要时刻做好有生成内容的准备，它们就像一对兄弟，谁也离不开谁。

案例：蚕宝宝与测量

春天来了，植物区也热闹起来。有的幼儿带来了绿植，有的幼儿带来了蝌蚪，还有的幼儿带来了蚕宝宝。我将蚕宝宝放在了植物区，这些小小的虫儿们长得非常快，我在旁边放了纸、笔和放大镜，还在旁边挂上了几本写生本，希望去植物区的幼儿们能使用工具认真观察，并每天将自己观察到的细微变化用画笔记录下来。

第一天幼儿们来到植物区，有的幼儿对蚕宝宝很感兴趣，有的则觉得它们的身体软软的有点恶心。不论是哪一类幼儿，他们都对拿起笔将蚕宝宝画下来这件事不感兴趣，他们中的大多数只是在围观，胆子大的幼儿会拿起蚕宝宝放在自己的手心里，有时还会用小手轻轻摸一摸蚕宝宝，时不时地发出一些或害怕或惊喜的叫声。没多久，幼儿们边看蚕宝宝边讨论起蚕宝宝的身体来，他们虽然对蚕宝宝每天的变化没有兴趣，但很快，他们都开始对蚕宝宝的身体长度有了兴趣。胆大的幼儿还将两条蚕宝宝放在一起进行比较，看看谁更长。同时他们还不停地寻觅着这一盒蚕宝宝中最长的那一条……我及时发现幼儿们兴趣点的转移，于是立刻调整了植物区的材料，在旁边增加了不同的尺和绘本《一寸虫》。第二天，胆子大的幼儿就将原来用来绘画的写生本拿来描画下蚕宝宝的身长，再用尺子测量了一下，后来他们发现同一条蚕宝宝测量出来的长度不同，原来是因为有的幼儿在测量的时候没有让蚕宝宝"躺直"，导致测量结果不一样。后来有幼儿注意到了旁边的绘本《一寸虫》，结合绘本，幼儿们了解了奇妙的测量，既然一寸虫可以进行测量，那么蚕宝宝也可以像一寸虫那样成为"测量工具"，用不同长度的蚕宝宝测量物体所得到的结果也是不同的……幼儿们将他们所学所获都记录在了记录本里。

由此案例可见，幼儿的生成内容与教师预设的不符，但幼儿的生成也并非"脚踩西瓜皮"，教师通过观察幼儿行为和分析当下情况，调整了提供在环境中的材料，结合与幼儿兴趣点相关的绘本，帮助幼儿开拓视野，激发兴趣。环境创设中的预设与生成不矛盾，相反，它们是相辅相成的，它们都能成为幼儿成长路上的垫脚石。

三、丰富与拓展幼儿的经验

环境创设是具有互动性的，幼儿在与环境的互动中分享经验，同时也获得其他幼儿的经验。因此,环境中的作品并不是一成不变的,也不是进行展览的,而是用于丰富和开拓幼儿们的经验的。

案例:呼啦圈怎么玩

运动是一日之中幼儿们最喜欢的环节之一,他们可以选择自己喜欢的运动器械尽情撒欢。

有一天早晨户外运动时间,我看见两个幼儿拿着呼啦圈互相滚动。只见其中一个幼儿用一只手拿着呼啦圈,将圈竖直立在地上,他抓着圈站立了一会,另一只小手靠着身体紧紧地捏着,好像在蓄力一般,接着他身体突然一斜,小手用力一推,呼啦圈猛地滚了出去,另一名幼儿看到呼啦圈滚了出来,立刻跑到呼啦圈滚向的位置并及时抓住了圈,他们就这样推来推去,追逐嬉笑,愉快地玩了很久。

这时另一名幼儿悠悠已经在旁边看了好一会儿了,她非常想加入这个活动,但无奈另两名幼儿没有停下的意思,于是她也去拿了一个呼啦圈,想再找个同伴一起玩,可是大家都各自在玩运动器械,似乎没有幼儿可以跟她组合了。她有些失望,于是我轻轻问她:有没有一个人玩呼啦圈的方法?悠悠想了一会,马上就想到了自己摆圈跳圈的运动方法。

回到班级后,我们进行了分享,听完了悠悠的诉说,我和幼儿们进行了讨论,幼儿们想出了一些有趣的呼啦圈的玩法,并且还用画笔记录了下来,我将幼儿们想出的好办法汇集在一起,贴在班级墙面上,幼儿们每每经过,都会停下来看一看,偶尔还会讨论一番,他们都对那些新鲜的玩法十分感兴趣。有的幼儿想出新的好办法后还会继续将自己的好办法画下来贴在那块墙面当中,慢慢地,幼儿们想出的玩法越来越多,这块墙面也变得越来越丰富。

现在,幼儿们在运动时能用呼啦圈玩出各种各样的运动游戏,他们不仅想要实践自己想出的玩法,还想要尝试小伙伴们想出的玩法,整个运动时间都不亦乐乎。

幼儿通过思考、绘画、分享和实践让环境的互动性发挥到极致,这样的环境创设在互动的过程中开拓了幼儿的视野,丰富了幼儿的经验,这样创设的班级环境是有效的。

四、尊重与欣赏幼儿的表达

以往的观念中,幼儿园的环境总是以教师为主的,然而成人视角下的环境并不是幼儿所需要的。以儿童立场反观环境创设,我们要将创设的主体换成儿童,让幼儿自己来决定要怎样的环境,又要怎样去呈现,在思考的过程中,幼儿们不仅得到了思维能力锻炼,同时审美也得到了大幅提高。我们要从儿童的角度看待孩儿童的表达表现,尊重幼儿的想法,欣赏幼儿的行为。

案例:我的展台我做主

大一班幼儿决定在班级开办一场展览活动,经过激烈的讨论后,展览的主题由幼儿们自己决定为“百变迪士尼”。

幼儿们经历了组建小组、搜寻资料、寻找材料、动手制作等各种困难,终于一件件迪士尼相关的作品诞生了,其中包括水晶鞋、“海底总动员”主题花车、公主长裙、漫威英雄、花木兰系列作品,等等,这些作品来之不易,让幼儿们爱不释手。有了作品,展览也呼之欲出了。但问题又随之而来:什么是展览?怎样布置展览呢?在家长和教师的共同帮助下,幼儿们搜集了很多和展览有关的资料,他们了解到要办好一台展览就得设计漂亮的展台,展台又要根据展览的作品来进行设计。这对一群六岁的幼儿来说是一个巨大的挑战。为了让幼儿们更直观地了解如何布置展台,我提供了一些展台设计的图片和视频给幼儿们参考,幼儿们又从相关的书籍杂志上获得了一些灵感。他们经过讨论,绘制了几轮设计图纸,最终决定按照从低到高的方式来摆放作品,这样后面的作品就不会被遮挡。他们找来不同高度的桌椅、纸箱等来当作摆放作品的展览台,按照从低到高的方式摆放好,最后,他们将一些比较高大的作品放在最后面,将一些小的作品放在最前面的地面上,这样,整个展台就从小到大,从矮到高有序地摆放完毕了,一场别开生面的展览由此拉开了序幕。虽然幼儿们的想法是非常稚嫩的,但对他们来说,这个从无到有的过程无疑是对他们的已有认知和审美能力的一大挑战。

由此可见,幼儿的潜力是无限的,展览的意义并不是幼儿们做的作品有多精美,设计有多奇妙,展台有多漂亮,而是幼儿们以他们的眼光进行思考、设计和呈现,不断地挑战自我,这才是真正的意义所在。

儿童是学前教育的灵魂,是学前教育的起点,同时作为教育的受众,也是教育的真正本体。以儿童为主的环境创设要能够看到幼儿的存在,要推动幼儿的成长,要能够支持幼儿的经验累积,激励幼儿的内在学习动力,这就是以儿童为本的环境创设的教育意义。我们作为教师,应该不断地去观察幼儿,分析幼儿的行为,尊重幼儿的自主操作和他们的选择。我们要学着去认真解读幼儿的语言和想法,成为一名“大儿童”,只有找到其中的平衡点,才能更好地从儿童视角创设有意义的环境。

教育是基于可能性的规划

——记一次大班园内春游

东方江韵幼儿园 徐 婧

这是一次特殊的春游活动,没有爸妈的陪伴,只有相亲相爱的朋友;没有导游和大巴,只有默默支持的教师和家长;没有教师的主导,只有幼儿们“叽叽喳喳”在安排活动……让我们一起走进这次别样的“春游”。

一、为幼儿们的无限可能性而规划——温暖的师幼关系

过去几年,幼儿们很多都没能去春游,他们盼望着能够和小伙伴一起去大自然里走一走,席地而坐,野餐一顿,到处撒欢。而事实上实现这样的愿望还是有些困难的。在一次自由活动中,我无意间听到了幼儿们对春游的渴望之情,于是我反问:“可不可以在园里办一场春游?”幼儿们瞬间被点燃了热情,你一言我一语,有的说想要在草地上野餐,带上许多好吃的;有的说想搭帐篷和朋友一起躲在帐篷里玩;有的说想和好朋友一起看一场电影;有的说能不能来场草坪音乐会;有的说想在滑滑梯上一直玩,不下来……我说:“你们的想法太有趣了,看来这场春游有很多事情要准备,有什么好主意吗?”因为有之前写游戏计划的经验,有幼儿提议:“那我们一起来计划一下吧!”他们拿起了画笔,描绘出了自己心目中的“一场春游”。

这个话题也是非常有价值的,在推动的过程中,能够帮助作为主体的幼儿们感知和理解自己的情感、情绪和意义建构,提高他们对自我的认识,增强责任感。因此,我的一个反问给了幼儿们莫大的支持,原来他们的想法真的可以进一步变成现实。在整个过程中可以看到,由于畅想而引发了后面一系列的活动。在激烈的讨论中,人人都想要发表自己的想法,而在这样一个大的集体环境中,要将当下“人多想法多”的情况进行总结,我利用以往的经验让幼儿们想到了可以使用“计划”的方式来进行下一步讨论。

在观察了大家的计划后,幼儿们发现大家眼中的“春游”还是有着较大的相似性的。于是,我们开始讨论哪些方案是容易做到的,哪些是不容易做到的,不容易做到

的需要如何才能做到。在讨论之后，方案如下：

1. 保留了野餐、搭帐篷、看电影、音乐会这四个主要项目。

2. 将每个项目分为三部分：准备材料部分、可以自己完成的部分、需要大人帮忙的部分。例如组织草坪音乐会，需要准备一些椅子做观众席，需要话筒、钢琴等设备，还需要选择场地、布置区域、征集节目、挑选主持人，等等。这些准备的部分中，话筒、钢琴、征集节目需要大人的帮助，其余部分是可以自己做的。

在总计划后，他们开始完成各自的分工，由于涉及所有大班的幼儿们，因此，一场声势浩大的行动开始了。

二、与家长一起为可能性而规划——温暖的家园共育

教师与家长之间的密切合作有助于幼儿们在环境中获得整体性教育经验。因此，家长了解幼儿们在园将要做什么，感到自己有能力成为幼儿学习的伙伴，就会越来越多地作为学习促进者参与幼儿在园的学习，从而拓展幼儿学习的可能性。在需要大人帮忙的部分，我建议幼儿们和大人一起交流自己的困惑。如我们需要几位摄影师来对当天活动进行拍摄和记录，我们需要购买一些布置场地的气球和装饰物，并且我们可能不太会打气球，个子不高也没办法挂装饰物，等等。

家长们愿意和幼儿一起去做让他们能够开心并让幼儿从中提升能力的事情，负责这些工作的家长和幼儿们一起挑选一些适合放在户外布置的装饰材料、收集和搭建帐篷、和幼儿一起商量挑选音乐会活动的节目、准备拍摄装备，等等。

项　　目	家长的支持
野餐	和幼儿一起购买食物、提供野餐垫
音乐会	和幼儿一起挑选节目、选购布置材料、布置现场
看电影	下载电影
搭帐篷	提供帐篷、搭建帐篷
摄影、摄像	进行现场拍摄

家长在参与的过程中,促进了良好的亲子沟通,同时帮助幼儿学习到了更多平时不太关注的生活经验。如购买食物时,幼儿会以自己喜欢吃、想吃为主要依据,而在家长的陪同下购买,家长会提供一些建议,如零食一类的最好是有独立小包装的,易于分享,还要挑选一些主食、水果以及便于幼儿打开的饮料。布置音乐会现场的材料,要选择容易悬挂的,避免在室外会被风吹走的装饰物。幼儿在家长协助的情况下进行选择,这也是一个学习的过程,考虑得越周到,当天的活动就会越顺利。就这样,让家长、教师和幼儿在一起,构建起了家园共育的桥梁。

三、探究儿童声音的可能性

1. 行为一:春游计划的制订

让幼儿们参与教育活动的规划是他们的基本权利。然而,怎样让幼儿们参与到对于自己有影响的决策中来?这不仅需要成人愿意细心而敏感地倾听并理解他们发出的声音,也需要运用一些有效的沟通方法确保他们的声音被听到。教师要面对那么多的幼儿,通过提议"计划"来让彼此都了解和看到是一种非常有效的方式。从先前运用"游戏计划"的经验,大家很快地通过撰写"计划"描绘出自己想要做的事,这不仅有利于他们自我表达和思考,也便于他们在后面的讨论中互相看见。如下图中,这三个幼儿都是平日里不太善于表达的,他们在公开的场合很少愿意主动举手发言,但是在设计和参与"春游计划"时,他们都表现得非常积极,有的正在描绘音乐会座椅的摆放,利用自己之前看过音乐会的经验,将座椅设计为了半包围状态,舞台设为半圆形状;有的幼儿在准备自带野餐时的食物清单,将自己喜欢吃的零食、主食、饮料等画下来;有的幼儿想要观看一场电影,正在画着自己想看的电影中的人物等。

这样的形式让不同个性的幼儿都有表达想法的舞台,表达的方式不一定是要在集体面前毫无准备地侃侃而谈,也可以是细心思考后的柔声细语。

2. 行为二:圆桌会议的进行

在制订“个人计划”之后,我们围成一个大圈,在我与大家描述好“圆桌会议”的目的——共同商定之后的可行计划后,幼儿们开始了想法表达,同时我们还利用统计的方法将相同想法的“个人计划”放在一起,进行归类补充,而对一些有特殊要求的“个人计划”进行讨论。如,有幼儿提议要打一场水仗,对于这个想法有同意的人,也有反对的人。因此,我们举行了一场小小的辩论。

支持方	反对方
幼儿1:打水仗非常有趣,而且以前我们也在幼儿园里打过水仗。 幼儿3:我们可以穿上雨衣,这样就不怕着凉了。 ……	幼儿2:天气还比较冷,不太适合打水仗,如果打湿了,容易生病着凉。 幼儿们:我们还要参与其他的活动,需要带的东西太多,不方便参加春游的其他活动了。 幼儿们:要带上水枪、护目镜、凉鞋,而且要去教室里更换衣服会浪费很多玩的时间。 ……

幼儿们在辩论之后,以投票的形式进行了选择。最后,以反对方胜出的结果结束了这个话题的讨论。辩论给了幼儿们一个从多方面思考的机会,同时开始理解别人,站在他人的角度进行思考,知道事情总是有两面性的。而在最终商定结束后,我们选择了更适合当天春游活动的内容:野餐、搭帐篷、看电影、音乐会这四个大项目。在了解了大家的想法之后,幼儿们将所有计划汇总成了一张完美的“计划书”,“计划书”中不仅完善了场地的选择与划分、布置每个区域、座椅的摆放等问题,还为之后的行动提供了非常大的支持。

3. 行为三:春游当日的精彩

一大早,幼儿们都按时起床了,一改往日的反复催促才能起床,他们背着零食、戴着帽子、夹着琴谱,来到学校门口等待开门。和爸爸妈妈们一起布置好场地后,幼儿们涌入操场，在签到板上签上自己的大名，在阳光下演奏一首充满春日气息的曲子或是演唱一首拿手歌曲，在舞台上感受他人注视的目光，又或是三五成群坐在野餐垫上分享着自己带来的零食，躲在帐篷里和好朋友说着悄悄话，还有的在多功能大厅看电影《狮子王》，他们尽情地享受春游带来的快乐！他们收获了自我、友谊，享受着期待变成现实的满足感。

4. 行为四：春游结束的复盘

在活动结束后，我们又一次围坐在一起聊天，幼儿们对于这次的活动非常满意，将自己想做的事情变成现实是以往没有过的经历。小小演奏家们对于在“草坪音乐会”上的表演也非常满意，收获了不只自己班级同伴的掌声。

在活动前期，幼儿们讨论确定了一个可行的“计划”，在确定计划时，幼儿们为自己积极争取想要实现的活动,如那个想要打水仗的幼儿,虽然最终自己的建议没有被采纳,但是学会了接纳别人的想法,了解了在团队中组织一场活动是需要相互合作和相互理解的。想要参加草坪音乐节活动表演的幼儿们,在家中不断地练习自己当天要表演的节目,希望能够有一场完美的演出。

在活动中期组织活动的过程中,我们分组分派各类任务,幼儿们经常会在离园后和同伴一起找时间交流,增加了与伙伴交往的机会,同伴间的距离更加近了。

在活动后期,幼儿们与大人一起整理收拾操场上的垃圾,发现在帐篷里留有大量的已经开封又没有吃完的食物,有的如巧克力一类的甜食粘在帐篷里无法清除。我们留下了一些照片和视频,让大家一起参与这次春游后的讨论。幼儿们在参与收拾的过程中也在不断地对自己的行为进行反思:

(1) 野餐需携带清洁工具

天气过热,使得巧克力融化,无法取出,才会有巧克力没有吃完就扔在了帐篷里的情况,针对这个问题,幼儿们讨论出可以准备一些清洁用品,如果遇到这样的情况可以将巧克力放在随身携带的垃圾袋里,弄脏后及时使用湿纸巾进行擦拭,避免这样的情况发生。

(2) 适宜室外的材料选择

悬挂的气球最后都被吹跑了,在选择材料的时候,可以挑选一些更加重的物品进行装饰。

(3) 文明习惯待加强

最后整理和收拾场地的时候非常辛苦,每个帐篷里都有很多食物的包装、垃圾没有丢弃到指定的地方。还有很多还没有吃完的食物,造成了很大的浪费。

(4) 自我物品的管理

有的幼儿们说自己戴的帽子不见了,现在也找不到。希望以后出去玩要多注意自己的物品,尽量不乱放东西。平日里,和爸爸妈妈出去都是他们会给幼儿拿好,而这次的春游产生了不一样的体验感。

四、教育是基于可能性的规划

幼儿们纷纷表示这是他们最快乐的一次春游,而且收获颇多。他们参与了整个过程,相较于以往都是教师和导游安排好了所有的活动,他们只是当天被告知要去玩哪些项目,这次的活动他们人人知道自己要做什么,可以提前想好和同伴一起去哪里,这样给了他们更多的自由选择的空间。

1. 幼儿们参与教育活动的规划是儿童的基本权利

怎样让幼儿们参与到对自己有影响的决策中,让幼儿们积极主动地提出自己的想法,选择和决定适合自己的学习方式?教师改变习以为常的做法,就会为幼儿们的学习创造更多的机会和可能性。在举办“园内春游”活动的过程中可以看到幼儿们在自我计划、整理能力、规则意识、同伴合作、团队意识、社会交往等方面的能力都较以往有更全面的发展。

2. 理解幼儿们的学习方式和特点

《3—6岁儿童学习与发展指南》指出:“幼儿的学习是以直接经验为基础,在游戏和日常生活中进行的。要珍视游戏和生活的独特价值,创设丰富的教育环境,合理安排一日生活,最大限度地支持和满足幼儿们通过直接感知、实际操作和亲身体验获取经验的需要。”教育活动的规划应该不再局限在原本的教与学模式中,这样控制权和责任都落在了教师那一头,教育质量取决于他们对儿童的了解程度,以及他们设计活动能力的强弱。如果以这样的方式规划教育,那么儿童的学习范围是有限的。要消除对学习范围的限制,就要让儿童分担学习活动的控制权和责任,规划是由儿童这个“局内人”决定的,同时受到教师的支持和帮助。儿童的参与和责任分担并非在推卸成人的责任,而是体现了一种教育智慧,体现了教育对儿童自身及其发展的关注。儿童学习与发展的“可能性”,更是在教师的每一次看见和听见之后。

3. 教师与幼儿们的角色定位

正如意大利瑞吉欧的教育者所说:“幼儿应该被视为学习活动的主角(他们有能力,也愿意尝试新的事物),敏感的成人应该是幼儿们学习的催化剂,周围的环境是充满可能性和反思性的旅程,学校是进行民主和道德实践的场所。”在一日生活中,幼儿们参与各种各样的活动,为他们表现真实的自己提供了广阔的空间。我们在组织活动时,始终要留一部分注意力去关心幼儿们在做什么、在说什么、在经历什么,去感知幼儿的语言、行为,观察他们的发展程度,发挥主观能动性,做课程的领导者,更好地展现自己的教育追求,成为一个有理想、有追求、有行动、有成效的教育者。

立足儿童视角的师幼互动

——基于游戏现场解读游戏行为

云台幼儿园 秦时月

角色游戏是幼儿一日生活中非常重要的活动内容,"基于儿童视角"是当下教师们常挂在嘴边的话语。在角色游戏中,教师如何看懂游戏,判断价值点,从而支持幼儿的发展,这越来越成为我的困惑。依托大、小教研组,云台幼儿园在连续3年的时间里对角色游戏进行了深入的观摩和研讨,让我从中收获了相关的实践经验。

一、反复观察,初识幼儿游戏行为

1. 靠近

"靠近"是为了尝试解读幼儿游戏行为。"靠近"代表着在游戏中,教师不是对游戏随意地介入,而是近距离地观察。观察他在玩什么,怎么玩的。从而进行思考:游戏体现的已有经验是什么?获得了哪些新的经验?最后,才是从教师的角度思考:需要怎样的支持?因为只是靠近,所以教师的言行是收敛的、等待的,最好这个时候拿着手机做安静的记录者,脑中闪现一些评价、一些观点、一些行为支持的可行性,但毫无动作,只是记录和静观。

在一次课堂游戏中,小汤(乘客)乘坐着一辆出租车,不停地在叫小安(司机):"快点,快点呀!"看着小汤着急、不客气的样子,我很想规范一下她的言行,因为我觉得不够礼貌。由于正在用手机录着视频,我想着等到游戏讲评时再做探讨吧!在游戏讲评时,我把重点落在了小安今天的突发新游戏——出租车上,聊聊他的出租车是怎样创设的,结合生活中的打车经验,幼儿们阐述着对出租车的认知和理解。小汤同学举手发言,她很急迫地说:"碰到很着急的事情,会叫出租车的。"我幡然醒悟地问:"所以你在乘小安同学开的出租车的时候那么着急,是因为碰到了很急的事,是吗?"小汤:"是呀!很急很急的,我急死了。"原来如此!我为自己没有那么着急地介入暗自庆幸着。

很多时候,幼儿的游戏就是这样,是对自己见闻和经历的演绎。我的"靠近"给了幼儿呈现的机会，我的“不介入”让幼儿尽情再现了曾经遇到过的“懵懂”的事，也给了其他幼儿一种游戏启发——遇到很着急的事情可以叫出租车。我的靠近、不打扰给了我解读幼儿游戏行为的机会。让我理解了一句话：无论哪一种游戏本质特征都是关注幼儿内心的自由体验。

2. 认同

“认同”是为了进一步贴近幼儿游戏，解读幼儿的游戏行为密码。就像上面的“小汤招出租车的案例”，也像中班的这个案例“复杂的家庭关系——固定的‘朋友圈’”。

在中班上学期的角色游戏中，两个娃娃家里相互确认角色总是进行得很迅速。“嘟嘟”是个男洋娃娃，“安妮”是个女洋娃娃。现在两家都属于“二胎”家庭，分别多了一个弟弟和妹妹。角色游戏开始，“嘟嘟家”的人手拉手围成圈开始商量角色。可可是妈妈，畅为是爸爸，腾腾是爷爷，洛兮是姐姐，蕴仪也说要当姐姐，双胞胎妹妹说要当妹妹，晨晨要当哥哥，大家七嘴八舌地说着自己的角色，可可妈妈最终对每一个角色进行确认，当确认到蕴仪说要当姐姐时，可可说：“已经有姐姐了，你当奶奶吧！”蕴仪说：“好。”菜菜说要当妈妈，可可说：“我就是妈妈，你当阿姨吧！”菜菜说：“好。”杨杨问可可：“我当什么呀？”可可说：“没有外公，你当外公吧！”杨杨说：“好。”娃娃家的角色可真不少。

幼儿们真的清楚家人的角色吗？我有些怀疑。游戏讲评环节时，真有幼儿忘记了自己在娃娃家的角色身份，我也玩心大起，考验两个娃娃家“家长”的时机到了：请两个娃娃家的家长们来认领。未曾想家长认领得很快：“你是嘟嘟家的姐姐呀！”在认领的过程中，我发现了娃娃家身份的“玄机”：“嘟嘟家”和“安妮家”各有四五个人是相对固定的。像嘟嘟家的可可妈妈是大家长，这个嘟嘟妈妈就是固定的，平时和可可玩得好的蕴仪、杨杨、菜菜、洛兮就是固定的组合。安妮家呢，毛毛爸爸是固定的，但这个爸爸只是挂个名，日常总是在“公园上班做保安”，家里靠的是心悦。心悦是安妮家的主心骨，因为不是大家长性格，所以安妮家的妈妈总是有变化，有时候是惠惠、好好、王辰，心悦一定是在安妮家，只是角色常有不同，有时候是妈妈，有时候是姐姐，有时候是外婆。

在看似非常复杂的家庭人际关系中，原来幼儿是有自己固定的“朋友圈”的呢！

3. 倾听

倾听是师生间、生生间相互的沟通和表达，我们共同探寻着游戏的价值。就拿教师习惯思维里对“小医院”的认知，和幼儿视角里对“小医院”的认知来做个比较吧！

教师的视角是:挂号,医生、护士的工作,医生、护士的服饰……

幼儿的视角是怎样的呢?我做了一个调查:眼睛会生病,眼睛生病了要滴眼药水;鼻子会生病,鼻子生病了要滴鼻子药水;喉咙会生病,生病了可以做雾化,可以用压舌板,可以吃药等;拉肚子是生病,要吃药;医生会让病人躺在床上,家长会陪在旁边;病人还要在床上吊盐水,有点痛;等等。

这些认知是从幼儿们的视角出发的,幼儿不会关注看病流程,他们关注的是日常看病时和医生之间的互动,从而获得对医院经验的认知。

在角色游戏中我们借助“一组照片”“一个视频”“一段对话”进行记录,这些助力让观摩有了更多的含义,让我可以反复地重温,解读出幼儿游戏中更多的行为含义,只有蹲下来仔细倾听才能走近幼儿,从中解读出他们的游戏行为密码。

二、依托教研,让识别更专业

同一个视频,每一次观看都带给我不同的发现,放到教研组里一起讨论会带给我更多的收获。通过集体重温、同伴互助,可以让识别更充分,让解读更专业。

1. 拓展识别角度,让识别更充分

2021 年 4 月的一次小教研活动,轮到我们班级拿出案例在年级组里作分享和解读,于是我的视频捕捉到了毛毛的“地震救援”活动。

毛毛是我们班级的小男生,对警察身份迷恋而执着,这一次他是“地震救援警察队长”。

毛毛队长来到地震区域,告知队员马上要地震了。

毛毛队长:“全体队员,马上就要地震了,请把消防车开来。”

队员琪琪:“滴嘟!滴嘟!消防车开来了。”

毛毛队长:“琨琨,把警车开来。”

队员嘟嘟:“呜—呜—,警车来了。”

队长和队员在地震灾区用自备的多种工具,如探测仪、机器人、氧气瓶、防火面具,投入情境中救援。

我向我的同伴们解读了毛毛的游戏:

从中班上学期开始,自始至终他的游戏身份都是警察。雪山救援时是警察;城堡游戏公主昏倒了,他去查看时是警察;去超市验毒时也是警察;调查医院病人的时候也是警察。做娃娃家爸爸时,他是公园保安;消防员游戏时,他是消防员;警察游戏开始后,他就是警察。他的维护治安的身份已经深入人心,所以他去任何场所,小伙伴

都会接受他的调查。

我在和同伴们解读毛毛时，也在不自觉地梳理着角色表现、角色行为……

毛毛作为救援队长，在和小伙伴的沟通中，重点明确，会等待工程队的支持，会坚持自己的想法，会用适合游戏情境的语言和同伴对话。

教研组的同伴们为我提供了更为宽泛的识别角度，并为我梳理出了这些策略："一看""二问""三听"。

一看：看完整的视频。记录的视频要完整，完整的视频可以减少识别误判，也能帮助教师依据幼儿行为的连续性做相应的识别和解读。

二问：问带班的教师游戏的前期背景以及幼儿的一些游戏习惯，问现场的幼儿游戏行为的目的和玩法。

三听：倾听幼儿的想法。教师对游戏中没有看懂的行为，通过询问做进一步的识别和解读。

依托教研组，结合这些策略，对同一个案例做共同的观察和识别，会发现基于相同的观察，我们会做出不同的识别。对案例耐心、反复地进行观察、判断、识别，能更好地促进我对幼儿游戏中各种行为的解读，继而进行梳理，从而引发进一步的反思。而最后经过思维碰撞达成的共识也能够真正运用于实践，为我的专业成长助力。

中班幼儿角色游戏观察表

班级：中 6 班　　幼儿姓名：毛毛　　观察时间：2021. 4　　观察者：秦时月

观察要点	观察记录（游戏现场）	
表征行为	出现哪些主题情节（社会经验范围）	消防员：救灾、救人、灭火——地震发生了，消防员来到现场做各种救援工作。 基地：锻炼、打扫卫生——消防员在日常没有任务的时候，是需要在基地做训练的。
	行为指向哪些相对应的角色（社会关系认知）	消防员工作的呈现：在基地、在救援。 演绎消防员的工具：防护面罩、衣服、救援工具（构造了各种救援工具，并集中在一个纸箱子里）。
	行为与角色原型的行为、职责的一致性程度（社会角色认知）	基地：训练——举哑铃的时候会凸显哑铃很重，举得很费劲。 救灾时：探测、施救、喷水——模仿消防队员做各种施救工作。

（续表）

观察要点		观察记录(游戏现场)
表征行为	同一主题情节的复杂性和持久性(行为的目的性)	自始至终投入在角色中——开始时在训练基地,地震后到灾区施救,最后想出了新方案“机器人组合救援”,一直在自己和小伙伴创设的情境中,有始有终。
	行为以物品为主还是以角色关系为主(认知风格)	物品的:各种救援工具、机器人合体。 角色的:队员之间的联系与配合。
	同一情节中是否使用多物替代(替代)	1. 消防车是以垃圾桶替代的,桶内是空的让孩子们认为可以装很多水。 2. 探测仪有积塑玩具建构的机器人、各类管道玩具建构的搜救工具,以物品进行简单改变后再用以替代的居多。
合作行为	是否会采用协商的办法处理玩伴关系(交往机智)	队长来到地震区域,告知队员:马上要地震了。 队长:全体队员,马上就要地震了,请把消防车开来。 队员琪琪:滴嘟! 滴嘟! 消防车开来了。 队长:琨琨,把警车开来。 队员嘟嘟:呜—呜—,警车来了。 队长和队员在地震灾区救援,用自备的多种工具:探测仪、机器人、戴上氧气瓶、防火面具,投入情境中救援。
	交往合作中的沟通语言(语言与情感的表达与理解)	在和小伙伴的沟通中重点明确,会等待工程队的支持,会坚持自己的想法,会用地震情境和同伴对话: 队长来到地震区域,告知工程队:马上要地震了。 工程队枢枢:我是威力宝宝,我是威力宝宝。 队长:马上要地震了,马上要地震了。 工程队枢枢对着工程队浩浩:快离开! 马上要地震了! 我留下来。 队长开始对着工程队构建的建筑物——手动地震。

3. 连续的观察,深入地解读幼儿游戏行为

随着教研的深入,我们对解读幼儿游戏行为有了新的认知:对同一个幼儿进行有针对性的、连续性的观察,能更好地促进教师科学地、有效地解读幼儿游戏中的行为,从而引发教师进一步的反思和调整。

2021 年 5 月,我继续跟进毛毛的游戏行为,他依然是救援警察的身份,只是游戏场景从地震救援变成了雪山救援。下面是他在游戏中的一系列行为:

城堡游戏中。"公主晕倒"引起了毛毛警察的关注,他来到了城堡。"王子!王子!这两个公主都吃了毒苹果。"他用工具"查看"了一番后对"王子"说。

毛毛警察用工具爬了好几次山。

教师:"今天有人发出救援求助吗?"

毛毛:"没有。"

教师:"那你们在干什么?"

毛毛:"我们在找呢!"

……

反复地重温视频,我对毛毛的游戏行为有了这样的解读:多样的游戏情节凸显了毛毛在不同场所的交往机智——显示出善于调整自己的行为以适应他人。比如:同为救援警察的济臣想要拿一件救援工具,毛毛拒绝了:"这是我的,自己去搭。"救援工具具有专属性,不愿意外借。可是当毛毛回到了他的警察局,看到一旁的"公主",便把手机主动借给"公主"。手机就是这两位"公主"做的,想讨要回来就没那么容易了。硬抢不太合适,想拿回来"公主"又不给……最后,趁着"公主"们有事要忙,他找个由头终于拿回来了。自己的物品拒绝借出有底气,"公主"做的东西硬拿回来底气不足,只能好言好语,充分说明他非常善于调整自己的行为以适应他人。

但我也发现同伴之间的对话有不顺畅的时候。当对话内容超过自己认知经验时,幼儿就不会接受和理解对方的说辞。比如毛毛拿着"有毒"的东西送到医院,请"医生"做检验,"医生"不能理解。安安对毛毛说"很臭"是指火山有味道,毛毛也不能理解。安安也说不清楚为什么臭。毛毛对"嘟嘟家"的阿姨说"大白菜有毒"。"阿姨"表示不可能,超市买的,怎么会有毒。所以,教师的支持行为要退一点、再退一点,适时的等待也是一种支持。

中班角色游戏观察记录表(二)

班级:中6班　　幼儿:毛毛　　观察时间:2021.5.17　　观察者:秦时月

<table>
<tr><th>游戏买卖</th><th colspan="2">观察要点</th><th>情节标识</th><th>分析识别</th></tr>
<tr><td rowspan="4">1. 毛毛手里拿着“手提电脑”,这是上周五早上女孩子们制作出来的,与女孩们协商后被添置到了救援警察们的装备中。
2. 拿着手里的“手提电脑”说:这是我的地图。
3. 搬起了几件自己的专属工具,准备回警察局。救援警察们有一个专门拼搭和摆放救援工具的地方,他从那里摆放好一些工具又拿了一个工具。
4. 城堡游戏中。“公主晕倒了”引起了毛毛警察的关注,来到了城堡。毛毛这个警察角色已经深入孩子们心里,看到他的到来都会配合他。“王子!王子!这两个公主都吃了毒苹果。”他用工具“查看”了一番后对着王子说。
5. 又回到了他的警察局。看到一旁的公主,把“手提电脑”主动借给公主。“手提电脑”就是这两位公主做的,讨要回来就没那么容易了。执着地硬抢不太合适,拿回来公主又不给。尴尬了……最后,趁着公主们有事要忙,终于可以拿回来
6. 用工具爬了好几次山。
教师:今天有人发出救援求助吗?
毛毛:“没有”。
教师:“那你们在干什么?”
毛毛:“我们在找呢!”
7. 用爬山的抓钩,拉出了一根警示线不让无关人员上山。</td><td rowspan="3">表征行为</td><td>1. 出现哪些主题和情节(社会经验范围)</td><td>登山、用检测工具检测到“毒”,对火山岩浆发起战斗,在超市、嘟嘟家检测到病毒,拿到小医院检测。</td><td rowspan="3">交往机智——显示出善于调整自己的行为以适应他人。
1. 同为救援警察的济臣想要拿一件救援工具,毛毛拒绝了:“这是我的,自己去搭。”救援工具具有专属性,不愿意外借。
2. 毛毛回到了他的警察局。看到一旁的公主,把“手提电脑”主动借给公主。“手提电脑”就是这两位公主做的,讨要回来就没那么容易了。执着地硬抢不太合适;拿回来公主又不给。尴尬了……最后,趁着公主们有事要忙,终于可以拿回来了。毛毛大大吐了一口浊气,放心了。
自己搭的物品拿回来有底气,公主做的东西硬拿回来底气不足,只能好言相劝。</td></tr>
<tr><td>2. 行为指向哪些相对应的角色(社会关系认知)</td><td>救援警察、警察。</td></tr>
<tr><td>3. 同一主题情节的复杂性和持久性(行为的目的性)</td><td>复杂性——用警察的身份到了每一个游戏场所(救援、检测……)。
持久性——自始至终都是警察的角色。</td></tr>
<tr><td>合作行为</td><td>a)是否会采用协商的办法处理玩伴关系(交往机智)</td><td>毛毛手里拿着“手提电脑”,这是上周五早上女孩子们制作出来的,与女孩们协商后被添置到了救援警察们的装备中。</td><td>不同的孩子不同的表征行为:
樱樱属于动机出自物的诱惑、模仿、意愿,这是行为的主动性;毛晨晨属于行为与角色原型的行为职责的一致性程度。这是社会角色认知。</td></tr>
</table>

（续表）

游戏买卖	观察要点		情节标识	分析识别
8. 火山喷发啦！用一些工具延缓岩浆的喷发。5+7（男孩更加爱的是投入战斗的状态）背心男孩说“好臭啊”！想表达的是火山喷发时的硫磺味。晨晨并没有领会。	合作行为	b）是否善于调整自己的行为以适应他人（自我意识）	又回到了他的警察局。看到一旁的公主，把“手提电脑”主动借给公主。“手提电脑”就是这两位公主做的，讨要回来就没那么容易了。执着地硬抢不太合适；拿回来公主又不给。尴尬了…… 最后，趁着公主们有事要忙，终于可以拿回来了。	行为表现：穿警察服的姑娘和不穿制服的毛毛。游戏开始，樱樱穿着警察服出现在游戏中，樱樱觉得穿着警察服才是警察，毛毛看到樱樱的制服，说了句“我不知道你是警察”，背后的含义是：你没有和我们商量你要做警察，但既然你穿了警察服，你就是吧！毛毛他们因为角色身份已经不需要一套制服来证明是警察了。

由此可见，随着教研的推进，尝试对同一个幼儿进行连续的观察，并反复观摩案例，进行针对性的分析，在年级组中进行的探讨和交流让我对幼儿行为的认知更系统，识别更专业。

（1）识别的原则。

基于观察，捕捉充分的信息。

基于幼儿特点，包括年龄特点、性格特点、生活经验等。

基于专业，借用工具书《评价指南》《观察识别表》。

（2）识别的层次。

第一层次，识别幼儿的游戏。从游戏过程中剥离出重要的游戏行为，对照表格工具进行识别。

第二层次，识别游戏中的幼儿。根据游戏行为反映出的幼儿发展状况，我们可以看到一个更完整、不断动态发展的儿童，从幼儿行为表现出发，分析判断幼儿的发展情况，为后续支持提供依据。

运用微格分析法加以改进。尝试运用“基于儿童视角的观察和分析记录表”，对“定人”的游戏行为有更为专业的解读，对幼儿游戏行为有更多针对性的思考和支持。通过这样有针对性的表格式的观察和记录，打破教师的惯性思维，把教师以为的

“儿童视角”转换成真正的儿童视角。

3. 梳理适宜策略，继续运用到游戏观察中

这些对来自于日常的案例、视频做出的针对性研讨，可以继续运用到日常的观察中。而通过研讨梳理出的策略对教师不自知、不自觉的经验、困惑进行了解构和重建，这是基于教师日常实践问题的有效研究。通过教研，这些真实的问题更能激发教师们的共鸣，而最后达成的共识也能够再次运用于日常的实践，继续为教师所用。

三、立足角色游戏的“引申”和“延伸”

1. 引申

引申即向户外游戏的引申。随着幼儿们进入大班，他们对户外游戏的热情非常高涨。对角色游戏的游戏内容、情境创设、材料选择、沟通交往等有了更丰富的想法和玩法，游戏也不再仅局限于角色游戏情境中，建构、手工制作、表演等均有涉及。户外游戏给予幼儿们的空间更大、自由更多，由此而发挥的想象力也更为宽泛。幼儿们的游戏出现了更多的不确定性和可能性。不论是在室内还是更多地走向户外，万变不离其宗，社会生活经验是幼儿开展游戏的基础。我们愿意跟随着幼儿，继续靠近、倾听幼儿，适时地给予支持，关注他们，帮助他们成为游戏高手。

2. 延伸

在游戏活动中梳理出的师幼互动策略，可以向一日生活各环节作延伸、运用。在之前的集体教学活动研讨中，通过对集体活动教学视频的局部“微”定格方式作分析，基于幼儿教学现场的表现和反应，通过提问、追问、质疑等多种方式，与幼儿建立一种积极有效的师幼互动，从中梳理出的策略再运用到日常其他活动的实践中，比如角色游戏的讲评环节、个别化游戏的交流环节等。在对角色游戏的深度研讨中，运用“一组照片”“一个视频”“一段对话”进行记录，作有依据的识别，对幼儿游戏行为的解读更充分，这些梳理出的策略被继续运用到日常其他活动的实践中，比如“家园互动”，帮助家长、教师更直观对幼儿的行为进行解读，从而对幼儿的身心健康发展提供更多有效的支持。

总而言之，通过对幼儿的游戏行为从原先基于经验的解读，逐步到对幼儿真实行为的记录、观察、思考，让我收获了多元的师幼互动策略，提升了自己在一日活动中的专业素养。

我们和枇杷的故事

——站在儿童立场,在有效互动中让彼此成长

下沙幼儿园　宋　磊

幼儿们对自然世界的好奇与探索是与生俱来的,大自然就像一个强大的磁场,深深吸引着他们,当幼儿们身处其中时,他们肆意奔跑,自由玩耍,尽情地享受着大自然的这份馈赠,这对他们来说是非常快乐的事情。在亲自然活动中,幼儿们常常以一颗纯真的童心,用心感受着周围的世界,建构着属于自己的快乐精神世界。

在一个阳光明媚的午后,我们又开始进行饭后散步活动了。散步途中,幼儿们被一棵果树上的果子吸引了,看到满树的果子,他们很兴奋,你一言我一语地讨论着:

"我见过这样的树,我爷爷家也有。"

"这是枇杷树,我吃过枇杷。"

"好像是橘子树吧!"

"这棵果树的叶子好大啊!像小船!"

"这棵果树真高,我好想去摘果子呀!"

"这到底是什么树呢?"

幼儿们你一言我一语,快乐地议论起来。可是我一看手表,时间差不多了,幼儿们该回教室午睡了,我立即打断了幼儿们的交流,告诉他们下次再来看。幼儿们露出了失望的表情,很不情愿地跟着我一起回去了,一路上幼儿们还是忍不住地要交流刚刚看到的果树。

回到午睡室,看着安静入睡的幼儿们,我不禁想起了他们刚刚那失望的表情,我的心情立马不美好了:为什么我不能给幼儿们多一点的时间进行观察和讨论呢?这本是多么愉快的一次讨论呀!我懊悔不已,我意识到自己在刚刚的散步活动中伤了幼儿们的心。究其原因,还是自己控制欲太强,没有尊重幼儿们的想法,没有从幼儿们的立场去思考他们的内心感受。

既然幼儿们对枇杷树这么感兴趣,那何不抓住契机,和幼儿们一起来一场有趣的

枇杷探秘之旅呢？于是，我们的枇杷探秘之旅开始了！

一、枇杷大调查——尊重幼儿们的想法

由于上次的“偶遇枇杷”没有让幼儿们讨论尽兴，所以今天我们又一起散步到果园里，让幼儿们有充分的时间来看看果树。当我们沿着果园的小路走着，突然航航惊奇地喊了起来：“你们看，树上还挂着果子呢，好像比上次更大了！”说完幼儿们的注意力都被树上金灿灿的果子吸引了，大家你一句，我一句地说着：

“是橘子吧！它是黄色的！”

“不对，不对，橘子比它大多了。”

“会不会是金橘呢，我看到过金橘也是黄灿灿的！”

“是小番茄吧，我看到过黄色的小番茄。”

幼儿们激烈的讨论着，就是没得出结论。这时小雨问我：“老师，这到底是什么果子呢？你认识吗？”我看着小雨期待的小眼神，我刚想告诉幼儿们这是枇杷树，一旁的小帆说：“老师，我们教室里有本书上有这个水果的。我等会儿去拿来给你看。”在我们看来，这是非常简单的一个答案，但是在幼儿们的眼中，这是一次趣味探索的开始。我心想：幼儿们都有自己的想法，而且他们都很乐意表达自己的想法，我何不把机会让给他们呢？我不能急着告诉他们结果，而是应该充分尊重他们的想法和意见，让他们自己去寻找答案。我提议道：“那我们一起去找找那本书吧！”小帆说：“好呀，好呀，我们回教室去看看书上是怎么说的。”小叮咚说：“我也在图书室看到过关于水果的图书，我们也可以去看一看。”说完大家就兴高采烈地回去寻找答案啦！

幼儿们的积极性都非常高，大家意见一致，我们开始了大调查。我们一起先去了教室，又来到图书室翻阅关于水果的图书，但是内容还不够丰富，没有找到相关的图书和图片，所以幼儿们有些失落，看到幼儿们由一开始的兴奋到现在的失落，我也急在心里。但是我并没有及时地回答他们的问题，而是想以此为教育契机，让幼儿们能通过观察比较，获得关于枇杷的相关经验，所以我提议：“如果在幼儿园找不到答案，还可以去哪里找呢？”彬彬说：“我们一起设计一份调查问卷，回家和爸爸妈妈一起去找答案。”幼儿们听了纷纷点头同意，回家后幼儿们继续开展大调查，通过观察、比较，最终发现在幼儿园里看到的果子是枇杷。

在这个调查的过程中，我充分地尊重幼儿们的想法，让幼儿们自主讨论和发现。我发现幼儿们能主动观察并发现果子的秘密，还能联系自己生活中以前见到过的水

果进行比较,并带着自己的想法和问题去进行调查。通过大调查,幼儿们不仅了解到枇杷的特征,而且也了解了其他几种水果的特征,他们为自己的调查有了结果而感到高兴。我既为幼儿们的努力和发现感到高兴,也充分感受到了站在儿童立场去尊重幼儿们想法的重要性。

二、枇杷大作战——了解幼儿们的想法

萱萱说:“老师,我们去看看果园里的枇杷树吧!树上的枇杷是不是都熟了呢?”

于是,我们全班大部队又出动啦!但来到果园后,我们被眼前的景象震惊了!

涛涛说:“你们看,地上怎么都是枇杷?是谁把枇杷摘下来的?”

小语说:“是不是被大风吹下来的呢?”

冰冰说:“可是为什么有的枇杷只剩下半颗了,肯定有人在偷吃。”

小鲁说:“会不会是小鸟吃的呢?你们看!树上还有好几只小鸟在飞来飞去。”

嘟嘟说:“很有可能哦!我们要保护好枇杷,不能都让小鸟吃了呀!”

我看到地上有很多成熟的枇杷,本想直接告诉幼儿们,有些枇杷熟了就掉下来了。但是,另一个声音告诉我:听听幼儿们的想法吧,他们会不会有什么办法呢?

小宇说:“我们让保安爷爷来这里值班吧,或者我们有空的时候来值班。”

果果说:“我们把枇杷都摘下来吧!”

丁丁说:“这可不行,有的枇杷还没熟呢,还不能吃。”

老师说:“小鸟喜欢吃什么样的枇杷?我们怎样可以保护枇杷呢?”

小雨说:“小鸟飞得那么高,肯定吃最顶上的枇杷。那么高,我们怎么保护呢?”

航航说:“除了请人来帮忙,我们可以用工具来帮忙吗?”

涛涛说:“对呀,我们可以用网,把枇杷都网起来,这样小鸟就吃不到了。”

嘟嘟说:“不好,把枇杷树用网挡住,它就不能再长大了,不能用网。”

小语说:“我以前在奶奶的农田里看到过稻草人,我们可以在枇杷树上装一个稻草人吗?”

通过了解,我总算清楚了幼儿们的想法,原来他们知道请人来看着枇杷是很不方便的事情,因为大家都有很多事情要忙,不能时时刻刻来照看着枇杷,所以他们想利用工具的辅助来保护枇杷。

幼儿们积极动脑,想出了很多好办法,一场“枇杷保卫战”开始了!

在保护枇杷的过程中,经过商量,幼儿们决定把保卫战分为两种形式:一种是先动手制作宣传海报,开展保护枇杷的宣传教育活动,希望幼儿园里的小朋友们也要保护枇杷,不要在树下摇啊摇;另一种形式是分工合作,尝试运用不同的材料和方法保护枇杷。

我相信幼儿们是有能力打赢这场保卫战的,但是我也应该助推他们去完成这个任务,所以我借助驱动性问题来帮助幼儿探索,找到采用哪种材料和方法更有助于打赢这场保卫战。基于以上思考,我运用以下三个幼儿生成的议题作为驱动性的问题(如下表所示)来支持、引导他们。

驱动性的问题及活动成效

驱动性问题	活动成效
鸟儿喜欢吃什么样的枇杷?	大的、颜色深的、甜的
我们应该怎么做?	派人守着、用工具赶走、把枇杷都摘下来、把枇杷包起来等
可以用什么工具或者材料保护枇杷?	纸、稻草人、渔网、风车、马甲袋等

经过反复实验,幼儿们最终决定用轻便的马甲袋绑在树上来驱赶小鸟,并在枇杷树下兜了一个渔网,这样即使有大风吹来,枇杷也只会掉在网兜里。当再次来看枇杷的时候,幼儿们发现网兜里真的有一些枇杷,而且树上的枇杷一个个"昂首挺胸"地挂在枝头。幼儿们都很高兴,他们的保卫战打赢了,抱在一起激动地欢呼着:"我们赢啦!我们赢啦!"

在这场保卫战中,我很庆幸自己没有打断幼儿们的讨论,没有直接告诉他们方法,而是站在幼儿们的立场,充分地去理解幼儿们的想法,并鼓励他们不断地探索和发现,然后适当地给予他们支持和帮助,让他们有信心开展这场保卫战。

幼儿们虽然付出了很多时间和精力,但是他们也收获了很多快乐。因为在这个过程中幼儿们充分发挥自己的想象力,想出了很多保护方法,并通过不断的尝试,最终找到了合适的工具和方法来保护枇杷,打赢了这场保卫战。看,只要站在儿童的立场去真正地理解幼儿们的想法,并给予他们一定的支持,他们就会创造出大大的惊喜。

三、枇杷大探索——促进幼儿们的发展

幼儿们提着满满一大篮枇杷回到教室,大家享受着丰收的喜悦。他们仔细观察着枇杷:"哇,枇杷圆圆的、黄黄的,好像乒乓球呀!""枇杷上有细细的毛,摸上去痒痒的。""为什么有的枇杷颜色深,有的颜色淡呢?""为什么有的枇杷上有黑色点

点,是不是烂掉了呢?”“到底哪一种枇杷最甜呢?”那就让我们一起尝一尝这些枇杷吧!

一场枇杷品尝大会马上就要开始了。幼儿们撸起袖子先把枇杷洗得干干净净,一边洗一边说:“这些小绒毛又细又软,摸上去真舒服。”洗干净后,幼儿们把枇杷分发到每个小组的盘子中,正当大家准备开始吃的时候——

妍妍说:“我们比一比,谁吃到的枇杷最甜。”

丁丁说:“那我们再比一比谁吃到的枇杷最大,谁吐出来的核最大。”

林林说:“我们还要比哪一组剥的皮最干净。”

小宁说:“我们还要比一比谁剥皮剥得最快,看看谁的方法最好。”

老师说:“你们一边吃还能一边玩比赛的游戏,真有趣!”

淘淘说:“是呀,老师你和我们一起比赛吧!我们肯定能赢你!”

老师说:“好呀,那我们可要认真比赛哦!”

小迪说:“哈哈,大家再想一想,枇杷还可以做成什么美食呢?”

小雨说:“我吃过枇杷罐头,很甜很甜!”

蓓蓓说:“以前我咳嗽的时候妈妈给我吃过川贝枇杷膏,后来咳嗽就好了。”

老师说:“你们还想到了枇杷可以做成其他美食,也可以做成药,看来你们有很多想法哦!还想怎么玩呢?”

小宝说:“老师,我们可以拿枇杷来玩上班的游戏吗?”

老师说:“当然可以呀!把你们的想法和小朋友们说一下,然后一起开始吧!”

说着幼儿们正式开启了枇杷美食之旅……在品尝枇杷的过程中,幼儿们有很多发现。他们发现颜色深的枇杷比颜色淡的枇杷甜,有黑点的枇杷没有烂,可以吃,但是有黑点的地方会粘在果肉上,比较难剥。幼儿们把吐出来的核放在果盘里,他们发现有的核大有的核小,可以玩排序的游戏。枇杷的叶子那么大,可以在上面画画。那么多枇杷,可以开一家枇杷水果店卖枇杷了,也可以开一家枇杷果汁店,把枇杷洗干净再榨汁卖给小客人……哇!小朋友们想到了那么多有趣的玩法!

我发现幼儿们对枇杷的兴趣很浓厚,不仅仅想从吃的角度研究枇杷,还想把枇杷当成游戏和学习的主角,所以我想以枇杷为媒介来促进幼儿们的发展,因为幼儿的发展不是教师教出来的,而是在生活和游戏中不断地与外界环境互动,进而通过感知、操作、交往、探究获得知识,体验情感,习得态度,形成个性的发展。所以我及时抓住幼儿们的兴趣点,利用枇杷开展了更多的活动。具体如下:

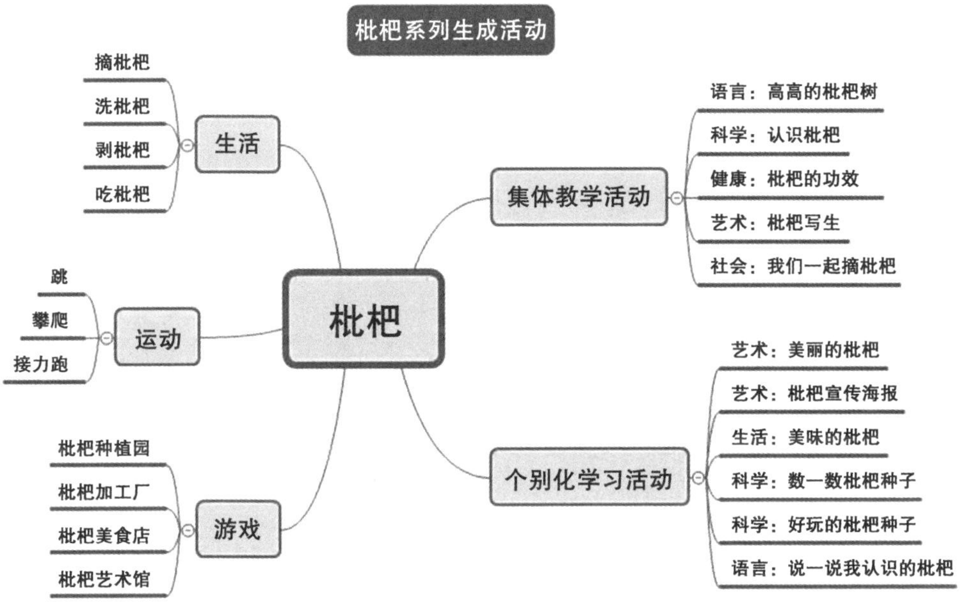

幼儿们对这些生成的活动都非常感兴趣，我充分尊重他们的兴趣，让他们在活动中尽情地运动、尽情地玩耍、尽情地探索，他们在活动中发现了很多关于枇杷的秘密，学习的主动性得到了充分发挥。我也充分尊重他们的话语权，在活动中，幼儿们积极地表达自己的想法与看法，他们借助语言进行表达交流，积极探索外部世界，对枇杷有了进一步的认识与感知。在幼儿们探索枇杷的过程中，我努力地去理解每一个儿童，因为他们都有自己的个性、需要、兴趣、经验和背景，我能看到并理解他们之间的差异，所以我通过规划环境、提供丰富材料引发儿童与情境的互动，促进幼儿个性化的学习，促进每一个幼儿最大限度地发展。看到他们在自主探索的过程中有那么大的收获和成长，我真为他们感到高兴。

四、枇杷大丰收——收获彼此成长的快乐

金灿灿的枇杷终于都成熟了，幼儿们看到沉甸甸的果实压弯了枝头，内心早就按捺不住了，常常问我："老师，我们什么时候才能摘枇杷啊？""今天就是我们大显身手的时候了。"可是采摘活动刚刚开始就遇到了大难题："枇杷树太高了，摘不到怎么办？"要在那么高的树上摘枇杷，对幼儿们来说有很大难度，而且我也有点担心安全问题。但是经过之前那么多次的枇杷探秘之旅，幼儿们的想法越来越多，探索能力和合作能力越来越强，所以我还是应该大胆地放手，鼓励他们自己思考用什么方法既能摘到枇杷，又能保证自己的安全。幼儿们你一言我一语地讨论着，想到了很多摘枇杷

的方法:有的幼儿向保安爷爷借来了竹竿,用竹竿敲打着枇杷,让它们掉下来,有一些幼儿就拉着一大块布在下面接住。有的幼儿身怀绝技,直接爬上树去摘枇杷。还有的幼儿去运动材料区搬来了竹梯,架在树上,勇敢地爬上去摘枇杷,我一边扶着竹梯,一边提醒幼儿们注意安全。幼儿们在不断讨论、不断尝试的过程中想出了各种方法。最后,幼儿们用这些好办法采摘到了很多枇杷,他们还高兴地把枇杷分享给了幼儿园里的教师、弟弟妹妹和保安爷爷。

通过一系列的枇杷探秘之旅,我们不光收获了满满一篮的枇杷,还各自收获了成长的快乐。幼儿们从一开始对教师的不支持、不重视略感失望,到后来在观察枇杷时获得教师的支持和鼓励,他们在开展枇杷探索的过程中,发展了自主发现、自主探索的能力,同时心里获得了满足感和愉悦感。对我而言,我一开始的高控行为欠缺思考,当我站在儿童立场试着调整自己的教育方式,试着尊重他们、了解他们,参与到他们的探索和发现中去的时候,我发现这一切的变化都是那么的美好。在这个过程中,幼儿们的能力获得了发展,同时也获得了成功的喜悦,而我也在这个过程中转变了教育理念,获得了专业的提升。站在幼儿们的立场上,让我们彼此都收获了成长的快乐!

陶行知先生说:“好的先生不是教书,不是教学,乃是教学生学。”教师要成为儿童的研究者,教学的使命是让儿童的精神得到解放。甚至可以这么认定:教学应该研究儿童,尊重儿童,发现儿童,促进儿童的觉醒,发展儿童的自主学习能力。让我们站在儿童的立场,尊重儿童的天性,理解儿童的内在逻辑,给予儿童充分的自主权,促进儿童自我发展,让儿童与教师在良好的互动中共享自身的存在。看到幼儿们的成长,我的心里暖暖的!这种温暖在我的心中不断生根发芽,开出一朵朵美丽的互动之花。我相信,只要我们能站在儿童立场上不断地去尊重儿童、了解儿童、相信儿童,我们和幼儿们的互动一定会更有效,都会有更多的成长和收获!

师幼互动中教师激励性语言的运用研究

临沂八村幼儿园 朱 弘

在“基于幼儿立场”理念的支持下,教学活动的各个环节的设计和实施都应从幼儿的发展水平和需要出发,以使师幼互动的过程更加体现出教师的儿童观和专业素养。

德国教育学家第斯多惠指出:“教育艺术的本质不在于传授的本领,而在于激励、唤醒和鼓舞。”激励是一种激发幼儿内在驱动力、满足其内在动机和需要、不断强化其朝向期望目标行为的过程。激励目的在于鼓励个体发现自我,发展自我,为个体的积极发展提供鼓励性、导向性的教育环境。

一、激励性语言概述

激励性语言的使用指在教育教学过程中,教师根据幼儿的年龄特点和心理需要,关注幼儿的细微变化,注重发现幼儿的优点和闪光点,借助语言和非语言行为,通过积极的评价方式,激发幼儿学习欲望并保护幼儿求知探索的一种评价方式。幼儿教师作为幼儿生活中的重要陪伴者,激励性语言的使用对幼儿的发展有着极为关键的作用,能够让原来不愿意参与学习活动的幼儿主动参与到教学活动中,对幼儿身心健康发展有着举足轻重的影响。

虽然教师们意识到激励性语言对幼儿的成长与发展具有积极作用,但在教育实践过程中仍存在不足之处。如,从对象来看,激励性语言主要以个体为主,而面向集体或小组的激励性语言比较少;从形式来看,激励性语言形式比较单一,较少运用及时激励和延时激励相结合或集体激励和个体激励相结合等方法;从语言运用来看,激励性语言的运用比较模糊,缺乏具体性、针对性。因此,为帮助教师反思师幼互动中激励性语言的不足,认识激励性语言的重要功能,改进日常教学中的师幼互动行为,促进幼儿自我的健康发展,需要进行深入的研究。

幼儿教师的激励性语言可以分为口头语言与肢体语言两种。肢体语言一般表现为点头、微笑、拥抱、握手等表达认同、鼓励的身体语言；口头语言则更多样，有赞赏鼓励幼儿、认同幼儿、接受幼儿的意见、支持幼儿的想法或做法、通过讲解帮助幼儿理解感兴趣的内容、启发性的语言引发幼儿进一步思考和探究、给予幼儿适当的建议、理解幼儿的难处、化解幼儿的危机等语言类型。在使用对象上可以是对一个幼儿的，也可以是对小组或整个班级的激励。

二、激励性语言对幼儿的积极作用

教师在教学活动中有效运用激励性语言，首先要基于对幼儿表现的观察和分析，进而快速地判断、选择和使用合适的语言和非语言行为对幼儿给予指导和帮助。在这个过程中，教师对幼儿当下的学习状态需要有比较准确的分析和判断，对幼儿要具有良好的同理心和理解力，对教学现场的节奏要有较强的调节能力，需要有非常灵活的现场教学机智。

1. 激励性语言对幼儿形成自我意识的推动作用

3—6岁是幼儿自我意识逐步发展的重要阶段，在这个时期，幼儿不仅受周围外部世界的影响，也逐步开始更多关注自身内部世界，既希望获得能力方面的发展，同时也渴望获得外部对其的认可与肯定。因此，幼儿教师的激励性语言水平越高，幼儿自我效能感也越强。美国心理学家威廉·詹姆士曾说过："人类本质中最殷切的需求是渴望被肯定，教师积极评价在幼儿获得成功体验中起着催化剂作用，能够加速幼儿成功体验的获得与自信心的产生。"

由于幼儿在性格特点、发展水平、学习方式、接受能力等方面存在差异性，教师在使用激励性语言时也要注意因材施教。教师既要照顾到群体需要，又要兼顾个体差异，根据幼儿的个性和特点，对不同的幼儿要采取不同的方式，以适应幼儿的水平。激励性语言不仅是对那些聪明、能力强的幼儿所给予激励和肯定，对那些能力弱的、缺乏信心的幼儿，更要运用激励性语言，帮助幼儿向前发展。

对于胆小、缺乏自信的幼儿适宜用鼓励、赞赏式的激励性语言。这类幼儿大多性格胆怯、内向，对于这个类型的幼儿，教师要主动出击，主动提问，即使他们回答错了，也不要全盘否定，而应该肯定其一个方面，帮助他们树立自信；对于能力较强的幼儿适宜用启发、假设、判断式激励性语言，有问题出现了教师不要急于否定或指正，可以引导他们发现、认识自己的问题；对于依赖性较强的幼儿适宜用疑问、反问式的激励性语言，鼓励他们独立思考；对于抗挫能力较差的幼儿适宜用建议式的激励性语言，让他们获取成功，从而更有信心地面对新的挑战。

案例1:"营救美羊羊"和"营救鼠小弟"

以两个集体活动"营救美羊羊""营救鼠小弟"为例,两个教学活动除了主人公不同之外,领域、内容乃至教学方法完全一致,但是最终呈现的教学效果以及目标达成度完全不同。前者教师在执教过程中,缺少对幼儿的等待,当提问得不到幼儿的回应时,教师便说"躲在蓝色房子里的来说说看,为什么躲在蓝色的房子里?"还没等到幼儿回答,教师直接就帮助幼儿做选择或者将答案直接说出来,整个过程中教师几乎没有激励性语言或者动作的呈现,在这个活动中教师几乎就是在唱独角戏,显而易见目标达成度也就成了问题。而"营救鼠小弟"中,可以看到教师的激励性语言和动作是贯穿在整个活动环节中的。热身游戏让幼儿跟同伴之间抱一抱、碰一碰,直接让一些胆怯的幼儿勇敢起来,参与到和同伴的游戏中;"汤姆猫要到红色的房子里找你们!如果被它找到了,你就输了,想清楚了,你们能不能躲进红色的房子里呢?"教师重复提问,鼓励幼儿们要听清楚要求,再重新做选择,在这个过程中,幼儿们大胆地动起来,整个活动现场也变得非常活跃。

2. 激励性语言对幼儿养成学习品质的积极作用

教师不仅要在幼儿做得好、表现好的时候用来肯定他,还应该在幼儿遇到困难手足无措,畏难退缩时,给予他启发、鼓励,激发他进一步探究和学习的潜能。这时激励性语言的作用的就显而易见了。幼儿因教师的积极评价而产生愉悦的情感体验,有助于激发和调动幼儿参与活动的积极性,幼儿相信自己有能力完成活动,并在活动中取得成功,进一步在活动中发展潜能,获得更好的自我发展。

案例2:运动游戏"勇敢者道路"

现场情况记录:在"勇敢者道路"这一游戏中,有个别幼儿看到较高的平衡木而心生畏惧,悄悄地放弃,这个时候教师的激励性语言以及改变外部环境(运动情境)就可以帮助幼儿克服心理障碍,勇敢地进行挑战。教师在平衡木下面铺上较厚的软垫,对幼儿们说:"你们看,下面有厚厚的垫子保护我们,哪怕摔跤也不会疼。教师相信你们是勇敢的孩子,能尝试完成不同难度和挑战的路径。试试吧!"在这个运动游戏中,教师适时运用激励性语言,可以激发幼儿的学习和运动兴趣,简洁明了的激励性语言,运动环境的改变都能营造活泼、愉悦、和谐的运动氛围,能使幼儿积极勇敢、主动地参与到各种体育活动中,从而达到促进幼儿运动技能的发展。

案例3:大班数学活动"造房子"

"造房子"的活动中,一个幼儿在造房子时出错了,教师及时说:"虽然他没有全部造出来,但是也造了高楼,也要给一点掌声。"还有一个幼儿在同伴给予改正建议后进行修改,教师说:“给他鼓鼓掌,知道自己造房子有问题的地方,能改正也是很棒的。”

上述举例中,从教师说话的语气语调和表情都能看出,教师对于幼儿的激励是发自内心的,教师可以通过激励性语言帮助幼儿形成正确的认知观,还能让幼儿消除恐惧、害怕等情绪,树立自信,坚持完成任务,勇敢地展示自我,完善自我。

三、激励性语言的运用场景

激励性语言是一种积极的反馈,需要运用在幼儿的努力和进步上,而不是重视所产生的结果。激励和表扬是不一样的,表扬经常包含着判断,表扬只运用在幼儿表现优秀的情况下,而激励是任何情况都能运用的,包括幼儿表现不佳的情况下。激励性语言更注重语言的具体性,也更关注对幼儿努力行为、个性特质的描述。与幼儿教师表扬行为相比,激励性语言更能有效激发幼儿的内部动机与需要,给予幼儿更为深远持久的支持,使幼儿获得更多成长进步的空间。激励性语言更多体现了教师的智慧,启发、提问、理解和体谅,给幼儿提供一点思路,给幼儿选择的权利,这些都能对幼儿的自主学习和探究起到积极的作用。

对师幼互动过程中幼儿行为表现的关注和解读,是教师适宜使用激励性语言的基础。关注幼儿的行为表现并进行解读,就要站在幼儿的视角去分析和理解幼儿行为表现背后的原因以及幼儿的核心需求,做到“以幼儿为本”。教师具体要做到以下几个方面:以幼儿的视角和思维,解读行为背后的真实意图;以倾听的态度和行为,关注行为背后的心理和情感需求;以专业的眼光和视角,解读行为背后的发展需求;以敏锐的直觉和判断,关注行为背后的个性化需求。

例如:在美术教学活动“快乐的一天”中,幼儿把自己喜欢的东西画得特别大,比例不协调,有的幼儿会把风筝画得特别大,手臂画得特别长,这时有的教师喜欢用“不像”“不好”“真奇怪”等词语评价幼儿的画,这样的语言会打击幼儿创作的积极性,伤害幼儿的自尊心和自信心。教师应在活动中运用激励性语言,如:“你的画面真丰富,把这么多有趣的事情都画下来了!”肯定幼儿的画面,从而进一步激发幼儿的创造性。

又如,在活动中当教师发现小班幼儿在回答时不举手,七嘴八舌说起来的时候,教师给幼儿的回应是:“不要着急,一个一个说,这样才能听清朋友说的话。”教师这样的激励性语言使用基于对幼儿核心需求的准确分析,幼儿七嘴八舌是急于表达自己的想法,这时的核心教育价值应是幼儿倾听能力的培养,教师激励性语言的运用,满足了幼儿的核心需求。

案例4:小班语言活动“变色龙”

在这个活动中,教师多次使用了激励性语言,在不同的情况下使用了不同的激励方式,为幼儿营造一个支持性的环境,激励幼儿不断地大胆尝试,不断地增强幼儿成功的愿望,从而最大限度地调动幼儿的学习积极性。

激励性语言		幼儿行为表现实录	教师语言实录
1	赞赏鼓励幼儿	1. 大灰狼要吃变色龙。 2. 小变色龙变成了树干的颜色。	1. 观察得真仔细。 2. 她发现了一个大家都没说到的内容。
2	认同幼儿,接受幼儿的意见	遇到大灰狼、大鳄鱼的时候变色。	说不定就是你们说的那样。
3	支持幼儿的想法或做法	幼儿将变色龙藏起来的时候,教师假装找不到幼儿藏的变色龙。	变变变,变颜色,你们藏得真好啊!
4	通过讲解帮助幼儿理解感兴趣的内容	当幼儿观察鳄鱼并表达自己的观点的时候,教师不断地利用追问,帮助幼儿仔细观察并理解故事内容。	哦,它的嘴巴张开了,露出来了什么?哦,露出了尖尖的牙齿,三角形的牙。观察得真仔细。
5	启发性的语言引发幼儿进一步思考和探究	1. 幼儿:我看到了一只大鳄鱼,张大嘴巴,要吃东西,吃变色龙。 2. 幼儿:害怕的时候变颜色。 3. 幼儿:没有躲,它变色了,树干的颜色,棕色。	1. 追问:它在做什么?它想吃什么? 2. 变色龙在什么时候会变色? 3. 变色龙躲到树里面去了吗?它怎么了?变成什么颜色?
6	给予幼儿适当的建议	幼儿没找到变色龙躲在哪里。	想想变色龙的身体,它有什么本领?它躲在哪里比较让我们难找到它?那我们就去那个地方找找吧。
7	理解幼儿的难处,化解幼儿的危机	幼儿说不清的时候。	别着急,慢慢说。
8	对小组或整个班级的激励	大鳄鱼有尖尖的牙齿。	多亏你们提醒,变色龙发现池塘里有条大鳄鱼。

四、总结

运用激励性语言是一种智慧的评价方式,体现幼儿教师的教育智慧。师幼互动中对幼儿进行激励性语言的评价,能够有效地激发幼儿的学习兴趣,增加幼儿的学习积极性,从而打造出一个高效的课堂。作为一名幼儿园教师,要基于幼儿的需要,善于细心观察,带着欣赏、肯定、赞美的目光,带着静心、耐心、爱心去关注每一名幼儿的发展过程。教师巧妙运用多种激励性语言及形式,有机融合,关注激励性语言的艺术效果,用简洁、生动形象、易于理解的语言,让幼儿不断发展,从而促进其终身发展。教育智慧是教育理性和教育情感的融合,是教育科学和教育艺术的统一,是动态生成性和实践发展性的统一。作为一线的教师,要不断学习激励性语言的运用,提高教师的语言艺术,继续开展实践研究,成就更好的教师和幼儿。

基于幼儿自我计划,放手角色游戏自由

——大班儿童立场下的师幼互动策略探析

东方江韵幼儿园　宋陶樱子

角色游戏是幼儿游戏活动的主要内容,是幼儿对现实生活积极主动的再现活动,幼儿基于对角色的认知和理解,以模仿的方式表现出来。主题创设、角色扮演、情节发展、材料使用等均与幼儿的生活经验息息相关,幼儿游戏的自主性越强,他们的兴趣与积极性也更高。“玩什么”“和谁玩”“怎么玩”,这些在游戏时都存在于幼儿的大脑中,大班幼儿在选择游戏形式上有了很大的变化,他们能事先计划自己的游戏,主动发起活动,商量分配游戏的角色,而且也能更多地理解和遵守游戏的规则,能对自己做的计划进行反思,做出简单分析并愿意适当调整。“计划书”应运而生,作为提前呈现游戏内容的载体,它能体现幼儿的自我计划,以便于支持游戏的进行。基于儿童视角,放手幼儿游戏自由,作为观察识别的支持者,我们鼓励幼儿采用计划书的形式,尝试记录对角色游戏的想法及打算,在实现儿童立场下师幼有效互动的过程中主要经历了以下四个阶段:

一、幼儿自主计划主题,自由选择角色扮演

大班幼儿有较强的自主意识,结合自身生活经验,对于角色游戏有自己的想法,“玩什么”是幼儿们每天会思考的问题:想当老板的幼儿就会思考开什么店,喜欢自由来去的就爱当小客人,爱好地铁、汽车等交通工具的就会当小司机……幼儿用计划书的形式简单记录下自己想玩的内容,在计划书的雏形中,我们看到了画着红十字的房子和带着听诊器的人,分别代表医院和医生,画着各种蛋糕的代表卖甜品,还有四个人画在一起的代表一家四口,等等。

进入大班,无论是在学校还是家里,大人总会跟幼儿提到小学,加之课余家长给他们报了很多学习班,幼儿们对于上课有了一定的经验。在准备计划书时,小小白和悠悠说:“我们不开蛋糕店了,我们开小学吧!”紧接着甜甜便说:“三块钱一节课,怎么样?”我在一旁听到后看了一眼幼儿的计划书,上面画的是一张桌子和一个坐着的

幼儿,问道:“小学怎么还收钱呀?”“我们是试听。”小小白解释道。我追问:“试听是在哪里有的呀?小学吗?”悠悠不假思索地说:“试听是在机构的。”于是,三个小姑娘决定开教育机构,作为“教师”的她们纷纷画下了课堂和拿着粉笔的自己。

在“我要上小学”主题活动中,我们带着幼儿了解过小学和课堂,从案例中可以看出,三个小朋友对于当教师的兴趣十分高涨,但对小学和机构这两个概念模糊,幼儿聚在一起画各自的计划书时进行了讨论,本着少介入、多观察的态度,作为教师我对他们提出了问题,以此帮助幼儿思考和区分概念,了解小学和机构的不同。试听是在机构出现的现象,而小学是集体授课,不再是一对一的模式。幼儿根据自我意愿选择游戏主题,定位自身角色,教师不左右幼儿的想法,但在观察到幼儿对于小学概念不清楚时,通过提问的形式引导幼儿思考。关注每一个幼儿是教师工作的重要一环,当我们的幼儿发生困惑、疑虑的时候,及时地给予帮助和鼓励。幼儿游戏水平的不断提高,除了需要幼儿自我的积极探索外,更需要教师的外力去引导和推进,我们可以借助同伴的经验帮助幼儿正确认知游戏主题。

二、幼儿共同计划角色,自由结伴分工合作

随着计划书的推进,幼儿们养成了把“玩什么”画下来的习惯,并且会在画完之后跟几个要好的小伙伴分享自己的计划,在持续观察之后发现结伴在一起玩的幼儿相对比较固定,他们计划的角色主题也是一致的。幼儿们画完计划书后会讨论各自分工,说说自己要“做什么”,独自计划时相同角色主题下幼儿们画得几乎一致,角色分工有的在游戏时,有的在做计划时。当有幼儿提出能不能和好朋友画在一起时,我组织了一次集体谈话,让幼儿们自己决定是否要将“和谁一起玩什么”画下来,幼儿们分组讨论过后得出结论:一个游戏主题可以画在一起,标注学号分清画的人是谁,可以先讨论再由一人执笔画,也可以用轮流画的方式记录每个人要做什么,至于游戏中的“小客人”存在人数的不确定性,所以可以独自计划,也可以结伴画一起。由此,“小组计划书”产生了。

案例 1:

宠物店新开张,生意冷清,等了很久,田田来了,问道:“老板好,我想看看有没有小狗卖?”灏灏回答:“有的有的,我带你看看。”说着准备带田田去看小动物,这时茗茗走过来说:“我们有小狗、小猫、小兔子。”田田说:“那我就选这只小狗吧。”茗茗便拿起了小狗。“这只小狗没生病吧?”灏灏立马说:“给我,我去给它做体检。”茗茗挡住了灏灏的手,说他也可以做体检。灏灏接着说:“那我一会给他洗澡。”一旁的元元

听到立马喊道："我是给宠物洗澡的。"在他们争执时，茗茗把狗递给了田田，说只要付钱就能带回家了。田田走后，茗茗问："我是医生，给宠物体检的。元元你不是老板吗？刚才怎么不去接待客人？""对呀，我是给宠物洗澡的。"灏灏接着澄清自己的工作职责。元元委屈地说："我不知道，计划书上没写明啊！"于是，茗茗提议修改计划书，把分工也画上。

通过观察识别幼儿行为，宠物店里有三个角色，分别是老板、给宠物检查身体的医生以及给宠物洗澡的助手，三名幼儿有过分工，但未和同伴商量清楚。游戏开始前，部分幼儿有看计划书的习惯，会主动与同伴沟通交流，及时发现问题并想办法解决，愿意通过小组计划书的形式共同商讨确认分工。幼儿游戏本身就有很多随机性和不确定性，幼儿在与同伴的交往互动中会表现出各种各样的行为和问题，教师要在观察、等待的基础上，解读幼儿在游戏中表现的行为，在分析的基础上决定是否要介入，以哪种方式介入更适宜。以上案例中通过观察发现幼儿能自主思考，在讨论中能与小伙伴共同解决问题，所以教师并未在游戏时介入，但为进一步支持鼓励幼儿游戏，巩固提升幼儿游戏的积极性，在结束环节时邀请了宠物店"老板"来分享自己的角色行为。对于他们的解决方法，大家都用掌声表达了肯定与赞同。从此，幼儿们的计划书上也渐渐多了角色分工的痕迹，简单的计划书包含的内容逐渐丰富。

三、幼儿计划材料工具，自由创设个性情节

1. 低结构多替代

在各游戏主题活动的开展过程中，幼儿们对于角色游戏的兴趣日益浓厚，也经常看到幼儿们认真准备材料，"用什么"的需求各有不同，为了鼓励幼儿积极动脑动手，我们在材料超市投放了大量的纸板、垫子、水管、泡沫棒及桌布等。一开始，幼儿们喜欢用手工纸裁剪和铅画纸绘制的方式，慢慢地幼儿们发现这是件耗时长久的事，而且有些东西用纸太过单薄并不耐用，不仅满足不了他们对于游戏的需求，往往还会影响游戏进程。幼儿们动脑筋想办法，在自由活动时间便开始准备游戏情节所需材料，为了不遗漏，幼儿们会有条不紊地在计划书上记录好要准备的东西。如餐厅需要外卖小车，他们就找椅子加个推车绑一绑；材料超市中的纸板用作手机付钱外，还能画个二维码用来收钱；发泡板对折画个键盘当作平板电脑……幼儿们的创意是无限的，对游戏的热情促使他们自发地准备材料和工具，以此推进角色游戏的情节发展。低结构的材料带来了便利，即使在准备时尚未想到但在游戏过程中突然萌发新点子时，幼儿们也会很快地在材料超市找到相应的替代物。

案例 2：

可芯作为小客人来到理发店剪头发，老板年糕和小木招呼她坐到镜子前，询问要什么服务。可芯说："我要剪头发。"小木把一块布围到了可芯的脖子上，年糕找到塑料小剪刀准备开始剪头发，当发现剪刀卡顿不方便操作的时候，小木也上前帮忙，剪完还梳了梳头发。两个老板将客人指引到桌子边，让她躺上去，用布盖在身上防止感冒，还拿了泡沫棒当成水管给小客人洗头，洗完头后吹头发，服务结束还拿了盒子当成 POS 机收钱。

通过观察游戏过程中理发店幼儿们的表现，可以看出来他们有一定的角色意识，有理发店的生活经验，知道有剪头发、洗头发和吹头发这些基础的工作内容，两个老板会分工协作，帮助客人围布保证衣服不弄脏，不仅将布当围兜和盖被，还将泡沫棒当水管给客人洗头，说明幼儿有替代行为，会拿低结构的材料多用途地使用。教师发现幼儿们的游戏需求时，及时提供了多种低结构材料，没有语言的暗示与用法的提示，放手让幼儿自主探索，站在儿童视角自由解读材料。在这里，教师是无声的支持者。

2. 共谈话促情节

在角色游戏中观察幼儿行为并进行恰当的评价，做出有效的指导，提供幼儿所需的游戏支持，坚持观察记录并分析这些情况，才可以真实地了解幼儿群体或个体的特点，掌握个体差异及"最近发展区"，从而进行材料的跟进与调整，并在此基础上鼓励幼儿思考"怎么玩"才是最适宜有效的。

游戏结束后分享环节，通过介绍游戏过程中幼儿体验到的快乐，"老板"还提出了新的思考：理发店除了洗剪吹还能做什么？幼儿们说有卷头发、烫头发、染头发，还提供按摩服务。那客人来了怎么能知道有哪些选择呢？幼儿们就想到了用菜单式的册子画下不同发型和发色给客人选择。曾经"开美容店"的幼儿提出可以让客人办会员卡，这样可以参与打折。之后，在自由活动时间计划准备开理发店的老板就开始画不同发型，并在旁边标注了相应的价格，在理发盒子里放了一些油画棒，说是提供颜色选择，到时可以给客人染头发，还做了宣传单，标明在理发店办会员卡的优惠活动。

幼儿互相提出问题给出解决方法之际，在探讨思索中提升了彼此的经验，对于开店也有了更多的准备和想法。幼儿们获得的间接经验比教师直接告知更有价值，印象也更深刻，自然而然地在游戏过程中将获得的信息转化成自身的经验。在这个活动中，教师是幼儿游戏的助推者。

四、幼儿按需计划场地,自由设想格局分布

教师放手角色游戏自由,但存在于教室中的柜子、桌子、椅子这些摆设,对于幼儿的游戏还存在一定的"隐形控制"。经过观察,游戏开始幼儿们就会"抢地盘",都想占据又大又宽敞的地方;或是之前已经摆放了游戏材料的柜子,对于"谁先来"往往有所争执,多数时候人少的小组就会换地方,重新准备自己的店。长此以往,幼儿们形成了固定思维,在什么地方就该开什么店。为打破固有的想法,偶有幼儿完成小组计划向我介绍时,我就会顺口问他们一句:"你们的店在哪儿呀?我想去光顾呢!"以此激励幼儿提前思考游戏开设位置,他们在准备的时候也会将桌椅收到一边。当发现有零散的椅子摆在店门口,幼儿会说那是给排队的人用的,对于他们的解释说明我会大加称赞。每当幼儿有样学样开始摆弄桌椅时,教师的及时肯定会增加幼儿们的积极性,椅子的作用就慢慢多了起来,如外卖员的电动车、超市的货品摆放架、探险队的山谷……受到启发的幼儿也开始想办法为自己的店增光添彩,游戏开始幼儿们便会忙活起来,动桌子、搬椅子、移柜子,整个教室甚至走廊都是他们的"天下",不再拘泥于教室的格局,只要摆出来便是他们的游戏场地。

案例3:

冰淇淋店准备开张,潼潼和源源两位老板做起了准备工作,他们将海洋球当作冰淇淋,按照颜色分类摆放在了篮筐里,由于准备期间不能接待客人,他们还拿出了提前画好的关门标记放在门口。"等到这个牌子拿走了就是开张了。"说着两位老板准备好了材料,就开始营业。小禾来到了冰淇淋店,先是看了看冰淇淋,询问道:"我要抹茶冰淇淋,但是这个冰淇淋怎么不放在冰箱,会化的。"源源立马说:"我们没有冰箱。"潼潼想了想回答道:"我们把那柜子拖过来当冰箱吧!"豆豆赶忙答应,跟源源一起把美工架移了过来:"把冰淇淋按颜色放进每个格子里吧!"放完后潼潼找了个大勺了挖出一个绿色的海洋球对小禾说:"给你,抹茶冰淇淋做完了,扫这个二维码付钱。"

在计划书的引领下,幼儿们会提前确立游戏主题、准备游戏材料、确定各自分工,最后打破格局,真正实现角色游戏的自由。通过美工架的移动,让原本单调的冰淇淋店更有风味,幼儿们在使用过程中还会用透明的玻璃纸当防尘罩,潼潼的改良建议不仅使冰淇淋店更有特色,也让其他幼儿学着敢于动脑、勤于动手,打破原有摆设,大胆布置自己需要的游戏场景。意大利著名教育家蒙台梭利说过:"唯有通过观察和分

析，才能真正了解幼儿的内在需要和个别差异，以决定如何协调环境，并采取应有的态度来配合幼儿成长的需要。”幼儿教师对角色游戏科学有效的指导更有利于游戏功能的发挥与游戏价值的实现，教师只有了解幼儿，才能更好地观察幼儿行为、觉察幼儿需要、判断幼儿发展水平，从而促进幼儿自我计划开展游戏。

基于儿童视角，将计划书作为辅助手段，放手幼儿进行角色游戏，提升教师对角色游戏的观察识别能力，实现师幼有效互动，这也有助于促进幼儿教师的专业发展。“教育为本，观察先行”，我会继续放手幼儿游戏，做一名合格的观察者、支持者，实现材料自由、角色自由和空间自由，激发幼儿兴趣，鼓励幼儿自我探索，让“隐形控制”淡出幼儿游戏，同时学会把握教育良机、抓住契机，丰富游戏内容，增加幼儿生活经验。

师幼相成，互动有迹

——儿童立场下的户外角色游戏支持策略

东方江韵幼儿园　王燕俊

当幼儿主体性在幼儿教育实践中不断被认识，幼儿教育的方式也在不断改变，从教师主导幼儿教育到教师开始关注幼儿兴趣，再到兴趣与需求的“双关注”，而后是教师关注教育中幼儿的心理与自主性行为等，幼儿教育在进步，教育理念在更新，教师的水平也在逐渐提升。在现阶段的教育实践中，我们不再仅仅从教育的角度去考虑教育行为，更开始站在幼儿的立场去考虑幼儿的心理需要、重视幼儿的想法。特别是幼儿游戏中，我们开始站在幼儿的角度去考虑他们需要什么、想要什么，以幼儿意愿与认知为主。本文将以户外角色游戏为主，谈一谈如何在幼儿游戏中以幼儿立场为主，满足幼儿游戏中的推进需求，从幼儿角度考虑他们的兴趣，站在幼儿立场上运用计划、问答、尝试、表征等多种适当的策略有效应对幼儿的成长。

一、游戏计划：以提前规划引发游戏自信

规划游戏的行为，是在游戏进行前做好“我想做什么、我要怎么做”等计划，这样的方式能够让幼儿在进行游戏的过程中获得更多的游戏自信，并且让幼儿在游戏中将计划与游戏实际做一定的对比，从而促进幼儿游戏能力的提升。

在“初探户外”游戏的过程中，由于从室内到室外的转变，幼儿有些许茫然，我在观察了班级中29名幼儿的户外角色游戏后发现，许多幼儿都会出现无意义游戏行为，如闲逛等，这让游戏的教育价值大大降低，通过感受达到良好的交往体验、动手能力发展等在无意义游戏行为之下都无从谈起。在观察中我发现幼儿并不是不喜欢游戏，许多幼儿渴望参与、渴望融入，但是缺乏能力。这就需要站在幼儿的立场上设想并融入游戏能力提升需求，可通过游戏计划为幼儿提前提供游戏信心，帮助他们更好、更有目的地进行游戏。

如在游戏进行的前一天，教师提出了请幼儿自己想一想第二天要玩什么游戏、需

要什么材料、在哪里玩,可以寻找自己的小伙伴,大家一起计划一下。做计划对幼儿来说是非常具有期待感的,大家马上寻找自己的好朋友,和好朋友一起讨论第二天要玩什么游戏,用纸笔把自己的计划画下来,这样就不会忘记了。乐乐、盈盈、悦悦决定要一起开一个娃娃家,这样大家在外面玩累了就可以回家里休息休息。登登和小白决定要开一家奶茶店,里面还有烧烤卖,这样就可以把烧烤和奶茶卖给来往的客人。他们头抵着头,在纸上画出一个一个小圈圈:“这是桌子,我们还需要一个柜台,这样就有地方做奶茶了……”有了规划的过程,第二天大家的游戏热情高涨,相较于没有规划的游戏来说,游戏更顺利且更和谐,由于一起做了计划,后期出现问题时讨论的过程也更理性。在有计划的游戏中,幼儿的无意义行为大大减少,自信的游戏过程让游戏现场热闹非凡。

二、游戏互动:用提问释放幼儿已有经验

在进行游戏的过程中,幼儿经常会遇到各种各样的问题,但是许多问题对幼儿来说是已经有经验和能力去处理的,只是幼儿在游戏的过程中没有及时想到,经验没有支持到幼儿的游戏。所以教师可以适当帮助幼儿回忆他们的生活经验,让幼儿自己来解决游戏的问题,当问题得到顺利解决的时候,幼儿对自己将更有信心,在未来的生活中也会更关注周边环境,形成生活、游戏相互促进的良性循环。

如在操场上,盈盈、悦悦、小俣等几名幼儿将许多军用垫拿出来垫在地上,在军用垫最后面放了两个叠起来的轮胎做浴盆,盈盈大声告诉大家:“这是我们泡澡的地方,如果想要泡澡就需要排队。”大家排好队进去泡澡。悦悦询问:“这是浴室吗?”盈盈说:“是的,这是浴室。”小俣将几块塑料块连接在一起摆放在垫子上,将卫生间和客厅隔开:“这里是浴室的话,这边是我们的客厅,这样隔开就可以了,这样就不会有水流出来了。”大部分幼儿都很满意他的安排。但是也有不一样的声音,瞳瞳就拒绝了:“我洗澡的时候别人不能看见的,这是我妈妈说的。”虽然有不认同的声音,但是大家的游戏还是继续下去了。

在游戏结束后,教师和大家一起谈论,问:“今天的游戏开心吗?你们有什么想法?”这时,瞳瞳就说了自己对浴室的想法:“我觉得浴室不好玩,因为大家都看着你洗澡,这是不对的。”大家就这个问题进行了讨论。教师提出问题:“你家的浴室是什么样?”“你在家里洗澡时门是敞开着大家都能看到的吗?”大家这才将生活实际与游戏联系起来,第二天玩游戏的时候幼儿就将军用垫在浴室旁边竖起来,然后留下一个门供大家进出,排队的时候还提出:“不能站在这里看别人泡澡,女孩子可以跟女孩

子排队。”他们又多做了一个浴室,将男幼儿和女幼儿分开进行游戏。

从儿童立场上看,教师在幼儿游戏当中不应当介入,否则容易让幼儿产生不良情绪与不自信心态,而在游戏后与幼儿进行游戏交流讨论,能够使幼儿站在游戏情节角色意识之下展开回忆,使幼儿了解到游戏中缺少了什么、还可以如何进行,这样更利于幼儿游戏的推进。

三、勇于尝试:多动手寻找游戏难题答案

在角色游戏中,各种难题时常会困扰幼儿,比如如何跨越高高的障碍、如何让滚动的材料固定等,进行过程中的游戏若因为难题而出现停滞或停止,对幼儿来说无疑是充满遗憾的。从幼儿的角度考虑,让幼儿自己动手解决问题和困扰更能增强幼儿解决问题的能力。

在角色游戏中,如娃娃家的人到超市买了许多饮料,还对超市提出了“你送货到我们家里去”的要求,于是超市找到了送外卖的人员,外卖员拉着平板车来了,他将饮料一瓶瓶摆放在平板车上,平板车很大,饮料摆在了正中间的位置,一拉动,饮料就开始晃悠,不一会儿立着的饮料瓶纷纷倒下,乱七八糟地倒在平板车上,外卖员小心地推动车子,但饮料瓶还是滚落了下来,他一边推一边整理,迟迟未送货上门,这让娃娃家的妈妈非常不满。

几个幼儿围着平板车帮外卖员想办法,外卖员还找到教师希望能获得帮助,教师鼓励幼儿自己来尝试各种办法解决问题,最后娃娃家的妈妈也加入大家一起想办法。他们找了瑜伽砖竖立在平板车四周,但是推动的时候“砖块”太轻就倒了,他们又找来绳子绑着瓶子,可惜绑起来太难只能放弃。最后伟伟推来了一个大轮胎,大家把轮胎抬到平板车上,把饮料瓶子放进去,这才让瓶子滚落的问题得以解决。

在解决游戏中的问题时,由于有了游戏快乐经验的加分,会更让幼儿觉得印象深刻,要多鼓励幼儿去尝试解决问题,这样才能有效提升幼儿解决问题的能力。尽管在游戏中幼儿解决问题的办法也许不是最恰当的,却是难能可贵的。教师可以引导幼儿在游戏结束后一起讨论难题,与幼儿一起设想更多的解决办法,以开拓幼儿思维,使他们在未来遇到类似问题时得以举一反三。

四、大胆想象:观察环境探寻有利游戏物品

在角色游戏中,运用不同的物品进行物品替代是非常常见的,当幼儿游戏能力强

的时候，任何角色游戏都能够在材料不足的情况下得到顺利开展，比如一把枯萎的杂草既可做菜，又能泡茶，还可以作为插花使用，甚至可以做交易使用的货币。

但是当幼儿能力不足时，往往会出现"缺衣少食"的情况，如烧烤店的阿贝和烁烁拿来轮胎作炉子，还找来了落叶当炭火，他们坐在旁边等待客人上门，路过的客人们走过来看了看又走远了，原因是他们根本没有食物可卖。在这个案例中，幼儿的寻找物品替代的能力还相对较差，他们有了烧烤游戏经验，知道找到轮胎、落叶作炉子、炭火，却没有食物烧烤的经验，守着炉子导致"生意冷清"，没有顾客上门。在这样的游戏里，幼儿的游戏食物都是以想象替代的方式存在，与室内游戏不一样，没有串好的肉串，没有一个个的小饺子，幼儿就需要自己去寻找利于游戏持续进行的各种物品。教师需要对幼儿进行鼓励，以让幼儿的游戏得以持续。

在这个游戏里，教师对幼儿的游戏进行了适当的介入，看到东东在走来走去，在烧烤架前徘徊的次数最多，教师与东东进行了与食物相关的交流：你想吃什么？烧烤摊没有东西卖，你可以自己拿东西去烤。玉米是什么样的？什么东西比较像玉米？什么更像香肠？什么像牛肉？简单交流了几句后，东东在地上捡来一些小石子拿到烧烤摊："我想烤牛肉，这是我的牛肉。"两名幼儿接过牛肉开始烧烤。有了开始的想象，之后就变得简单起来，他们开始去翻找材料筐，找到了泡沫桶做香肠，用树枝串起落叶做烤豆皮，还找到小草做青菜，烧烤摊前开始慢慢热闹起来。在这一次的互动里，教师进行了简单介入，不仅仅结束了幼儿的无意义游戏行为，还间接使得烧烤摊游戏里的幼儿有了利于游戏的想象。引导幼儿运用替代物品，大胆观察，使游戏过程更具有想象力。

《3—6岁儿童学习与发展指南》在说明中明确提出"最大限度地支持和满足幼儿通过直接感知、实际操作和亲身体验获取经验的需要"，幼儿的学习与成长大部分是在活动过程中感知、操作与体验形成经验的，幼儿游戏过程中的经验获取对于他们未来的探索能力、学习能力与兴趣有着重要的影响，所以我们需要给幼儿提供一个更好的游戏、学习环境。近几年的学前教育探索中，大量一线工作者认识到了幼儿自主的重要性，我们不断摸索如何让幼儿进行游戏自主，让他们自己去探索自己的兴趣、生成游戏、体验材料的准备、获得交往感受。到了如今，我们更多地站在幼儿的立场去考虑他们的意愿、需求，教师的提前预设与主导已经渐渐被幼儿需求替代，当我们真正站在幼儿的立场去想他们如何才能学得更开心、玩得更快乐、心理更健康，游戏指导的行为才能更趋向于儿童化。

参考文献:

[1] 李季湄,冯晓霞.《3—6岁儿童学习与发展指南》解读[M].人民教育出版社,2013.

[2] 李娟娟.开展大班幼儿户外角色游戏的有效策略[J].学前教育研究,2018(1):3.

[3] 吴惠华.幼儿户外角色游戏的教育价值探讨[J].家长,2020.

[4] 周丽.思在前 酌在后——基于儿童立场的游戏思考[J].读与写:教育教学刊,2019(3):1.

基于户外角色游戏的观察与识别，探讨教师如何正确放手与支持

东方江韵幼儿园　金晓兰

近年来，幼儿户外角色游戏如火如荼地开展着。作为幼儿学前教育中不可缺少的游戏主旋律，对于如何实现“幼儿优先”，把角色游戏还给幼儿，让游戏契合幼儿们的天性，真正做到幼儿“自主”，真正成为游戏的主人，教师对幼儿角色游戏的组织能力也发生了概念上的转变。

在户外游戏中，如何“放手”、如何“支持”成为了我园本学年教研的重要部分。游戏中，教师所扮演的角色，对幼儿游戏支持的内容、策略和时机，是否能真正做到有智慧地“有的放矢”，对幼儿的游戏起着至关重要的作用。

一、教师对幼儿户外角色游戏空间的放手和支持

1. 对幼儿角色游戏空间的放手

角色游戏是深受幼儿喜爱的活动，教师需要对幼儿户外游戏空间进行放手。充分发挥角色游戏对幼儿发展的积极作用。

在开展主题角色游戏时，教师要打破原有游戏主题固定区域化的概念，应给予幼儿选择游戏空间的权利。我园的户外活动场地大，有紫藤长廊、种植园、草坪、大面积的运动场。在实践中，幼儿们可以自由地将户外场地资源与角色游戏进行有机的结合，将自然资源巧妙地融于角色游戏之中。

2. 对幼儿角色游戏空间的支持

在幼儿们玩乐的同时，教师要注意游戏场地的安全细节。我园的户外场地由塑胶、天然草皮、人工草皮、沙子、泥土、石板等材料组成。草地、沙地、泥地柔软且更自然，可以带给幼儿舒适、放松的体验；塑胶地相对平整又富有弹性，它宽阔平坦，除了满足幼儿日常具有挑战性的运动活动之外，也适合幼儿在上面进行各类搭建活动。场地的材质、高度、坡度等地面特征可以让幼儿在游戏中获得运用多种感官探究的机会。草地的四季变化、沙地的松散可塑、泥地的干湿变化等又能带给幼儿不一样的感

知和体验。

例如幼儿们将大型滑滑梯改成“滑雪场”，将紫藤长廊变成“飞机场”，使用军用垫搭建好帐篷去草地上“露营”。“自由空间”是教育的隐喻，也是实体的存在。我们要善于利用开放的游戏环境，激发幼儿的创造性、自主性。

二、教师对幼儿户外角色游戏材料的放手和支持

游戏材料是幼儿表现游戏内容、发展游戏水平的重要物质支柱，不同年段的幼儿对游戏材料的使用方法及表现形式不同，所以在幼儿自主选择游戏材料时，教师要有意去关注游戏材料的功能性和不同年龄段幼儿对游戏的不同需求。

1. 对幼儿角色游戏材料的放手

在户外开展角色游戏时，幼儿游戏材料自然地逐渐从高结构向低结构转化。同时，幼儿们在室内游戏收集的各类易裁剪、揉搓的软布或废旧物品同样可以作为低结构的游戏材料，带到户外进行游戏。这些材料都能很好地融入幼儿的游戏，丰富他们的游戏内容，提高幼儿的想象力和创造力。

例如有的幼儿会把 PVC 滚筒当作烧烤店的桌子或垃圾桶；有的幼儿会把滚筒当成汽车，自己则钻进去当司机。随处可拿取的军用垫成为“登山队员”的山、营地帐篷，滑雪运动员将它与木板组合搭建出了从高处下滑的雪橇。竹梯子时而帮助“救援队”消灭森林大火，时而又成为“乘客们”登机的空中廊桥。

其实不光如此，我们还要给予幼儿们材料自由，将区域扩展到户外场地上后，要让幼儿们能接触到更多的安全物品。万物皆可以成为游戏材料。教师们让幼儿们自由地选择游戏材料，让更多的幼儿高度自主地创造游戏。

2. 对幼儿角色游戏材料的“支持”

（1）提供安全的户外游戏装备

为了适应上海市学前教育发展的需求，保障幼儿安全和身心发展，在开展户外的角色游戏时，户外游戏的运动器材或自然物品都应定期地进行检查、消毒和维护，保证其正常使用。无论是高结构还是低结构游戏材料，我们都要及时检查，更换破损或尖锐物件。

（2）建立“户外材料仓库”

“材料仓库”一直是游戏中不可或缺的好帮手。为了解游戏材料在角色游戏中的运用情况，我们对如何建立“户外材料仓库”进行了思考。原先我们仅仅通过教学楼外的一处帐篷来收藏储存户外游戏材料。但几次游戏后发现，幼儿们每次游戏开

始时蜂拥而至,不仅导致了材料收纳的凌乱,同时也有一定的安全隐患。因此我们购置了几辆小推车,将游戏材料分别放置在各个推车中,便于幼儿拿取。通过几次调整游戏材料和户外运动器械的摆放,我们让户外场地形成无数个“材料仓库”,逐渐改善了这一问题。

(3) 引导幼儿善于选择运动器材和自然物进行游戏替代行为

替代行为的发展,离不开教师的观察与记录。小班的幼儿在选择替代物时普遍以模仿为主,没有加工或者新的创意,替代行为多是由教师启发幼儿产生的。到了中班则会渐渐出现多种替代物。中班幼儿替代行为有所增加,他们会自由地寻找替代物,使用泡沫软积木来当扫码机器,用树叶同时当作烧烤店火炉里的生火材料和小吃店的龙虾,等等。我们需要通过分享的环节去帮助幼儿总结提升生活经验,丰富游戏情节。当游戏情节丰富起来后,幼儿往往都会从游戏情节入手,对物品产生联想,以一种物品替代另一种物品,并从游戏的意义来看待实物,或以某种物品来替代实物,使实物的游戏意义超出物品本身的意义,从而赋予了物品象征性。

同时,替代行为的发展,离不开教师的指导与支持。游戏材料是幼儿表现游戏内容、发展游戏水平的重要物质支柱,不同年龄段的幼儿对游戏材料的使用方法及表现形式不同。在户外角色游戏开始前,可以组织幼儿们制作“游戏计划书”,确定游戏内容,与同伴一起商讨确立游戏所需要的材料物品。幼儿在游戏时才会表现得更加积极主动,能按自己的生活经验找到相应的替代物,在游戏中也会积累更多的生活经验。

三、教师对幼儿户外角色游戏内容的放手和支持

教师在幼儿游戏过程中的支持和放手是相辅相成的。幼儿是游戏的主体,教师在游戏中应做到尽量放手,不要去打扰幼儿游戏的正常进行。但千万不能天真地以为教师真的能做“甩手掌柜”,放任幼儿们在游戏的时间里做任何事情。教师要做的不仅仅是让幼儿们觉得游戏好玩,更要通过恰当、适宜的支持性引导介入,让幼儿的游戏“玩得好”。在自然状态下幼儿游戏一定是变化多端的,教师必须要认真观察、梳理,寻找最佳契机并有效介入幼儿游戏。

1. 教师要学会观察幼儿

教师介入幼儿的游戏是否是必要的呢?首先我们要学会细心观察他们的游戏行为,捕捉有价值的游戏内容。在户外游戏中,教师应根据幼儿的活动情况不断分析、调整和反思,善于利用与捕捉教育机会调整幼儿的游戏方式,促进全体幼儿在实践中

获得发展，以便更好地引导幼儿在户外游戏中自主探索、体验、学习和发展。

作为观察者，教师可以创设一个观察表用以记录幼儿的游戏行为。反问自己“看到了什么”“读懂了什么”“跟进（调整）了什么”“收获了什么”，分别对应的是：“看到幼儿的外显行为信息有哪些”“通过幼儿这些外显的信息去解读到这些信息背后的价值”“通过分析以上两点后的做法”以及“跟进后的结果”或“效果不理想时自己的反思”。

教师的观察过程如下：首先确定观察的目的、对象和内容，其次选择适当的观察方法，再次就是观察记录和分析，最后是反思与调整活动。教师的观察就好像医生的触觉一样，要随时捕捉幼儿的一举一动，多听一听幼儿表达了什么，了解幼儿在想什么，尽可能地用幼儿的眼光看世界，用幼儿的心灵感知世界，用幼儿的语言表达世界，用心去感受和体会幼儿行为背后的“真相”。

2. 把握对幼儿游戏介入的时机

在观察幼儿游戏的同时，我们也要找准介入的时机。例如：当有幼儿在游戏中遇到困难主动向你寻求帮助时；看到幼儿在创新的过程中出现了不安全隐患时；在游戏过程中幼儿的行为不符合社会规范时；当幼儿们在游戏中产生冲突，表现出打闹推搡的行为时；在游戏中遇到困难准备放弃时；幼儿在游戏中持续的表现出无所事事的状态时；游戏过程中同伴间出现纠纷无法解决时；在游戏过程中教师为深入了解幼儿的游戏行为动机时；教师出于研究的需要进行反思性实践时……还可以在不影响幼儿游戏意愿的情况下，给幼儿提供丰富生活经验的意见。

每一次的介入我同样也都会询问自己三个问题：

(1) 我的引导启发是否充分尊重了幼儿的游戏意愿？

(2) 我的引导启发是否帮助幼儿获得新的经验，提升游戏水平？

(3) 幼儿对我的引导启发是否积极响应？

四、教师对户外角色游戏分享的放手与支持

户外角色游戏的分享活动是幼儿和教师共同分享游戏、提升经验的过程，更是幼儿间相互启迪、分享经验的过程，教师要充分运用教育的契机，发挥共享教育的价值，让幼儿在游戏中真正体验到快乐。

1. 教师对角色游戏分享的放手

教师应该为角色游戏的交流分享创设一个宽松、愉悦的环境，以幼儿为主体，能让幼儿自主地在活动的结尾部分交流体验、分享发现，从而使幼儿以更大的兴趣、高

涨的热情去期盼和投入下一次的游戏。

教师要让幼儿成为分享与交流的主人。虽然有时候他们讲得还不是很连贯也不精练，但这正是培养幼儿们与他人交往的能力的过程，教师也可以引导幼儿互相请朋友进行分享总结。通过角色游戏的分享，帮助他们去丰富生活经验，真正成为活动的主人。

2. 教师对角色游戏分享的支持

教师在幼儿的分享中的支持要以丰富幼儿社会经验，延伸游戏情节，推动幼儿适宜、有效的综合发展为主。户外游戏的分享和室内游戏分享形式上有所不同，因此教师也可以利用照片的形式和幼儿的角色游戏计划相对应，将幼儿的奇思妙想和创意留下来，制作成一面游戏班本墙，引导幼儿在游戏后进行自我评价，对幼儿游戏的发展起到实质性的帮助。

教师的任何分享支持行为都离不开对幼儿行为的深入观察，离不开对幼儿年龄特点的深入了解，更离不开教师对教育理念的深度剖析。当幼儿们想分享的是自己在游戏中遇到的困惑障碍，教师更应该持鼓励、表扬的态度，这样不仅可以增强幼儿参与活动的兴趣和信心，而且会给幼儿一种很大的动力，使其自觉要求向好的方向发展。所以教师必须善于倾听幼儿的想法、观点，理解幼儿游戏的初衷，这样才不会曲解幼儿的游戏内容与情节。对其点滴、大胆的想法都给予鼓励。

师幼互动案例之“面对从不开口的幼儿”的长期追踪

东方德尚幼儿园 马越超

一、案例背景

记得在一次培训学习课堂上，授课的教师问了一个问题：你认为怎样的幼儿是好幼儿，你喜欢什么样的幼儿？当时教师的回答给我留下的印象非常深刻，她说每一个幼儿都是独一无二的，所以每一个幼儿在她心中都是好幼儿。我深深认同她说的话。

我们班上有个幼儿，从小班开始，来幼儿园不说一句话，没有任何互动，连最简单的肢体语言也没有。即便如此，在我心中她依旧是个独一无二的好幼儿。从她入园开始，我一直坚持找寻各种各样的方式尝试让她打开心扉，不错过她任何一个细微的变化。在师幼互动中，始终把幼儿放在主导地位，站在幼儿的角度，去观察、去思考、去实施。

本文记录了一名曾经从不开口说话的幼儿的三年幼儿园生活，该幼儿每个年龄段的变化都通过案例形式被记录了下来，同时记录了教师尝试的各种让幼儿能愿意开口与教师互动的方法，也整理总结了影响师幼互动的因素。

二、案例过程：方法和影响因素

1. 初期：小班阶段（没有太大效果，但开始有微表情）

（1）教师正面示范

当时新小班小朋友刚进园没多久，幼儿范范（化名）迟迟不开口，和大家没互动。考虑到新小班幼儿的年龄段特征，我一开始以为幼儿是没适应幼儿园生活，所以在很多时候，幼儿不说话，我就为幼儿做正面的示范，希望能让幼儿产生模仿的行为。例如：来园的时候，遇到其他教师和同伴，我总会在范范面前大声地开口向其他人打招呼：“早上好！”同时鼓励范范开口学说礼貌用语，但是很可惜，范范最终都只是用眼神回应我，对我的示范没有模仿的行为。

(2) 为幼儿找好朋友

在教师示范的方式没有成效之后,我又重新思考或许可以为范范找一个好朋友,可能与同龄人之间交往会更能激发她与人互动的意愿。但是经过尝试,找了好几个我们班比较开朗、热情的幼儿带着范范玩一段时间,这些幼儿都有一个共同问题,那就是玩着玩着,就又忽略了范范,自顾自地接着玩。我认为这也和小班年龄特征相关,多数以自我为中心,不会太顾忌到身边的人。同时,范范又不说话,和别人没什么互动,于是渐渐地,我帮范范找的好朋友也不和她玩了。“找好朋友”这个方法对范范来说也没什么效果。

(3) 与家长沟通,了解原因

在尝试过两种方法没什么效果后,我联系了范范的家长。了解到原来幼儿的父母都是医生,平时非常忙碌,幼儿几乎看不到爸爸妈妈,等爸爸妈妈下班后,范范都睡着了。范范主要由外公负责带,外公性格也比较内敛,话不多,导致范范在家没有什么交流的机会。平时在家的范范也不太爱说话,她很喜欢画画,她的心情都通过画画来表达。在和家长沟通过后,我就加强了在园内和范范沟通的次数,即使她一直没有什么反应。同时我也和范范的爸爸妈妈沟通尽量抽点时间陪伴幼儿,即使就一起吃一顿饭也好,多和幼儿交流,想办法让幼儿开口多说话。

就这样到了小班下学期,有一次,我如往常一样鼓励范范和同伴开口,她需要和同伴换座位,我还是在她面前做示范,说:“请让一下。”范范依旧与往常一样没有说话,但是她害羞地笑了一下。平时她都几乎没什么表情,就算不小心摔倒也不会哭,也没有见过她有笑容,但那次她有微表情了,这对我来说,就像是幼儿向我迈进了一小步,鼓励着我,让我继续充满信心地引导她。当日放学后,我也立即和范范的爸爸妈妈说明了那天范范有了微表情这一情况,说明幼儿开始有所变化了。告诉爸爸妈妈这个好消息,也增强了他们的信心。

2. 中期:中班阶段(稍有些变化,会有肢体动作,会有单字回应)

(1) 鼓励幼儿做肢体动作,与幼儿建立信任

进入了中班阶段,我和幼儿父母依旧坚持着和范范进行“自问自答”式的交流。有一段时间经常看到幼儿妈妈来接她放学,与幼儿妈妈交流得知,原来是她怀上宝宝了,请假在家的时间多了,陪伴范范的时间也增加了。虽然范范依旧不说话,但我能观察到范范每天微笑的次数变多了,说明幼儿内心很快乐。每当我发现范范心情很好的时候,我就会趁热打铁,鼓励范范做出肢体动作,例如回答问题时,我会边引导范范边做示范动作:“同意就点点头,不同意就摇摇头。”范范从一开始没回应到慢慢开

始能用点头和摇头表达自己的意愿，只要范范当天与我们有互动，有做肢体动作，放学的时候我就会当着幼儿的面向幼儿妈妈表扬她，让她知道教师和妈妈都很关心她，慢慢与她建立起了信任感。

(2) 强化“发声”行为，帮助幼儿建立自信

中班接近尾声的时候，范范做了姐姐。根据和范范妈妈的沟通与聊天，我得知范范妈妈在新宝宝来临之前，经常和范范沟通，让范范喜欢上了当姐姐的感觉。范范的性格没有很大的变化，但是和她沟通的过程中，我们的师幼互动变得充满默契，比她小班时候的回应情况更乐观，我也努力让范范尝试说说“嗯”“哦”“好”之类的单字，让她多多练习。每当她能发出声音，我都会夸张地和搭班教师、保育教师、小朋友们描述范范进步之大，及时强化她“发声”的行为，增加她表达的意愿。每当这个时候，我发现范范总是会偷偷瞄我一眼，微微一笑。她的性格也比之前温暖了许多，不再是一直面无表情的了。

3. 后期：大班阶段(愿意开口说话，从单字到短句)

(1) 校园环境的因素

我们的班级前有一段很长的走廊，窗外是我们幼儿园美丽的中庭花园。一次偶然的机会，早上我正好在班级的门口，发现范范自顾自地走着，在窗边停下来了，静静地看着花园。我问了她怎么不进班级，她一开始很专心，没注意到我，听到我的声音后愣了一下，有点不知所措，两只小手在相互摩挲着，以为我要喊她进班级。我弯下腰，凑近她，问：“你是不是觉得我们花园特别好看，所以想看看呀？”她没说话，我循着她的目光看去，发现她在看小兔子雕像，我继续和她闲聊：“你喜不喜欢花园里的小兔子呀？”过了3秒钟，只听到她轻轻地说了声“喜欢”，范范从之前回答一个字到现在能直接回答词了。我赶紧继续和她聊天，抱着试试看的心态，问她：“范范，那你数数有几只小兔子呀！”她没有马上回答我，我就继续自言自语：“1只，2只，3只，4只……”范范在我数完后，轻轻地说了句：“4只。”这个早晨，范范开口与我互动，连续回答了两个问题，虽然只有非常简洁的回答，但是对范范来说，又是“里程碑式”的进步。

师幼互动不仅要靠教师不断提升自身素养，外界环境也至关重要，在重要的时候起到关键性的作用。范范从说单字到说词语的情景变化就是因为幼儿园有美丽的小花园，里面有可爱的小兔子雕像，这也从侧面帮助了教师与幼儿进行师幼互动，形成助推力量。

(2) 同伴力量的作用

进了班级，我立马召集了所有的幼儿们，告诉他们这个令人激动的消息：今天范

范说了好多话，不仅回答问题，还和我聊天！我们班的幼儿都是有爱心的小天使，在引导和鼓励下，幼儿们纷纷对范范竖起大拇指！有的还直接对范范说："范范，你真棒！你说话真好听呀！"看得出来，范范是很渴望融入班集体的，其他幼儿对她夸赞的时候，她有点害羞，但是她很开心。

自从那以后，范范越来越自如地与我们交流，经常会有幼儿跑来说："马老师，范范刚刚和我说话了！""马老师，我和范范说要做好朋友，范范答应我了！""马老师，我刚刚听到范范的声音了，很好听！"范范已经真正融入了集体当中，也能大胆和我们教师交流。我感受到了来自幼儿之间的同伴力量，这与我们教师单个和幼儿交流互动不同，同伴的交流也是师幼互动中的辅助力量，它也能在师幼互动中起到良性作用。

三、案例后续：思考与建议

通过对范范的长期观察，我尝试了各种不同的方式让她愿意开口说话，和我们交流互动。范范从小班时期的面无表情到出现"微表情"，再到中班时期和我成功建立信任，愿意做出肢体动作表达自己的想法，再到大班时期能运用单字单句来和我们交流。这一改变是我们班所有人有目共睹的。我认为在师幼互动过程中，应始终从幼儿角度出发，动用身边一切可以借助的力量，让幼儿愿意开口。家长、同伴、教师……我们就像行星围绕太阳一样，一直围绕着范范，用爱包围她、感化她，帮助她从没有互动转变到如今能大胆互动交流。同时我也发现师幼互动离不开方方面面的结合，如同伴的因素、环境的因素、幼儿家庭的因素，等等，当然也离不开教师的三年如一日的陪伴、一直坚持不懈反复思考寻找原因和方法。

最后，就此文记录师幼互动关系中的较特殊的案例，希望能为今后的工作留下可以寻找方法、依据的痕迹，也希望能一直不忘初心，坚持以儿童为主导地位的思想，用心为幼儿、为教育奉献自己的一份力量。

角色游戏中基于儿童立场的师幼互动策略探析

下沙幼儿园　王旭晶

“师幼互动”存在于幼儿园一日活动的各个环节,对幼儿的发展有重要的影响。《幼儿园教育指导纲要(试行)》中对师幼互动方面提出了明确的要求:“要创设一个能使幼儿感受到接纳、关爱和支持的良好环境。”“以关怀、接纳、尊重的态度与幼儿交往。耐心倾听,努力理解幼儿的想法与感受,支持、鼓励他们大胆探索与表达。”

而游戏中的师幼互动,有利于教师基于儿童立场,还原幼儿在角色游戏中的“魔法时刻”,尊重幼儿原有的生活经验,追随、捕捉幼儿已有经验的反应,支持、推进幼儿的自发生成活动,让幼儿真正成为角色游戏的主动建构者。但是,我们在角色游戏中,师幼互动往往会出现一些问题。

一、角色游戏中师幼互动存在的问题

角色游戏作为游戏活动的一种形式,最受幼儿欢迎与喜爱,在角色游戏中,幼儿教师的作用则是双重的:既是教育指导者,又是游戏伙伴。所谓教育指导者,实际上包括观察者、组织者、建议者和活动材料提供者等,而不仅指发出指令要求等直接控制幼儿的行为。

1. 空间限制无法“自主游戏”,幼儿主体地位得不到充分展现

这个问题似乎从小班开始一直伴随到中班,小班的时候许多幼儿都喜欢玩娃娃家游戏,经常会出现大家为了一个角色争吵的情况。教师常常会以幼儿多、弄乱教室等各种理由,让幼儿以“石头剪刀布”等各种方法决定哪几名幼儿可以选择主要角色,其他幼儿却只能退而求其次选择其他角色。这就违背了我们对幼儿游戏的认知,角色游戏是儿童高度独立自主的游戏:幼儿们玩什么主题,确定多少角色,游戏如何进行,采取什么玩法,使用哪些玩具,遵守怎样的规则,都应由幼儿依照自己的意愿、兴趣、经验、能力来决定。教师硬性规定幼儿的游戏角色,就会让幼儿失去自主性和独立性。

2. 游戏仅仅停留于日复一日的重复,游戏水平得不到提升

在游戏过程中,有时幼儿会产生许多奇思妙想,但有时他们也会被长期以来的游戏模式所局限。例如有一次我发现班级里的“小医院”没人肯去玩,上前询问后了解到幼儿之所以不愿意去“小医院”做医生是因为“来看病的人很少”“没什么事情做,很没劲”,于是我就耐心地向小朋友说明:“看病的人少说明大家都很健康,这是件好事。”接下来又与幼儿一起讨论如果没有病人医生该做些什么事,如整理药瓶、整理病历卡等,也有其他许多工作需要完成。引导幼儿联系生活经验产生和主题相关的游戏情节。

3. 角色游戏所创造的价值被忽略,幼儿游戏行为被误解

游戏是幼儿自主自由的活动,但并不意味着成人或者教育者对游戏中的幼儿可以放任不管,我牢记有经验的教师对我说过的,在幼儿游戏过程中,并不是教师指导的频率越高,幼儿的游戏热情就越高,也不是教师参与幼儿游戏越积极,幼儿的游戏行为发展得就越快。因此在幼儿游戏时间我总是默默对自己说,要相信幼儿,在幼儿游戏时间,我作为幼儿的玩伴,要站稳“十分钟”,但是这一次,我没有站稳“十分钟”。

案例 1:

幼儿们喜欢的角色游戏开始了,我在幼儿新开的“美甲店”静静地享受着幼儿对我的“美甲”服务。突然,娃娃家里传出乒乒乓乓的响声,我立刻充满警觉地转身一看,“巴斯光年家”满地狼藉,锅碗瓢盆满地都是,乒乒乓乓的响声就是玩具倒地发出的。同时“巴斯光年家”的成员手拉手边笑边跑向隔壁的“达菲家”,有的跑向厨房,有的钻在桌子底下,“达菲家”的成员也大笑着把“桌上”“灶台上”的玩具朝地上扔,扔完就朝桌子底下钻。这时不管美甲店的服务员多么热情、耐心,我完全忘记了“站稳十分钟”的原则,一下子站起来冲到“达菲家”,大声呵斥:“你们在做什么?快站起来,把玩具捡起来,不想游戏了吗?”前一秒还在大笑着的幼儿们,看到我的表情,马上从桌子底下钻出来,耷拉着脑袋,默默地捡着地上的玩具。直到游戏结束,教室里安安静静,没有听到幼儿的叫声、笑声。

到了分享活动时间,我还是对刚才的吵闹耿耿于怀,让幼儿们说说刚才为什么地上很乱,声音很吵。“巴斯光年家”的爸爸巧克力小声地说着:“刚才玩具掉地上是因为地震了,我们拉着娃娃、爷爷、奶奶一起逃到了以为安全的‘达菲家’,结果‘达菲家’也地震了……”

听着幼儿的分享,我无比内疚。是呀,幼儿园组织我们大家一起进行了“防震演

习”,幼儿们的地震游戏就是他们生活经验的再现,可是由于我的莽撞和担心,幼儿游戏行为被误解,角色游戏所创造的价值被忽略。

二、基于儿童立场的师幼互动策略

1. 做好观察者,尊重幼儿在角色游戏中的主体地位

游戏是幼儿最基本的活动形式。在游戏中,幼儿借助于丰富的想象,模仿成人世界的真实情景,在虚拟或想象的游戏情景中,幼儿主动交往,充分表现。在一定的环境和条件中,在教育者对游戏的有效组织下,伴随着幼儿游戏兴趣的产生和愿望的萌生,幼儿游戏因而成为教育实践中现实的活动行为。

在幼儿进行角色游戏时,作为新教师,刚开始我十分害怕出现“意外状况”,总是一有不对的苗头就立马喝止,让幼儿“不要兴奋”“文明游戏”。在经过了一段时间的观摩和学习后,我发现在角色游戏的过程中,幼儿的行为不是循规蹈矩的,往往在游戏中会发生各种意想不到的问题,这些问题会使幼儿变得兴奋不已。而幼儿的兴奋与想象是联系在一起的,毫不掩饰,他们怎么想就怎么做。

如果不从幼儿游戏想象的角度去考虑,他们的异常表现的确是“疯”,然而,一旦了解他们行动的“动机”,就会理解他们的行为。在“乱”中引发情节,是教师指导的最好契机,能引导幼儿更好地进行角色游戏。

前面案例中发生了“地震”,幼儿在游戏中把娃娃家桌上的玩具打翻在地,娃娃家满地狼藉。教师站在教师的角色看到的是幼儿在“疯”,在“调皮”,在“捣乱”,当教师静下心来倾听幼儿的心声,才发现原来是幼儿们前一段时间参加过的抗震演习的衍生游戏。

《幼儿园教育指导纲要(试行)》指出,教师要“善于发现幼儿感兴趣的事物、游戏和偶发事件中所隐含的教育价值,把握时机,积极引导,尊重幼儿的发展水平、能力、经验、学习方式等方面的个体差异,因人施教,努力使每一个幼儿都能获得满足和成功”。这就要求教师留心幼儿的日常生活,抓住游戏活动中的教育契机。

2. 做好支持者,有效点燃幼儿在角色游戏中的想象力

《上海市学前教育课程指南》中对于游戏活动有着这样的阐述:“游戏活动是一种基于0—6岁幼儿内在需要的自发自主性活动。游戏不仅是幼儿身心发展水平的反映,也对促进幼儿身心发展有着重要的价值。”这充分说明幼儿的一日生活离不开游戏。

案例2:

淼淼、豆豆、芃芃等5名幼儿开始了今天的游戏,只见他们从材料库中拿来了长

长的纸筒，有的从小仓库中搬来了纸箱，有的则拿着椅子不停地变化着摆法。5 分钟过去了，10 分钟过去了，15 分钟过去了……幼儿们没有过多交流，也看不出他们定了什么主题，于是我忍不住问道："今天你们在玩什么呀？纸筒和纸箱是做什么用的？"

摆着纸筒的森森回答我："这是地铁的轨道。"

"哦？是几号线呀？"

豆豆马上回应："是 18 号线！"

我惊喜地反应过来，原来，我们门口的地铁 18 号线开通了，这几个幼儿去坐过地铁，这就玩起了地铁站的游戏！

于是我继续追问："那地铁轨道有了，地铁车厢在哪呢？"

这时，机灵的豆豆去篮筐里拿出了五彩的接力棒，喊道："用这个当地铁怎么样？这个拼在一起跟地铁一样是一截一截的。"

"好呀好呀！"旁边的幼儿雀跃起来，不知不觉中，其他几个幼儿也被吸引过来，加入到了地铁站的游戏中……

在游戏后的交流分享中，我了解到班里大多数幼儿还没坐过地铁 18 号线，他们对于地铁站里有什么、地铁的构造、地铁工作人员等都不是非常了解，然而，在今天的角色游戏中产生了"18 号线地铁站的游戏"，一下子点燃了幼儿对于地铁站的兴趣，那么我们何不开展一次"地铁站"大揭秘活动呢？

于是，在幼儿们的你一言我一语中，我们设计了一张调查表，并发动家长们利用周末的时间带幼儿们去体验坐地铁，观察地铁站的设施设备等。

周末过后，幼儿们都带着自己的收获不自觉地探讨起来："坐地铁要刷交通卡，我妈妈是手机上扫的。""我爸爸是用交通卡的。""进地铁站要安检，包包要放在安检机器上传送过去，电脑上会显示里面有没有危险物品。""站台上有站牌，还有提醒下一列车到站时间的显示屏。""18 号线车厢里椅子是黄色的，有放广告的电子屏，每节车厢还有编码。"……我不由得感叹，幼儿们的观察能力是那么地强，连小小的车厢编码都看到了；幼儿们对于感兴趣的内容是多么地投入，从进地铁站口到坐上地铁，每个环节都熟记于心。

在之后的游戏活动中，让我欣喜的是，幼儿们没有停止探索的脚步，继续在游戏中进行实践与提升，自制的安检台、闸机、售票口、交通卡等在角色游戏"地铁站"中慢慢丰富起来。

社会是幼儿生活的大环境，地铁 18 号线的开通作为社会中的热点问题，成为幼儿园活动生成的重要来源。而在角色游戏中，幼儿的想象力、观察力、交往能力是可以被无限激发的，只要教师愿意耐心观察，认同幼儿的兴趣点，同时学会欣赏幼儿的游戏，支持他们进一步积累经验，那么游戏中的活动就会发挥无限的价值。

3. 做好“引导者”，灵活定位教师在幼儿游戏中的角色

作为教师，在角色游戏中应为幼儿创设一个良好的外部环境和心理环境。如：游戏的场所及环境布置。当然，幼儿虽然自己选择了游戏和同伴，教师的参与和指导却是必不可少的。幼儿游戏的内容具有一定的价值倾向性，教师需引导其向健康积极的方向发展。这就是人们常常提到的，指导要注意“游戏的教育性”。幼儿游戏中可能出现不健康的主题，如一些幼儿在“娃娃家”模仿成人抽烟、喝酒、打麻将等。对此，教师应注意将幼儿的兴趣引向积极健康的方向。当然，教师在指导中也不能干涉幼儿的思维，这样幼儿的游戏兴趣反而会降低。作为教师，应平等地以大朋友的身份，不露声色地成为幼儿们愿意亲近的、受欢迎的参与者，然后再利用自己的角色机智地引导游戏的进程。

在一次的“理发店”游戏中，我发现“理发师”给所有的幼儿都剪了同样的发型，于是我走入了他们的游戏之中，主动要求道：“师傅，我想烫个头。”这时“理发师”非常高兴地说：“好。”但是他又面露难色地开始找工具。我发现了他的这一个小问题后，就鼓励他：“你平时有没有看过妈妈给别人理发呢？（这个幼儿的妈妈是理发师）那你可以照着妈妈的样子来给我烫发呀！试试看，没关系。”后来在我的鼓励和引导下，他把游戏完成得很好。

角色游戏是幼儿期特有的活动，也是幼儿最喜爱的活动。特级教师徐则民曾经说过，教育体现在环境中，教育体现在过程中，教育体现在交流中。教师什么时候参与、怎样参与、参与多少，是由幼儿游戏的情景所决定的。教师过多地参与，会歪曲游戏本身的意义，甚至可能使游戏终止；而教师不参与或者参与过少，又会使游戏难以发挥其应有的作用和意义。但教师只要不断探索，跟随幼儿的脚步，一定能在师幼互动中找到适合的平衡的状态。

基于观察与识别的小班角色游戏的组织与实施

——以“小医院”游戏为例

王港幼儿园　戴琳琳

《3—6岁儿童学习与发展指南》提出:“幼儿的学习是以直接经验为基础,在游戏和日常生活中进行的。”可见,游戏作为幼儿的基本活动,能带给幼儿快乐与满足的体验。

一、开展基于观察与识别的小班角色游戏的背景与依据

角色游戏是幼儿反映现实生活的一种游戏形式,是幼儿按照自己的意愿及生活经验,重温、迭代、加工、创造出的自主游戏体验。小班幼儿在角色游戏中主要是单一地操作和摆弄材料,选择自己想扮演的角色。但是他们的角色行为容易转移,很多情况下不会延伸与扩展,有的甚至会消失;也有时在游戏过程中出现很多出乎意料的惊喜,不可思议的举动和行为等,但是这也是作为教师往往会忽视的地方。

随着我国教育改革的深入,幼儿教师的观察能力逐渐成为近年来研究的热点,一度被称为“被遗忘的教师专业能力”。我们渐渐缺失了耐心的观察,急于将游戏理想化,因此导致后续不知何为干预、何为组织、何时介入,甚至没有意识到我们为什么选择观察某些方面而忽视了其他方面。

二、基于观察与识别的小班角色游戏的组织与实施

(一) 定点观察,发现精彩

小班幼儿由于没有太多看病生活经验和对看病过程中的有意观察,对小医院里的材料和角色不是非常感兴趣。小医院冷冷清清,此时此刻我仍静下心在一旁等待,放手让幼儿去开启小医院奇妙之旅。经过一段时间的观望,我发现小医院有了新气象,幼儿开始陆续进入小医院游戏,似乎所有的问题都迎刃而解了,后期他们打造出了一间井然有序的小医院。一切意想不到的精彩瞬间都在里面一一上演。

1. 游戏中的材料

小班角色游戏中,材料数量往往单一但量多,伴随定点的观察和记录,我慢慢开始对这些材料是否有意义或者应该如何有效投放进行深思。

小医院观察记录表

时间	参与人数	使用材料	持续时间	游戏行为
10∶30	1	针筒、听诊器	3分钟	随意把玩、翻看医疗箱里的器具,之后便去了小熊家做客
11∶05	2	针筒、听诊器、温度计	10分钟	无人就医,小医生们相互看病,随后去扮演其他角色
11∶08	3	针筒、听诊器、温度计、药片	15分钟	给来医院的病人进行治疗,空余时间也会给同伴相互看病
11∶11	4	医疗箱内所有材料	15分钟	给病人看病和互相看病,个别幼儿外出扮演其他角色
11∶21	4	医疗箱内所有材料	20分钟	医生相互争抢为病人看病,有些病人也在为医生看病,场面有些混乱
12∶11	5	挂水架(用挂衣架作为挂水的架子)、医疗箱内所有材料	20分钟	幼儿利用材料库自制挂水架,小医院比较混乱,医生、病人无法区分
12∶17	5	小椅子、屏风、医疗箱内所有材料	25分钟	小医生用屏风区分病人和医生,在屏风外摆放座椅供病人就座等候

(1) 投放幼儿常见熟悉的物品,激发幼儿参与游戏的兴趣

游戏是幼儿对现实生活的一种积极主动模仿、再现和创造,生活经验是幼儿开展角色游戏和使用材料的源泉,小医院里面有些比较少见的设备可以搁置或者之后呈现,初期的小医院可以投放些幼儿比较常见的针筒、听诊器、棉签、药品等比较简单和容易上手的材料,让幼儿能轻松地进行角色扮演,减少幼儿的受挫感,增加对"小医院"游戏的参与感。

(2) 投放适当数量的游戏材料,促进幼儿角色行为的持续发生

"小医院"中材料过多而且杂乱,虽然幼儿对材料的兴趣很浓厚,但游戏区摆放经常杂乱无章、游戏规则不易建立等现象。"小医院"中的材料虽然能够激发幼儿的游戏兴趣,但只是给幼儿带来一种玩弄的意味,没有真正让幼儿去深入到游戏之中,

因此在游戏中需要考虑好一定的材料数量,保障幼儿游戏的质量和有效性。

(3) 材料投入的开放性与封闭性,满足不同幼儿的需求

角色游戏的趣味性不仅仅是游戏本身的趣味存在,开放性的游戏材料更能激发幼儿游戏的兴趣,让他们将“无心”的玩耍转化为“有意”的动脑。例如游戏中幼儿将材料库里的衣架当作挂水架,幼儿会根据游戏情节的发展选择材料,制作或搭建成与游戏主题相关的道具,以支持正在参与的角色游戏。但是在材料投入时,也要考虑到能力较弱的幼儿。这时需投放一些封闭性的游戏材料,因为是小班,提供现成的材料能让能力稍弱的幼儿有兴趣参与游戏,从而培养他们的自信心。

2. 游戏中的幼儿

幼儿自行游戏时,对角色的选择、做出的决定,其实都是幼儿社会化的初显。在“小医院”从萧条的气象到后续的杂乱,直至井然有序的过程中,我只是静静观察和等待,他们在游戏中以自己的已有经验和游戏体验将整个角色游戏玩出精彩,这是真正属于他们的游戏。

案例 1:无人问津的“小医院”

(1) 观察

角色游戏一开始,幼儿们便兴高采烈地选择自己喜欢的角色,每个区域都热热闹闹,唯独“小医院”冷冷清清。此时的“小医院”里面只有胤胤一个人在把玩着一些器具。他拿出针筒对着自己全身“扎”了起来,时不时地拿着听诊器对着自己的身体上下左右来回地听。过了没多久,眼看着也没有病人来就医,胤胤便离开了“小医院”,跑向小熊家去做客了。直到游戏时间结束,“小医院”始终空无一人,胤胤也没有再回到“小医院”里。

(2) 识别

① 生活经验缺乏

游戏过程中很少幼儿会选择“小医院”进行游戏,说明幼儿在生活经验中缺乏对医院的了解。生活当中幼儿接触医生比较少,缺少了对医生角色的认识,导致幼儿无法用已有经验进行模仿扮演。并且幼儿只停留在摆弄材料的层面,而不知道如何使游戏情节进一步发展。出现这种现象的原因之一就是幼儿没有真正理解自己所扮演的角色,这也是生活经验缺乏的重要表现。

② 角色意识匮乏

小班幼儿受年龄限制,注意力不集中,因此在游戏中会出现角色意识转变。当游戏中的某个幼儿看到其他幼儿在扮演他感兴趣的角色时,便跟随其扮演,将自己原有

的角色抛之脑后。幼儿对自行选择的角色失去了兴趣,从而选择其他有吸引力的角色。

(3) 支持

① 引导幼儿回忆相关经验

小班幼儿生活经验贫乏,尤其受语言和思维能力的限制,影响了小班幼儿游戏的情节。因此,特别需要教师丰富幼儿的生活经验,扩大他们的视野。幼儿在角色游戏中虽然是以模仿为主,同时也需要借助相关的生活经验。生活经验是幼儿进行角色游戏的前提,同时也是游戏顺利进行的保证,可以帮助幼儿再现日常生活中的情境。

② 借助分享环节帮助幼儿明确角色意识

通过经验分享、讨论提升幼儿对角色的认识和了解。帮助幼儿在游戏中有一定的游戏意识和角色区分,逐渐接受游戏应遵循一般规则,从而让游戏顺利开展。

案例 2:杂乱无章到井然有序

(1) 观察

经过几周的游戏经验,此时小医院热闹非凡,一眼望去医生和病人都忙得不可开交,每个人都在把玩着小医院里的材料。整个小医院看着热闹但场面一度出现混乱。随后一周里,小医院开启了"乱哄哄"的状态,小医院里时不时传来争吵声:"这是我的位置,你不能坐。"这时小医生欣欣去材料库拿出了一个屏风,在自己的桌子前放置了一个屏风,她让一个病人在屏风里面就诊,其他的小病人则在屏风外面等候,她还把等候的小病人坐的小椅子排列成队,其他的小医生也相继模仿,小医院就这么有模有样地进行着。

(2) 识别

① 幼儿自主游戏

经过几次游戏之后,幼儿能自主地去尝试解决问题,在玩"小医院"游戏时,之前作为"医生"和"病人"的幼儿在医院内乱窜,座位随意坐,完全没有一个医院应该有的模样。后续幼儿发现"医生"的位置给"病人"占了,"医生"自己却无处可去,由此引发幼儿对医院桌椅摆放的思考。医院从杂乱到有序是幼儿自发探索的过程,幼儿调用自己已有的经验,多摆设几张桌椅来使小医院布局更合理了。

② 幼儿抽象思维萌发

在游戏过程中,幼儿的抽象思维得到发展,将已有经验内化,产生利用屏风作为一个门板分隔看病人流的想法,屏风一边是坐诊医生和看病的病人,屏风另一边则是病人的等待区域,一来防止病人们随意乱动、乱坐,二来医生看病过程也就变得井然有序。此时幼儿是以自己最真实的意愿进行游戏。

(3) 支持

① 基于观察,缓于介入

幼儿通过游戏和生活经验联系在一起,建构出对小医院的理解进行游戏。可能开始有些混乱,但是随着幼儿体验游戏之后,他们思考并自发地创设出有序的情景。适当的停驻观察给予幼儿更多想象的空间,挖掘出有意义的精彩瞬间。

② 置于后者,让幼儿主动积极游戏

置后的教师通过观察去发现和探究幼儿在角色游戏中的行为,给予幼儿空间让他们去想象和创造,真正将游戏归还于幼儿,让幼儿玩出“好的游戏”。

(二) 定人观察,发现不可思议

角色游戏的幼儿需要得到认可,才能使他们角色意识增强、自信心提升。就像“小医院”里的“病人”因为没有“医生”的位置了,他退而求其次选择做“病人”,同时等待着“医生”位置的空缺。在就诊过程中,他拥有的丰富经验让他取代了“医生”的岗位,由起初的争执到探索再到解决问题,这些小矛盾的发生、小插曲的出现带来无限可能,换来无限精彩。

1. 允许游戏中的小插曲

角色游戏中因为存在一些交流和角色人数的限制,难免会出现一些小失落。但是幼儿们没有“坐以待毙”,在没有小医生职位时,退而求其次选择做小病人。虽然她以病人的身份在游戏,但是她也在等待契机,以她丰富的已有经验来指导小医生,让小医生信服,她也有机会做了一会儿小医生,虽然在我们成人眼里有些违规,但似乎无意间碰撞出不可思议的火花。

案例3:病人→医生→专家

(1) 观察

诺诺特别喜欢做小医生,她做起小医生来也是有模有样,这次角色游戏没有轮到诺诺做小医生,虽然她有点失落,但没过一会儿她就在就诊区等待看病,做起了小病人。只见诺诺在一旁看着医生给病人看病,不知道怎么的,诺诺走到小医生旁边说道:“我在医院看病的时候,医生不是这样听的,你要把病人衣服拉开来一些,然后再听一听。”小医生不服气地说:“那你来听给我看看。”说完诺诺拿起听诊器,一边演示一边说:“把外套拉开来,然后拿听诊器听一听胸口,就这样子啊。”小医生看着诺诺像模像样的,也跟着学了起来。渐渐地小医生有问题都会寻求诺诺帮忙,诺诺在小医院里越来越有名了。机灵的诺诺给自己设置了一个小桌子,并且对外宣称她是专家,小病人们看着这个有板有眼的专家,都去挂专家号的地方排起了长队。

(2) 识别

① 无意识的合作

幼儿之间有一定的游戏水平差异,诺诺能力较强,她发现问题时她会第一时间提出并及时指正,能力弱的幼儿就会按部就班地照着去做。虽然只是单向的沟通,但是也是一个有互动的沟通。

② 经验在现,有效模仿

诺诺能够将医生如何使用听诊器模仿得逼真并能指导他人,说明诺诺是一个非常善于观察的幼儿。她将已有经验转化到医生扮演中,模仿得非常真实。同时她特别喜欢小医生这个角色,从而推动她做好医生的角色。

(3) 支持

① 引导幼儿之间的人际交往

小班角色游戏很多时候会出现平行游戏,幼儿单独地做自己喜欢的事情。游戏中偶然会有幼儿无意识的交流,这是一个沟通的信号,虽然比较弱,但随着游戏的发展会增强,渐渐提升幼儿之间的沟通技巧。

② 引导幼儿观察和积累生活经验

首先让幼儿有目的地去观察就医时医生是如何给他们看病就诊的,其次将各自的观察和获得的信息、感想以自由讨论的方式分享给同伴。只有对角色本身有了解和相关经验的情况下,幼儿才会去创造和想象,在角色游戏中开辟他们的一番天地。

2. 信手拈来,以物代物

在等待观察的过程中,我们发现角色游戏中的幼儿会通过自发地试验、想象进行游戏。幼儿通过使用物体或动作来象征并不符合现实的东西,从而创建他们自己的现实。压舌板可以做棉签,手指可以做针筒,即为了游戏而游戏,充满着乐趣。

案例 4:神奇的游戏

(1) 观察

小医院里医生们正忙得不可开交,铭铭正要给病人打针时,发现医疗箱里针筒用完了,他用压舌板在病人手上刮了几下,再用自己的食指当作针筒给小病人打针,配合着大拇指贴着食指往下推。打针完毕后铭铭又用手里的压舌板一压,对小病人说道:“你压住哦,不然要流血的哦。”小病人照着医生的话拿住压舌板。

(2) 识别

① 出现以物代物

幼儿的想象是天马行空的,就是游戏让幼儿充分发挥想象力和创造力。小医院里幼儿用夹子代替拔牙工具,幼儿认为两者都是用来夹的,可以代替,表明了幼儿是自己在游戏,全身心投入其中,发展了幼儿形象思维,更是增加了游戏的趣味性。

② 幼儿间的个体差异

每个幼儿之间都有着能力的差异,能力较强的铭铭通过模仿和想象给小病人看病。铭铭的行为也是被同伴认可的,能力强的幼儿可以引导能力弱的幼儿进行游戏,相互间可以互补。

(3) 支持

① 改进材料提升游戏意义

随着幼儿游戏水平的提升,需要随时增添、替换材料。当幼儿出现以物代物时,幼儿的抽象发展能力在提升,此时减少具体表征的材料,通过以虚代虚让幼儿自主、即时、自由发挥,也让幼儿摆脱生活体验活动,实现真实自主游戏。

② 耐心等待,互相回应

观察中教师应理解幼儿,耐心等待,不用去要求每个幼儿达到统一的目标。以幼儿的角度去看、去听、去想,他们在游戏中会达到更多意想不到的游戏效果。

三、基于观察与识别的小班角色游戏的启示和反思

1. 定位观察,置后自己,支持幼儿

角色游戏中,幼儿走得有多远,取决于教师给的舞台有多大。首先是将游戏的空间和自主权给幼儿,角色游戏中教师要隐去预设性,除却有安全、消极等情况时不随意介入幼儿的游戏。充分创设宽松、愉快的氛围,让幼儿感受到自己是游戏的主人,可以根据需要使用游戏的材料,能大胆创造,同时也会获得教师的肯定和赞赏。教师不需要为了幼儿出现替代行为而强化幼儿的替代意识,但需要肯定幼儿解决问题的方法、思考的独特性,在幼儿需要的时候推动一把。

2. 精心观察,将游戏还给幼儿

角色游戏观察是探究幼儿行为的最佳窗口,可以较好地反映和分析幼儿在角色游戏中的各种行为。教师则在观察的过程中进行反思和提升自己的指导能力。观察就如教师工作的探路器,是为了更仔细更具体地了解幼儿游戏,了解幼儿的发展水平。没有观察而对游戏进行所谓的指导实际上是教师中心式干预,当教师并未了解

幼儿想说什么就盲目指挥,必然抑制和挫伤幼儿游戏的积极性和创造性。当我们带着开明的态度,不再带有偏见地看待某些事情,游戏才会给幼儿带来真正的自由自在、自信轻松的交谈、思考、组织、协商,并且使儿童的创造性发挥至最佳水平。

3. 耐心观察,让幼儿解决游戏问题

小班幼儿受年龄、知识及生活经验等因素的影响,在游戏过程中更多偏向于平行游戏,同伴交往比较困难,或多或少会出现争吵等现象,作为教师往往会第一时间去介入,避免后续出现的争执。但我们往往忽视了一点,其实幼儿之间出现了争吵,是因为他们各自对游戏有不同的想法和意见,也说明幼儿在游戏中认知的发展,在保证安全的情况下,作为教师可以让幼儿之间自行解决。能力强的幼儿自会带动能力弱的幼儿,能力弱的幼儿也会顺应能力强的幼儿,出现的问题和相关矛盾也就迎刃而解。

畅研畅言,师幼场域互享

——浅谈大班语言活动中教师的提问与回应策略

云台幼儿园　翁佳俪

场域理论是社会学的主要理论之一,是关于人类行为的一种概念模式,指人的每一个行动均被行动所发生的场域所影响。而场域并非单指物理环境,也包括他人的行为以及与此相连的许多因素。反观学前教育中的师幼互动,幼儿们的语言行为也会因场域的不同而产生不同的表征。因此,如何构建一个师幼共享的场域,让幼儿们的奇思妙想不被场域所限制,能在畅所欲言的氛围中善思畅想是我们每一个教师需要不断深入探索和创新的。

一、客观提问,立足儿童场

在常规的语言活动当中,教师往往会提出一些带有主观色彩的或者是判断式的问题,由此也就限制了幼儿们的思考,让幼儿只能够依着教师的角度和思维方式来表达。其实,教师可以尝试一些更加客观开放的提问,让每一个问号直击幼儿心灵,立足儿童场,从幼儿的眼中看世界、理解世界,也许会得到不同的答案。

1. 规范语言使用,鼓励幼儿表达

在以往的语言活动当中,教师往往扮演了一个掌握话语权的权威。常常是让幼儿听了一段故事或者是观摩了一个片段之后,问:“你看到了什么?”“为什么要这么做?”但是忽略了在这样一个语言活动当中幼儿的话语权。其实在一个语言活动当中,“提问”应该是幼儿心中最想要挖掘的,所以我们教师的提问就应该是开放式的,具有启发性的。

比如在语言活动《小猪变形计》中,教师提问:“你觉得这是一只怎样的小猪?”“你认为小猪变形成功了吗?”教师通过这些问题取代了“小猪现在开心吗?”“小猪这样好不好?”等带有判断性质的提问。由此可以多多鼓励幼儿去表达他们自己的想法,讲述自己的理解。同时,也培养了大班幼儿边阅读边思考的良好阅读习惯。

2. 细化问题，帮助幼儿梳理生活经验

以大班谈话活动“为进博会默默付出的人”为例，看了这个活动名称，可能很多青年教师在脑海当中会想到的提问是：“你知道进博会吗？”“进博会里有哪些工作人员？”在幼儿们充分表达之后，教师再进行小结：“园丁、警察、司机，他们都是为进博会默默付出的人。”而幼儿们对于他们是没有感激之情的，因为这是一个十分远离幼儿生活经验的主题。幼儿们的经验是零散的，不全面的。

但是若教师将提问进行调整，会发生哪些变化呢？

案例 1：

教师：“你知道进博会吗？进博会是在哪里举办的？我们的上海发生了什么变化？”

幼儿们纷纷回答道：“很干净！”“上海很美！”……

教师：“你们最喜欢上海的白天还是晚上？”

幼儿：“我喜欢晚上，因为我爸爸说上海已经变成了一座灯光城市了！”

幼儿：“外滩所有的灯都亮了！”

幼儿：“以前我门口的卢浦大桥是暗的，现在整座大桥都是灯，大桥底下也是灯。”

教师：“上海变成如此绚烂美丽的背后，是谁在那里默默付出呢？”

如此细化了提问，从一个大的主题出发，结合追问，层层递进，帮助幼儿们把大概念缩小，从一个世界话题，到自己生活的城市的变化，再到自己家门口发生的变化，由此及彼，充分调动幼儿已有的生活经验，让幼儿们叙说自己眼中的进博会，再次升华幼儿们的已有经验，感受原来自己生活的城市之所以变得这么美丽，离不开背后默默付出的人。

二、艺术回应，回归儿童场

语言活动的教师的回应形式往往是比较单一的，多为语言梳理、图文卡片、照片等。其实文字仅仅是表达表现的一种符号，我们也常常会在名家名作中读到“无法用言语形容的美”。既然有些生活中的美好是难以用语言来形容的，那我们教师为何不能拓展回应形式，充分调动回应的艺术性呢？

1. 巧用多媒体，激发幼儿表达的愿望

有时候，我们会发现，教师再优美的语言对于幼儿而言也只是空洞的、抽象的。基于大班幼儿思维由具体形象转向抽象思维的特点，有时候一句“姹紫嫣红，绚丽多彩”远远不及一段“小视频”带给幼儿们的冲击力强。比如在“为进博会默默付出的人”活动当中，播放一段上海灯光秀的视频，让幼儿们欣赏。在观摩的过程当中，教师会发现幼儿们是热血沸腾的，幼儿们会控制不住感叹：“哇塞，真好看！”“哇哦，美得像钻石一样！”

因此，很多时候，我们教师即便用到了再绚烂的描绘，也远不及这样一段多媒体视频给予幼儿们的刺激。由此，幼儿们表达的欲望达到了顶峰，幼儿们的“哇时刻”，绽放了活动当中最绚烂的火花。

2. 诗歌式回应丰富幼儿的语言积累

很多教师常常会在语言活动当中要求幼儿“把话说完整”，其实教师是希望能够鼓励幼儿多一些形容、多一些表达。试问如果幼儿没有足够的言语输入，那他又能拿什么去完成语言输出呢？因此，教师应该多运用一些诗歌式的回应，这样既丰富了幼儿的语言积累，同时也增加了语言活动的言语魅力。

案例 2：

教师：“什么时候需要保持安静？”

幼儿：“学本领的时候要安静。”

教师：“是呀，安心学习，静心思考，才能学到更多的本领。”

幼儿：“下棋的时候要安静。”

教师：“下棋不言，观棋不语，安静思考，旗开得胜。”

幼儿：“午餐的时候要安静，不然会噎着的，而且嘴里有东西的时候讲话，也很不卫生。”

以上案例当中，教师就是通过这样诗歌式的回应，和幼儿在“抛接球”一般的互动当中，让幼儿的回答有了自己的观点。诗歌般规整和押韵的语言，在帮助幼儿梳理已有经验的同时，也让幼儿们感受中国语言的凝练美，一字多义或一词多喻。

三、问答互佐，拓宽儿童场

在语言活动当中，特别是大班的语言活动，教师的提问与回应绝不是割裂的两个部分，这两者是相互辅佐的。儿童场正是在这样一问一答的“抛接”过程中不断被打开拓宽的。

一个好的语言活动的开展，中间必不可少的就是师幼之间的互动。而教师的提问与回应，恰恰又是师幼互动当中最直接的一种形式。对于一个语言活动而言，良好的教师提问与回应，既能够给予幼儿更多的语言积累，也能够推进活动的开展。教师除了要运用具有启发式的提问为幼儿创造一个疑难情境，从而引发幼儿的思考，还要运用多种形式调动幼儿的感官去回应，而后再通过步步深入和细化的提问，引导幼儿在问答之中找出解决疑难的各种假设以及对这些假设的推断。

还是以“我眼中的进博会”为例，进博会这个主题并不是每一个幼儿都熟悉的，此时教师除了播放一段多媒体视频帮助幼儿去了解，也可以让对此有所了解的幼儿来介绍：“这个是智能机器人，可以推到人的心脏里去的。”“这个是高科技的汽车，它可以飞。”在这个过程当中幼儿们产生思维碰撞，有的幼儿会问：“为什么吉祥物叫‘进宝’？”有的幼儿说：“进宝就是全世界的人过来，把钱留下。所以我们中国、我们上海就变得越来越有钱！”幼儿们说不出“国富民强”之类的词语，但是已经用他们自己的语言来表达了。如此的思维碰撞，能够充分激发出幼儿的学习动机，让幼儿们更加想要了解“进博会”究竟是什么？这个时候，教师予以归纳和小结式的回应，就能够让所有幼儿有所收获。

杜威先生曾提出的“思维五步”：一个疑难的情境、确定疑难的所在、提出解决疑难的各种假设、对这些假设进行推断、验证或者修改假设。如此的一个思维过程也在我们的语言教学活动当中，通过师生互动和生生互动得以体现。这样一种生生互动时机是需要教师去把控的，幼儿们生活经验逐渐丰富，大班幼儿们知识面越来越广，但却不一定都是准确的，因此也就考验了我们教师的知识储备是否丰厚。

通过客观的提问营造一个师幼平等的儿童场，通过艺术形式的回应塑造和尊重了儿童场，最终形成问答相佐的师幼共享场域拓宽儿童场。这样的师幼共享场域既是基于儿童视角和立场的一次灵魂沟通，更是教师自身汲取养分的时刻。师幼场域互享，幼儿畅言儿童的斑斓世界，教师畅研教育的深度与广度，教学相长也！

论幼儿园一日活动中践行基于儿童立场的教育支持

东方德尚幼儿园 成 圆

每个儿童的内心都有一个广阔的宇宙,儿童总是以他的眼睛看世界,儿童有他们的观察方式、思维方式、解释方式和表达方式。儿童就在我们面前,但是长期以来,我们习惯站在成人立场上看待儿童,我们并未真正认识他们,更未真正发现他们。只有真正认识儿童和发现儿童,才能坚守儿童立场,实现良好的有利于幼儿发展的教育。

作为幼儿教师的我们,要有童心,要学会重新做一个儿童,以儿童的思维和体验来优化幼儿园一日活动的各个环节。因此,本文从生活、游戏、运动、学习四个环节出发,实践基于儿童立场的教育支持。

一、生活——观儿童之需

幼儿早上来园是幼儿园一天生活的开始,早上幼儿情绪的好坏会影响幼儿一天的日常生活。特别是新小班时期,教师和幼儿之间彼此还比较陌生,也还未能有足够的时间来化解陌生。幼儿们也是第一次离开爸爸妈妈,独自来到一个新的环境,很多幼儿都会出现各式各样的情绪问题。因此,在来园活动中,我们更需要特别关注每一位幼儿的情绪体验。

案例 1:

小宸和小伦是我班的一对双胞胎,小伦早早适应了幼儿园,能独自玩耍,小宸却是我们班入园焦虑现象最严重的幼儿,早上来园时哭着拉着妈妈,不肯让妈妈走,直到妈妈说好几遍下午第一个来接他才哭着跟妈妈说再见,妈妈走后我带着小宸让他坐到自己的位置上,小宸坐在小椅子上伤心地哭,嘴里说着:“我要妈妈!我要妈妈!”他不跟别的小朋友玩,也不希望别人靠近他。经验告诉我,这是一个非常缺乏安全感的幼儿,在陌生的环境里,他无法靠自己快速建立起安全感和归属感,而导致情绪不稳定。见此情景,我轻轻地过去先摸摸小宸的头,抱抱他:“小宸不哭啦,老师和你一起玩好吗?”小宸看了看我,又扭过头哭了起来:“我要妈妈!我要妈妈!”通过入园前的家访,我得知小宸和小伦在家里最喜欢玩拼图,于是我拿出各种不同的拼图让小朋友一起玩,小伦一看是拼图,高兴得在旁边玩了起来,其他小朋友也玩起了拼图。我拉着小宸的手说:“你看,小朋友们都在玩拼图,玩得多高兴呀!哥哥也好厉害,一头梅花鹿拼出来了。”这时,小宸脸上的眼泪还挂着,却不哭了,看着他们玩拼图。我眼看着小宸的情绪稍微稳定了,赶忙拿来一块新的拼图放在小宸面前说:“小宸你拼拼看,你能拼出什么动物来?”小宸尝试着开始玩拼图了,一会儿小宸就拼出了小猪,他说:“老师,我很喜欢拼图,我在家也玩拼图,哥哥有时候还是比我厉害。”整个上午的活动中,不管做什么事,我都尽量陪在小宸的身旁。之后的一个星期,我都延续了一样的做法,渐渐地小宸的眼泪变少了。当新的周一来园时,我发现小宸的脸上露出了期待的笑容,眼里闪烁着星星的光芒。

上述案例中,我们可以看到,即便是双胞胎也有截然不同的个性。通过每天来园时的观察,我了解到弟弟小宸在情绪方面特别不稳定,是非常需要陪伴的幼儿。针对他的特殊情况,我和搭班教师沟通了很多次,决定让小宸跟在教师身边一段时间,通过与教师建立亲密的关系,帮助他缓解和妈妈分离的焦虑,尽快熟悉幼儿园的环境。所幸在我们坚持不懈的安抚和陪伴中,小宸在一个星期以后对上幼儿园这件事已经不排斥了,反而还暗暗期待着。像小宸一样有情绪问题的幼儿还有很多很多,有的比较外露,有的则比较内敛,需要教师用一双慧眼去细心观察幼儿真正的需要,给幼儿心灵的慰藉,让教师成为幼儿的港湾,让幼儿园成为一个温暖有爱的大家庭。

二、游戏——识儿童之行

游戏是幼儿学习和发展的主要方式,是幼儿教育的主要途径,一日活动也都以游戏为主,特别是角色游戏在幼儿园一日活动中起到非常重要的作用。幼儿在角色游戏中的行为表现体现了他们的所思所想,体现了他们已有的生活经验以及他们无限的创造力。观察和识别幼儿角色游戏行为让我们更懂儿童,从而为幼儿的游戏提供支持、引导。

在对角色游戏的研究中,我认为“留白区”的出现,充分体现了游戏中儿童的“自由”。角色游戏中留出空地、留出空间,能给人留下许多想象的空间,能让幼儿在其中自主学习、主动探索。适当利用墙面、空间、区角等的留白,让幼儿能够在角色游戏活动中发挥自主性和创造性。但“留白区”往往在中、大班更常见，如果在小班开设“留白区”是否就不可取呢？我认为是可以一试的。带着这样的想法，我尝试先将收集来的部分低结构材料投放在材料库中，看看幼儿们在“留白区”是如何进行游戏的？

案例2：

琪琪、萱萱和小沐来到了留白区，三人合力把垫子拼成了一整块。琪琪说：“我想玩钓鱼的游戏，这里就变成水池吧。”萱萱和小沐一听，也表示同意。可是琪琪不知道“鱼”和“钓竿”在哪里，萱萱提议：“老师说过，我们可以去材料库找自己需要的东西。”于是，三人一起来到了材料库，琪琪先拿起了一条无纺布小鱼，萱萱和小沐分别拿了一个纸筒芯和一个泡沫块当作“小鱼”。琪琪看了看他们，把自己手中的无纺布小鱼放下，也跟着拿了一个纸筒芯。接着，三人又分别拿了两个纸盘和一个纸杯托。“小鱼”准备好了，可是“钓鱼竿”又在哪里呢？三人没有了头绪，琪琪抬头，用一个无助的小眼神看着我，问道：“老师，钓鱼竿呢？”我提示他们：“旁边还有一个材料库，你们可以去看看哦。”三个小伙伴转身来到了隔壁的美工区，在卷纸的箱子中，找到了三根长长的海绵棒。这下，“钓鱼竿”和“小鱼”都有了，三个小伙伴回到水池边，开始了他们的钓鱼游戏。琪琪、萱萱和小沐把他们的“小鱼”放在了垫子上，每人搬了一个小椅子，坐在“水池”边，尝试用海绵棒把“小鱼”钓起来，让它们离开水池。

其实，在游戏开始前，教师和幼儿们一起对这些低结构材料进行了讨论：他们可以用来变成什么？你想用它们玩什么样的游戏？受生活经验的影响，幼儿们大多都把垫子平铺在一起，拼成一大块。他们从相似度上发挥想象力，认为这一大片垫子可以变成草坪、野餐垫、小花园等场景，进而开展相应的游戏。虽然在游戏初期，幼儿们的搭建能力、想象能力还比较弱，仅仅从平面的角度去进行场景的构建，但是他们已初步具有了自主游戏的意识。通过和同伴的商量，能自己选择游戏内容、挑选游戏道具、进行自发的角色游戏，这一切完全没有教师的干预，充分体现了小班幼儿在“留白区”的自主性和创造性。在“留白区”中，幼儿是自由的，不为材料束缚，玩自己的游戏。

三、运动——听儿童之声

以往的幼儿园运动活动中，运动器材的摆放大多是以教师为主的，在既定的环境中，幼儿进行身体锻炼。但教师创设的环境，幼儿就一定会喜欢、会投入吗？借着雨天室内活动的情景,让我们一起来听听幼儿们对运动场地的想法。

案例 3:

天公不作美,有天幼儿们只能玩室内游戏,但平常的运动游戏让幼儿们普遍感到枯燥无味。为此,我让幼儿们自己开动脑筋,想想教室里有哪些材料可以用来运动?他们想怎样玩?幼儿们根据自己的爱好、兴趣、特长纷纷提出"金点子"。辰辰说要玩"抢椅子"游戏,稻稻说将椅子排成一排"踩高跷",萱萱觉得可以将桌椅连在一起,在桌椅上爬,还有的幼儿提出在桌椅下面"钻山洞"。经过幼儿们的讨论、交流,形成了群体兴趣——"报纸运输"游戏。将椅子排成四排,每两排为一个小组。每两个幼儿为一组,手捏报纸两端,在报纸上放置一些物品。活动开始后,两个幼儿和着口令、节拍一起在椅子上向前移动,先到达目的地的一组幼儿获胜。为了保障游戏的安全,我们在地面垫上垫子,同时邀请了部分保育员前来保护。幼儿们玩得不亦乐乎。

幼儿对活动感兴趣,才会真正投入其中。运动开始前,我想听听幼儿们的创意,让他们按照自己的想法去创设他们想玩的运动。而今天的"报纸运输"活动赢得了幼儿的阵阵喝彩,在此起彼伏的加油声中,幼儿们完全融入游戏之中,形成了一个又一个游戏高潮。可见,从儿童立场出发的运动游戏活动充分尊重幼儿,发挥幼儿学习的自主性、能动性、创造性。开展幼儿感兴趣的活动,才能让他们能充分投入其中,得到体能和技能的锻炼。

四、学习——解儿童之惑

基于儿童立场的教学活动应从幼儿的问题、需求出发,以幼儿作为主体体现幼儿学习的自主性,充分调动幼儿学习的积极性,有利于幼儿的主动探索、主动发现,有利于对自主探究能力的培养。

犹记得那一年,是我成为幼儿园教师的第三年,在数中心组参加教学活动研讨时,我选取了统计图作为大班数活动的内容。按照传统的教学模式,在活动环节设计时,我很自然地在操作环节前加上了一个步骤,那就是向幼儿解读、说明统计图该如何来填写,设计的提问也大多是封闭式。在完成了第一次试教后,杨老师有了一个提议:如果只提供一张统计图,幼儿们能看懂如何填写吗?大班的幼儿能否根据自己的经验来完成这张统计图呢?带着这样的疑惑,我尝试进行了教案的修改,将详细的解读过程改为简略的提示,尽量多提开放性的问题,让幼儿从接受者转变为探索者。

第一次修改	第二次修改	思　考
1. 出示统计表 提问 1:老师也有一个办法,我提供给你们一张表格,看得懂吗?(简略解读) 提问 2:在表格上,你看到了什么?(景点图片、学号) 提问 3:第一行已经把景点列出来了,那么学号写在哪里?	1. 出示统计表 提问 1:你们的方法不错,老师也有一个办法,(出示表格)看得懂吗?(简略解读) 提问 2:在表格上,你看到了什么?(景点图片、学号)	试教中,通过提问和回答,我发现更多的是师幼间的互动。修改后减少了教师对统计表的细致提问,更多地让幼儿观察、讨论,引导生生之间进行对话、互答。
小结:第一列要填写的是每个人的学号,然后在学号后面,把你想去的地方做上标记。	小结:这张表格上有你们想去的三个景点,需要填写的是每个人的学号,然后在学号后面,选择你最想去的那一个地方做上标记。	小结中需要提炼的是幼儿在统计表中需要填写的内容,而不是告诉幼儿应该再怎样填写。
2. 幼儿操作 请 4 个小朋友一组,看看你们怎么来用这张表格。因为需要尽快决定,所以大家要抓紧时间哦。	2. 幼儿操作 我们这里有 4 个小组,就按照 1、2、3、4 的顺序报数,报到相同数字的小朋友为一组。(报 1 为第一组,以此类推) 请你们在自己最想去的地方下面打钩,因为需要尽快决定,所以大家要抓紧时间哦。	分组规则的制订让幼儿能够快速组队进入操作环节,并且避免了幼儿落单的情况。
3. 解读统计表 分享:每组请一位小朋友介绍自己的统计表。	3. 第一次分享 提问 1:哪张表格能让你们一眼就看出他们最想去哪里? 提问 2:怎么看出来的? 提问 3:那么其他小组呢?为什么看不清楚?	预设分享中的提问,我通过一步步提问,引导幼儿观察他们的统计表,通过自查和互相纠错的方式,来发现问题,讨论问题。
4. 改错 请用另一个颜色的笔进行修改。 请每个小组检查、修改自己的表格。		通过改错的环节,可以观察到幼儿经过第一次的分享是否理解了统计表的使用方法。
5. 第二次分享 请幼儿讲解自己组的表格和结果。		两次分享和检查让幼儿再一次巩固了知识经验,并且发展了语言表达能力。

在研讨活动现场,我第一次尝试以幼儿为主的数活动,虽然这样的活动对当时的我来说确实是有挑战的,但是我从幼儿们的积极发言和争论纠错中,看到了他们的转变。在幼儿们的互相交流中,他们表达了自己对统计表格的多种想法,他们认真地评价每个小组的统计表,畅所欲言,积极踊跃……在以儿童为主体的活动设计中,整个活动的氛围是轻松的、自由的,我们可以看到幼儿是主动地探索、思考问题的,而不是传统教学中教师教什么,幼儿就被动地学什么。因此,即便是学习活动,我们同样需要将空间、时间交还给儿童,从儿童立场出发来设计适合儿童发展的活动。

幼儿园的一日活动皆教育。教育有自己的立场,教育活动诉求的发出者是儿童,儿童是教育的主体、依靠的对象,幼儿园教育活动的最终目标是儿童的发展。优秀的教师首先是站在儿童立场上的出色的儿童研究专家。研究儿童应该成为我们作为幼儿教师的第一专业。了解儿童,发现儿童,从儿童立场出发,我们将创造最圣洁的儿童教育,创造太阳底下最光辉的事业。

“六个一，四步走”有效提升亲子陪伴质量

王港幼儿园　曹　艳

2021 年 10 月 23 日颁布的《中华人民共和国家庭教育促进法》中提到，未成年人的父母或者其他监护人实施家庭教育，应当合理运用九种方式关注未成年人的生理、心理、智力发展状况，尊重其参与相关家庭事务和发表意见的权利，其中一种方式就是“亲自养育，加强亲子陪伴”。

陪伴是最好的教育，高效陪伴能够呵护幼儿情感，引领幼儿成长，点亮幼儿的积极天性。近几年紧紧围绕亲子陪伴话题，我园积累了一定的实践经验成果，家教工作特色项目成效初显，品牌辐射效应不断扩大，逐步踏上家园合作与互动的新篇章。

一、精选园本化本土化的内容，实操解决如何“陪”

陪，即父母跟随幼儿，陪同幼儿做适合幼儿年龄发展需求的事情。我们以“六个一”为抓手，引导家长进行具体实践。

1. 陪幼儿一起做运动

梳理和研发亲子体育小游戏，通过“游戏情境法”“动作技能渐进法”“家长示范法”“亲子互动法”“趣味放松法”等策略，提高家长组织亲子体育小游戏的能力，充分调动家长积极参与，指导家长进一步理解体育小游戏的实施价值。家园共同推进体育小游戏的开展，能在寓教于乐中更好地增强幼儿的体质，塑造幼儿健全人格的发展，增进亲子情感的沟通。

案例 1：蚂蚁搬家

“游戏情境法”指家长与幼儿在游戏中可以设置幼儿喜爱的比赛情景、卡通人物、情节、音乐等，富有趣味性的比赛内容配合动感的音乐会给家长和幼儿增加游戏趣味性，同时也增进亲子间的情感交流。

实录：

航航在客厅里踢饼干盒子，发出“咚咚咚”的声音。妈妈大声提醒了几次，但是

航航没有停止踢饼干盒。这时,爸爸也想大声吼航航,但是转念一想幼儿园教师的建议:如果我用体育小游戏的方法陪伴航航,会不会事半功倍呢?既能让航航安静下来,又能达到有效锻炼。于是,爸爸放下手机,主动去找航航玩。

爸爸:"宝贝,我们一起来玩游戏吧!"

航航:"好呀,爸爸我们玩什么呢?"

爸爸:"还记得《蚂蚁搬家》的故事吗?我们学习小蚂蚁搬运东西,谁先到目的地,就算胜利哦!"

航航:"小蚂蚁会搬运食物,我们搬什么呢?"

爸爸:"我们把饼干盒放在肚子上,如果饼干盒掉下来,就得从原地捡起来才能继续前进哦!"

航航:"爸爸,游戏太有趣啦!我们怎么搬呢?"

爸爸:"肚子朝上,屁股离地,四肢移动,先看看爸爸怎么做!"

航航点点头,不一会儿,父子俩快乐地投入到比赛中。

分析:

案例中航航爸爸运用幼儿喜爱的故事《蚂蚁搬家》投入到亲子体育小游戏中,激发幼儿在游戏中的积极情绪。在日常生活中,航航极少和爸爸一起游戏,经常出现忽略妈妈大声管教的现象,但是,爸爸巧用智谋,将"吵闹的饼干盒"顺利化解成"安静的饼干盒",既达到了运动效果,又促进了亲子情感的交流。

爸爸利用废旧材料,精心创编亲子体育小游戏,与幼儿一起玩、一起乐、一起动手,在游戏中启迪幼儿的智慧,锻炼身体机能,促进幼儿平衡能力、四肢力量、身体协调与空间感知能力等方面的发展。

2. 陪幼儿一起玩游戏

我园的办园理念是"建游戏王国,构快乐港湾",以结构游戏为抓手,始终坚持游戏是幼儿活动的基本形式,以幼儿为本,以幼儿发展优先。如:亲子建构游戏,其材料多样化,包括积木类(木制、泡沫)、积塑类(雪花片、乐高)、辅助类(玩具小汽车、毛绒动物、塑料小人等)、低结构材料(生活中的各种物品)等,让家长能充分发掘生活中的废旧物品、生活化的材料,并利用它们进行亲子创意活动,通过"共同制订搭建主题""亲子分工协商合作""建构中的故事宝盒和情境表演"等项目,指导家长陪幼儿一起玩游戏。

案例 2:物品叠叠乐

实录:

妈妈:"宝贝,我们一起来玩'叠叠乐'的小游戏吧。找出家里的物品,一起把它们叠叠高。”

阳阳:“家里有很多书本,可以用这个叠高。”

妈妈:“嗯,好主意。让我们开始吧。”

阳阳:“妈妈,平放书本不能叠得很高啊。”

妈妈:“那你想想怎么样才能把书本叠高?”

阳阳:“可以把书竖起来,这样就会变高啦。”

妈妈:“嗯,好方法,你试试看。”

……

只见幼儿陆陆续续把自己的书本搬出来,一本一本竖起来,在两层之间平放书本作为稳固的地基,这样书本越叠越高了。

分析:

“叠叠乐”是一款经典的木制益智积木玩具,它简单易玩。如果家里没有积木也没关系,我们可以利用家中的物品如纸芯筒、书籍、纸巾盒、纸杯、纸牌、奶粉罐等进行叠高。这类游戏不仅能锻炼幼儿的手眼协调能力及意志力,还能培养他对物体平衡的感知能力,提高自身的耐心,而且促使家长和幼儿在互动的过程中亲密接触,增加亲子之间的情感交流。同时,帮助他们集中注意力,不断开发和挖掘挑战精神。

3. 陪幼儿一起爱阅读

我园加入东方教育集团多元阅读工作坊三年了,跟随华东师范大学张明红教授和黄浦区教研员张红教师从“选绘本素材”“研发多元集体教学与个别化学习活动”到“指导亲子共读”,着力研究如何支持家长在亲子共读中的指导策略。通过“亲子朗读法”“角色扮演法”“讨论交流法”“游戏互动法”“创编情节法”来指导家长要基于幼儿年龄特点、兴趣爱好、能力水平及共读材料的内容等,有效运用多样的共读方法提升亲子陪伴的有效性。

如“角色扮演法”是家长和幼儿以绘本中提供的人物、情节和场景为基础,分别扮演不同的角色进入预设情景,即兴地运用语言、动作、表情、姿态等,展现故事内容的一种阅读方法。

4. 陪幼儿一起欣赏美

我园“爱艺术”中心骨干学科工作坊邀请了有艺术特长的家长代表共同参与工作坊的课程建设与实施。学校为家长们提供了一个很好的研讨与交流的平台,共同致力于探索、寻找幼儿审美感受与表现的起点,指导幼儿在欣赏中运用多种元素感受、体验、表达和表现，从而推动幼儿审美能力的发展。家园合力通过"亲近大自然，发现生活中的美""营造轻松的氛围，调动幼儿审美积极性""开放性问题的创设，激发幼儿审美能力"等，陪幼儿一起欣赏美。

5. 陪幼儿一起看上海

俗话说，百年历史看上海。我园幼儿家长一半以上都是"新上海人"，因此如何陪伴幼儿一起深度游上海成为了热门话题。根据大班主题活动"我们的城市"以及上海的历史故事，改革开放的变化、党建100周年相关活动等，指导家长开展有目的、有计划的打卡。各班以"小眼睛看美丽上海""我眼中的上海""最美上海夜景""搜罗上海美食""打卡上海公园"等不同主题，展开项目化、主题式的探究，梳理和形成具有我园特色的"看上海路线"。

如大一班亲子活动"看上海路线"，从我园周边地铁2号线唐镇站出发，亲子共同乘地铁出行看上海。大家说说自己最喜欢的景点，用相机拍照记录美好时光，在班级中开展介绍游玩经历、制作推荐宣传卡、通过投票点赞的方式产生最受欢迎景点等系列活动，让亲子一起看上海活动变得更有意义。

亲子最受欢迎景点投票结果

站　点	推荐景点	喜欢的理由
龙阳路站	上海磁浮交通科技馆	1. 喜欢坐磁悬浮，速度很快的。 2. 这个是到浦东机场的，我坐过的。 3. 这个旁边还有很多好吃的地方。
世纪公园站	世纪公园	1. 我们最喜欢去世纪公园，那里可以放风筝。 2. 里面有音乐喷泉，很漂亮。 3. 我去过那边看烟花。 4. 里面的花特别漂亮。 5. 里面有很多玩的，可以骑车。
上海科技馆站	上海科技馆	1. 我喜欢里面的一些机器人。 2. 里面看电影很好玩的，要戴眼镜。 3. 看到了一些动物标本，里面像森林一样。 4. 我和姐姐去摸了一个大铁球，头发都竖起来了，有静电。 5. 可以做一些小实验，爸爸妈妈说，我以后可以做科学家。

（续表）

站　点	推荐景点	喜欢的理由
陆家嘴站	东方明珠	1. 在上面看下面的人，车子都变得很小的。 2. 我在里面吃过自助餐。 3. 有望远镜的，可以看到很远的东西。 4. 晚上的灯光很漂亮，还有一个个发光的球。 5. 我在东方明珠广场上拍过照片。
	上海海洋水族馆	1. 有好多漂亮的鱼，平时都没看到过。 2. 那个海底隧道好长。 3. 我看到了鱼张开嘴巴，里面的牙齿都看到了。 4. 有一条鱼三角形的，尾巴很长很细的。 5. 好多小鱼在一起，一群一群的，真漂亮，五颜六色的。 6. 我还看到里面有人在喂食。 7. 有的鱼好大，我看到鲨鱼了。 8. 我看到企鹅了，好可爱的。 9. 我看到海星、水母、海马。
徐泾东站	朱家角古镇	1. 里面的房子和我们住的不一样。 2. 爸爸妈妈说这个是古镇。 3. 里面都是卖东西的店，我买了玩具。 4. 我们坐了小船。 5. 这个地铁要坐很久的，好远呀。

上海地铁 2 号线是上海最早开通的线路之一，从浦西到浦东贯穿整个上海。地铁沿线既有上海最现代化、最潮流的地方，也有充满韵味的古镇。地铁 2 号线正好是我园周边的一条轨道交通，是幼儿比较熟悉的。有了家长的陪伴，幼儿才有了领略上海风光、了解上海历史的实践机会。

6. 陪幼儿一起过节日

我园非常注重中国传统节日文化的教育，鼓励家长陪幼儿欢庆每一个传统节日。不论是除夕、中秋节还是元宵节，都体现了中国人浓厚的家庭情怀，传递着“团圆”“阖家欢乐”的吉祥祝福。因此，我们指导家长“三步走”：“亲子搜集，感受文化内涵”，“亲子交流，共享习俗知识”，“亲子共读，增进彼此感情”。激发家长发挥自己的优势和特点，与幼儿一起参与到各种节庆活动中，让幼儿对传统文化更有兴趣，体会到中华文化的博大精深。

二、搭建多样广泛的舞台，研究解决如何“伴”

父母和幼儿在一起，不仅需要为幼儿的发展提供支持，也能通过与幼儿互动，不断反观自己，实现父母的自我成长。

1. 一步走——组建陪伴智囊团，研发陪伴清单

“亲子陪伴智囊团”是由学校骨干家教指导师领衔，以园级家委会牵头，与众多“三高”精英家长成立的一个协助学校指导家长提高亲子陪伴质量的志愿者团队。我们定期召开例会，商讨研发“亲子陪伴假日活动单”和“亲子日常陪伴小妙招”。

类　型	主　题	地　址
假日清单	“红色之旅”打卡活动	中共一大纪念馆
	垃圾分类我先行	电子废物处理中心
	迪士尼“寻宝之行”	上海迪士尼乐园
	上海最美书店打卡活动	钟书阁、朵云书院
	探索海洋的奥秘	海洋公园、航海博物馆
生活清单	与爷爷奶奶有个约会—100 件要做的事	家庭
	爱眼护眼之亮晶晶行动	家庭、公园
	护蛋行动	家庭
	种子行动	家庭阳台、自留田、小花园

2. 两步走——成立时光报社，征集共育故事

我们发现在陪伴过程中，“父亲”这个角色经常缺位，所以要大力提倡父母共育、父母共同陪伴。我园于 2020 年新成立“亲子时光报社”，以父母共育的小故事案例、经验总结等方式，定期在公众号上推送。如《当“套路”被拆穿》《不要让爸爸缺席幼儿的成长》《如果我是你，如果你是我》《幼儿，你慢慢来》等近 30 个共育小故事已在我园微信公众号上发布，时光报社的成立与运作使得家长和教师都有了不同层面的收获与转变：

家长的收获：

“老师，要不是有这样一个报社征稿活动，我也想不到用文字去记录。”

“老师，我发现原来孩子有很多闪光点，陪伴孩子、记录他的成长真的很快乐。”

“看到微信上推送我家的故事了，我会收藏着，以后可以作为一份特别的礼物送给孩子。”

教师的感悟：

每一个故事，我们都是第一个读者。阅读过程中我们会与家长进行深度的交流，会提出修改小意见，会把故事读给幼儿听，会反思自身的教育行为，会拉近与每一个家庭的距离。每一篇故事后，我们都会主动留下自己的点滴体会。家园携手，共同记录和陪伴幼儿的快乐成长。

3. 三步走——开展陪伴沙龙，聚焦热点话题

良好的亲子关系就是互相尊重、互相理解、互相帮助、互相信任、共同成长。父母要用自己的爱心和技巧跟幼儿相处，使亲子关系更加亲密与和谐，促进幼儿身心全面健康发展。俗话说“家家有本难念的经”，在亲子陪伴沙龙研讨活动中，我们要找出问题，群策群力来帮助家长从容应对。这些问题有的来自社会热门话题，也有家长向教师反应的情况，更多的还是家长群里会聊起的那些事。

4. 四步走——举行亲子社团节，晒出陪伴成果

“亲子陪伴社团节”是以学校为阵地的大型亲子共乐的嘉年华活动。聚焦陪伴，开展以“多元阅读、科学探究、人工智能、快乐建构”等为专题的专场活动。在为期1—2周的社团节活动中，达到人人参与的盛况。在分享中碰撞出火花，在玩乐中创造出精彩。

我园以“亲子建构陪伴”为专题开设的社团节活动：

时　间	专　题	具体内容
2018. 4. 16—2018. 4. 27	巧手建构 创意无限	小小发现家之最美作品活动 小小建构家之能工巧匠活动 小小创意家之“亿童”大玩家活动
2019. 5. 6—2019. 5. 12	在创造中玩乐 在玩乐中创造	小班：构建美丽家园 中大班：玩转轮胎
2020. 10. 21—2020. 10. 30	大手拉小手 创意共搭建	小班：快乐建构 中班：故事宝盒 大班：情景表演
2021. 11. 1—2021. 11. 15	全家总动员 欢乐无极限	小班：秋色浓　亲子乐——亲子创意拼贴画 中班：嘉年华　亲子赛——亲子运动融合建构 大班：建王国　亲子秀——亲子户外结构游戏

杨绛先生在《我们仨》中写道：“我们这个家，很朴素；我们三个人，很单纯。我们与世无争，与人无争，只求相聚在一起，相守在一起，各自做力所能及的事。碰到困

难,我们一同承担,困难就不复困难;我们相伴相助,不论什么苦涩艰辛的事,都能变得甜润。我们稍有一点快乐,也会变得非常快乐。"

陪伴是一种暖心的力量,能给予幼儿温暖的依靠。为人父母,深谙其理,当事必躬亲。父母走进幼儿内心,幼儿才能感受到父母的爱,那段陪伴的时光,或会在未来成为照亮幼儿更多可能性的光。

参考文献:

1. 期刊论文

[1] 顾荣芳.对幼儿园安全教育的思考[J].幼儿教育,2005(11).

[2] 刘建君.托幼机构中安全教育的目标、内容、途径和方法[J].学前教育研究,2002(06).

[3] 宋庆云.家庭中如何对幼儿进行预防失踪安全教育[J].山东教育,2013(14):61.

[4] 健康网.关注儿童交通安全家长应注意五要点[J].驾驶园,2014(07).

[5] 杨新亚.浅析家庭安全教育实施中存在的问题及其对策[J].教育导刊(下半月),2014(01):78—80.

[6] 倪慧渊,何敬瑜.在园幼儿家庭安全教育的调查报告[J].上海教育科研,2008(11):51—53.

[7] 来鑫.家庭中幼儿安全教育现状及其对策研究[J].内蒙古教育,2016(05).

[8] 黄志芳.幼儿居家安全教育存在的问题与对策[J].福建教育:2014(24):28—29.

[9] 王彦丽.基于园、家、社网络的安全教育初探[J].东方教育,2015(04).

[10] 钱丽丽.如何解决幼儿园家长安全教育存在的突出问题[J].新校园:学习版,2012(12).

[11] 柳承英.小班幼儿家长实施家庭安全教育存在的问题与对策[J].教育探究,2014(04):28—32.

[12] 卞龙余,杨晓英.低幼儿童家庭安全教育不可忽视[J].早期教育(家教版),2012(06).

[13] 李群.幼儿家庭安全教育之我见[J].新课程(教研版),2013(02).

[14] Maureen C. & Vjolca Capri. Child Sexual Abuse:From Prevention to Self-Protection[J]. Wiley Inter Science,2008(17).

[15] Cross D. & M. Stevenson. Child Pedestrian Injury Prevention Project; Student Results[J]. Preventive Medicine,2000,(30):179—187.

2. 专著

[1] 李大光.今日新加坡教育[M].广州:广东教育出版社,1996:56.

[2] 津守真.幼儿工作者的视野[M].上海:华东师范大学出版社,2009:58.

3. 学位论文

[1] 孟繁容.幼儿家庭安全教育现状及对策研究[D].南京师范大学,2017.

[2] 崔改霞. 幼儿安全教育的家园合作研究[D]. 广西师范大学,2015.

[3] 狄晓先. 幼儿家长预防儿童性侵犯教育的调查研究:以栾城县为例[D]. 河北师范大学,2012.

[4] 晏晓颖. 岳阳市城区幼儿园家长儿童意外伤害的知识-态度-行为及其相关因素探讨[D]. 中南大学,2006.

图书在版编目(CIP)数据

儿童立场的东方表达/朱幸嫣主编. —上海:中西书局,2023
ISBN 978-7-5475-2082-6

Ⅰ.①儿… Ⅱ.①朱… Ⅲ.①学前教育-教学研究-文集 Ⅳ.①G612-53

中国国家版本馆 CIP 数据核字(2023)第 044400 号

ERTONG LICHANG DE DONGFANG BIAODA

儿童立场的东方表达

朱幸嫣 主编

责任编辑 孙本初
装帧设计 梁业礼
责任印制 朱人杰
出版发行 上海世纪出版集团
中西書局(www.zxpress.com.cn)
地　　址 上海市闵行区号景路 159 弄 B 座(邮政编码:201101)
印　　刷 上海商务联西印刷有限公司
开　　本 700 毫米×1000 毫米 1/16
印　　张 15.75
字　　数 281 000 字
版　　次 2023 年 4 月第 1 版 2023 年 4 月第 1 次印刷
书　　号 ISBN 978-7-5475-2082-6/G·713
定　　价 88.00 元

本书如有质量问题,请与承印厂联系。电话:021-56044193